SQL für Dummies

Schummelseite

GRUNDBEGRIFFE RELATIONALER DATENBANKEN

Alle Daten einer relationalen Datenbank sind in Tabellen gespeichert, die in diesem Kontext als **Relationen** bezeichnet werden. Die Spalten einer Relation heißen **Attribute**, die Zeilen **Tupel**. Eine Relation $R(A_1, A_2, \ldots, A_n)$ ist eine Teilmenge des Kreuzproduktes der den Attributen $A_1, \ldots A_n$ bei der Erzeugung mit dem Befehl CREATE TABLE zugordneten und durch die Datentypen definierten Wertebereiche Dom_1, Dom_2, … Dom_n.

Jede Relation hat mindestens *eine* minimale Menge von Attributen, deren Werte je Tupel paarweise verschieden sind. Dies ist ein **Schlüsselkandidat** (**candidate key**). Einer der Schlüsselkandidaten wird als **Primärschlüssel** festgelegt (**primary key**).

Jede Attributmenge, die in einer anderen Relation Primärschlüssel (oder zumindest Schlüsselkandidat) ist, heißt **Fremdschlüssel** (**foreign key**). Mithilfe der Fremdschlüssel werden Beziehungen zwischen Relationen definiert.

BEFEHLSKATEGORIEN FÜR SQL

Die Structured Query Language SQL ist eine deklarative Programmiersprache für den Zugriff auf eine relationale Datenbank. Man unterscheidet drei Kategorien von SQL-Befehlen:

- ✔ Data Definition Language, kurz DDL, zum Anlegen und Verwalten von Datenbankstrukturen wie beispielsweise Tabellen oder Views
- ✔ Data Manipulation Language, kurz DML, für das Speichern, Ändern, Löschen oder Lesen von Daten
- ✔ Data Administration Language, kurz DAL, auch als Data Control Language (DCL) bezeichnet, zur Verwaltung von Datenbanksystemen

WICHTIGE SQL-BEFEHLE

Befehl	Wirkung
CREATE	Anlegen von Datenbankobjekten, etwa Tabellen, Views oder Indizes
ALTER	Ändern von Datenbankobjekten
DROP	Löschen von Datenbankobjekten
INSERT	Speichern eines oder mehrerer Tupel einer Relation
UPDATE	Ändern eines oder mehrerer Tupel einer Relation
DELETE	Löschen eines oder mehrerer Tupel einer Relation
SELECT	Lesen von Daten aus einer oder mehreren Relationen.

SQL für Dummies

Schummelseite

DATENTYPEN IN SQL

SQL kennt eine ganze Reihe skalarer Datentypen, dazu gehören insbesondere die folgenden.

Bezeichnung	Wertebereich
INTEGER	Ganze Zahlen
SMALLINT, BIGINT	Ganze Zahlen mit eigenen Wertebereichen
NUMERIC(n)	Ganze Zahlen mit maximal n Ziffern
DECIMAL	Synonym zu NUMERIC
NUMERIC(n, p)	Ganze Zahlen mit maximal n Ziffern, davon p Ziffern nach dem Dezimaltrennzeichen
FLOAT, REAL	Gleitpunktzahlen
BOOLEAN	Boolesche Werte
CHAR(n)	Zeichenketten der festen Länge n
VARCHAR(n)	Variabel lange Zeichenkette mit der maximalen Länge von n Zeichen
DATE	Datum
TIME	Zeit
DATETIME	Datum mit Uhrzeit
INTERVAL	Zeitintervalle
BLOB, CLOB	Große Objekte

Hinzu kommen strukturierte Datentypen etwa für XML und JSON. Nicht jeder dieser Datentypen ist bei allen Datenbank-Managementsystemen implementiert.

BENUTZERVERWALTUNG

Jede Person, die direkt oder mithilfe eines Datenbank-Anwendungsprogramms auf eine Datenbank zugreift, muss dafür autorisiert sein. Die hierfür notwendigen Befehle sind:

Bezeichnung	Wirkung
CREATE USER	Anlegen eines Benutzers
CREATE ROLE	Anlegen von Rollen, die Benutzern zugewiesen werden können
GRANT	Zuweisung von Zugriffsrechten oder Rollen an einen Benutzer
REVOKE	Zurücknahme von Zugriffsrechten

SQL für Dummies

Schummelseite

TRANSAKTIONSVERWALTUNG

Die Zugriffe auf eine Datenbank, insbesondere die INSERT-, UPDATE- und DELETE-Befehle müssen zu Transaktionen zusammengefasst werden, die nach dem Alles-oder-nichts-Prinzip ausgeführt werden. Das garantiert die Konsistenzerhalten der gespeicherten Daten. Für eine Transaktion gilt:

- ✔ Atomarität
- ✔ Konsistenzerhaltung der gespeicherten Daten
- ✔ Isolation im Mehrbenutzerbetrieb gegenüber anderen Benutzern
- ✔ Dauerhaftigkeit der durchgeführten Änderungen.

Transaktionen werden mit einem der folgenden Befehle beendet:

Befehl	Wirkung
`COMMIT`	Bestätigung des Transaktionsendes und Festschreiben der durchgeführten Änderungen
`ROLLBACK`	Zurücksetzen der von einer Transaktion durchgeführten Änderungen

WICHTIGE OPTIONEN BEI SELECT-BEFEHLEN

Der wichtigste SQL-Befehl heißt SELECT zum Lesen von Daten aus einer Datenbank. Er hat verschiedene Optionen zur Selektion der gewünschten Daten.

Option	Wirkung
`DISTINCT`	Eliminierung von Duplikaten bei der Ausgabe
`WHERE`	Einschränkung der Ausgabe auf bestimmte Tupel beziehungsweise Werte, die eine Bedingung erfüllen
`ORDER BY`	Festlegung einer Sortierreihenfolge bei der Ausgabe
`GROUP BY`	Gruppierung von Daten

Beispiele

```
SELECT DISTINCT A3 FROM Test1;
SELECT A1, A2, A3 FROM Test1 WHERE A4 > 100;
SELECT * FROM Test1 ORDER BY A1;
SELECT A2, SUM(A4) GROUP BY A2;
```

SQL für Dummies

Schummelseite

EINIGE FUNKTIONEN VON SQL, DIE SIE VERMUTLICH ÖFTER BRAUCHEN

SQL stellt eine ganze Reihe Datentyp-abhängiger Funktionen bereit.

Für Zeichenketten

Funktion	Wirkung
`SUBSTRING`	Extrahiert einen Teil aus einer Zeichenkette
`UPPER`	Wandelt eine Zeichenkette in Großbuchstaben um
`LOWER`	Wandelt eine Zeichenkette in Kleinbuchstaben um
`LTRIM, RTRIM`	Schneidet links beziehungsweise rechts von einem Text ein wählbares Zeichen ab (standardmäßig das Leerzeichen)
`POSITION`	Gibt die Anfangsposition einer Teilzeichenkette innerhalb einer Zeichenkette zurück (falls dort vorhanden)

Für numerische Attribute

Funktion	Wirkung
`COUNT`	Gibt die Anzahl der Tupel oder Werte der mit der WHERE-Klausel ausgewählten Tupel zurück
`MAX`	Gibt den größten Wert eines Attributs der mit der WHERE-Klausel ausgewählten Tupel zurück
`MIN`	Gibt den kleinsten Wert eines Attributs der mit der WHERE-Klausel ausgewählten Tupel zurück
`AVG`	Gibt den Durchschnittswert der mit der WHERE-Klausel ausgewählten Tupel zurück

Wenn bei diesen Funktionen keine WHERE-Klausel angegeben ist, beziehen sie sich auf **alle Tupel** der Relation. Bei der GROUP-BY-Option werden die Berechnungen für jede Datengruppe durchgeführt.

Für Datumsattribute

Funktion	Wirkung
`CURRENT_DATE`	Liefert das aktuelle Tagesdatum zurück
`EXTRACT`	Extrahiert den Tag, den Monat oder das Jahr aus einem Datum

SQL für Dummies

Wolfgang Gerken

SQL für dummies®

Fachkorrektur von Prof. Dr.
Olaf Zukunft

WILEY-VCH GmbH

SQL für Dummies

Bibliografische Information der Deutschen Nationalbibliothek

Die Deutsche Nationalbibliothek verzeichnet diese Publikation in der Deutschen Nationalbibliografie; detaillierte bibliografische Daten sind im Internet über `http://dnb.d-nb.de` abrufbar.

1. Auflage 2025

Coverillustration: Tee11 - `stock.adobe.com`
Korrektur: Lena-Maria Denu, Mainburg
Satz: Straive, Chennai, India
Druck und Bindung:

Print ISBN: 978-3-527-72190-0
ePub ISBN: 978-3-527-84754-9

Über den Autor

Wolfgang Gerken war Professor für Wirtschaftsinformatik an der Hochschule für Angewandte Wissenschaften Hamburg. Er beschäftigt sich schon viele Jahre mit SQL und dessen Vermittlung in der Lehre. Seine Schwerpunktthemen sind – neben Datenbanken – Data Warehousing, Data Mining und Business Intelligence. Er ist auch Autor der Bücher »Datenbanksysteme für Dummies« und »Data-Warehouse-Systeme für Dummies«.

Auf einen Blick

Inhaltsverzeichnis

Einleitung

Offensichtlich interessieren Sie sich für die Datenbanksprache Structured Query Language, kurz SQL, denn sonst hätten Sie dieses Buch nicht in die Hand genommen.

- ✔ Sie besuchen eine Vorlesung oder einen Fortbildungskurs zu diesem Thema?
- ✔ SQL ist Thema in Ihrer Ausbildung?
- ✔ Sie wollen – beruflich oder privat – eine Datenbank aufbauen oder (müssen) in einem Datenbankprojekt mitarbeiten und der Zugriff auf die gespeicherten Daten gehört zu Ihrem Aufgabengebiet?
- ✔ Oder Sie haben schon etwas von SQL als Standardsprache für den Zugriff auf relationale Datenbanken gehört und wollen etwas mehr darüber wissen?

Dann ist dieses Lehrbuch genau das Richtige für Sie! Der Inhalt basiert auf den Erfahrungen, die ich als Hochschullehrer über viele Jahre bei der Vermittlung des Datenbanklehrstoffs (und dazu gehört natürlich auch SQL) in Form von Vorlesungen und Praktika gesammelt habe.

Der Umgang mit SQL macht Spaß; den Lehrenden (mir jedenfalls) und den meisten Studierenden (das zeigen die Rückmeldungen). Warum? Das Thema »SQL« ist eine gute Mischung aus Theorie und Praxis. Sie können Ihr erworbenes Wissen frühzeitig anwenden und schrittweise vertiefen. Das schafft Erfolgserlebnisse … wenn Sie weiterlesen!

Über dieses Buch

Das Ziel dieses Lehrbuchs über die Datenbanksprache SQL ist es,

- ✔ Ihnen zum einen genügend Wissen zu vermitteln, damit Sie im Studium, in der Ausbildung oder im Beruf bei diesem Thema kompetent mitreden oder eine Prüfung bestehen können, und
- ✔ zum anderen Ihr Interesse zu wecken, sich weiterhin praktisch damit zu beschäftigen.

Es kann aber auch als Nachschlagewerk dienen, wenn Sie in Ihrem SQL-Projekt gerade mal nicht weiterkommen oder die genaue Syntax eines Befehls nicht parat haben.

Doch welchen Inhalt soll ein solches Buch haben? Was gehört alles dazu? Was sollte detailliert und was weniger genau behandelt und auf was kann verzichtet werden? Sie wollen ja schließlich keine 1000 Seiten lesen! Behandelt werden:

- ✔ Etwas Datenbanktheorie (so viel wie nötig)
- ✔ Die Erstellung von Tabellen
- ✔ Die Abfrage von Datenbanken (ausführlich)

- Die Verwaltung von Datenbanken
- Die Arbeit mit Views
- Die Optimierung von Datenbanken
- Die prozedurale Programmierung mit SQL

Das hört sich alles ganz kompliziert und schwierig an? Keine Angst, Sie werden schrittweise an diese Themen herangeführt. Möglicherweise beunruhigt Sie aber auch, dass Sie programmieren und mit einem Datenbank-Managementsystem arbeiten sollen? Auch hier lässt Sie dieses Buch nicht im Regen stehen.

An dieser Stelle möchte ich nicht versäumen, mich bei allen zu bedanken, die zum Gelingen dieses Buches beigetragen haben. Erwähnen möchte ich dabei Frau Damaris Kriegs von Wiley-VCH, die mich verlagsseitig betreut hat, und meinen Kollegen Herrn Michael Brodersen, der das Manuskript kritisch unter die Lupe genommen hat.

An einigen Stellen gibt es Hinweise auf Datenbank-Managementsysteme.

- Access® Microsoft Corporation
- DB2® IBM Corporation
- MySQL® Oracle Corporation
- Oracle® Oracle Corporation
- PostgreSQL® PostgreSQL Community Association of Canada
- SQL Server® Microsoft Corporation

Weil es sich dabei um geschützte Namen handelt, ist das jeweilige Copyright des Herstellers zu beachten. Zu Beginn jedes Teils wird darauf nochmals explizit hingewiesen.

Wenn Sie mit MySQL, Oracle, PostgreSQL oder dem SQL Server arbeiten (wollen), sollten Sie die an einigen Stellen vorhandenen SQL-Implementierungshinweise und Tipps beachten!

Konventionen in diesem Buch

Bei Lehrbüchern über SQL ist Eindeutigkeit erforderlich und das geht leider nicht ohne einige Konventionen zur Syntax, das heißt der Schreibweise der einzelnen Befehle. Denn Sie müssen natürlich wissen, wie man korrekte Befehle und Abfragen für eine Datenbank formuliert. Da ist dann von Schlüsselworten, Bezeichnern oder Bedingungen die Rede. Aber Sie werden sich schnell an die zuerst ungewohnte neue Sprache gewöhnen, denn bei jedem neuen SQL-Befehl finden Sie folgendes Schema:

- Formale Syntax-Definition
- Erläuterung
- Beispiele

Bei den Syntax-Definitionen ist Folgendes zu beachten:

- ✔ SQL-Schlüsselworte wie SELECT oder CREATE werden immer in Großbuchstaben geschrieben.
- ✔ In spitze Klammern < ... > eingeschlossene Begriffe sind Platzhalter für frei wählbare Tabellenbezeichner, Attribute oder Ähnliches.
- ✔ Optionale Teile werden in eckige Klammern [...] eingeschlossen.
- ✔ Alternativen werden in geschweifte Klammern { ...} eingeschlossen und mit einem senkrechten Strich | voneinander getrennt.
- ✔ Ein auf zwei geschweifte oder eckige Klammern folgender Stern bedeutet, dass das vorherige mehrfach wiederholt werden kann.

Aber jetzt klappen Sie das Buch bitte nicht gleich wieder zu! Das hört sich schlimmer an, als es ist. Jede Syntax-Definition wird durch Beispiele verdeutlicht. Und gerade, wenn Sie die genaue Syntax eines Befehls noch mal nachschlagen wollen, werden Sie das zu schätzen wissen.

Sie lesen Folgendes:

```
SELECT <Tabellenspalte> [, <Tabellenspalte>]* FROM <Tabelle>
```

Das bedeutet: Nach dem Schlüsselwort SELECT geben Sie eine oder, dann jeweils durch ein Komma getrennt, mehrere Spalten einer Tabelle an. Darauf folgt das Schlüsselwort FROM und danach der Name der Tabelle, die diese Spalten enthält. Damit können Sie sich ausgewählte Spalten einer Datenbanktabelle anzeigen lassen. Etwa:

```
SELECT Nachname FROM Kunden
```

oder

```
SELECT Nachname, Vorname, Geburtstag FROM Kunden
```

Ich erwähne das hier nur, damit Sie die Regeln im Bedarfsfall nochmals nachschlagen können. Übrigens heben sich Definitionen und Beispiele immer durch eine andere Schriftart vom normalen Text ab.

Am Ende der einzelnen Kapitel finden Sie häufig Übungsaufgaben mit Musterlösungen im Anhang. Diese Aufgaben dienen zur Überprüfung, ob Sie den Stoff eines Kapitels auch verstanden haben und anwenden können. Sie wissen ja: Übung macht den Meister.

Wenn Sie das jeweilige Kapitel aufmerksam studiert haben, sollten Sie diese problemlos lösen können. Da es oftmals mehrere Lösungsmöglichkeiten gibt, kann Ihre Lösung natürlich von der vorgeschlagenen abweichen. Vielleicht ist sie ja sogar besser.

Was Sie nicht lesen müssen

Eigentlich schade, wenn Sie sich diese Frage überhaupt stellen, denn ich finde, es lohnt sich, das ganze Buch durchzuarbeiten. Was Sie lesen oder nicht lesen müssen, hängt ganz von Ihren bereits vorhandenen, persönlichen SQL-Kenntnissen und Erwartungen ab. Das Buch ist modular aufgebaut. Sie könnten sich also auch – bei entsprechendem Vorwissen – einzelne Teile gezielt herauspicken, die Sie besonders interessieren.

- ✔ Wenn Sie keine Datenbankanwendungen programmieren wollen, müssen Sie Teil VI, Prozedurale Programmierung mit SQL, nicht lesen. Obwohl ich persönlich glaube, dass Sie bei intensiverer Beschäftigung mit SQL um Trigger nicht herumkommen.
- ✔ Wenn Sie als Nicht-Informatiker nur beim Modellieren einer Datenbank mitreden und den Informatikern die richtigen Fragen stellen wollen, brauchen Sie die Teile IV bis VI nicht unbedingt lesen. Zumindest nicht im ersten Durchlauf.
- ✔ Wenn Sie nur auf eine bestehende Datenbank mit SQL zugreifen wollen, sind die Teile II und VI eher sekundär.

Allerdings lassen sich Querbezüge nicht immer vermeiden.

Törichte Annahmen über die Leser

Ich gehe davon aus, dass Sie dem Thema SQL ein gewisses Interesse entgegenbringen. Die meisten Leserinnen und Leser wissen wahrscheinlich schon etwas darüber oder haben eine intuitive, vage Vorstellung davon. Außerdem können Sie vermutlich schon ganz routiniert mit PCs beziehungsweise Laptops umgehen und zur Not auch Software installieren. Wenn Sie …

- ✔ sich plötzlich beruflich mit SQL auseinandersetzen müssen,
- ✔ eine Vorlesung zum Thema Datenbanksysteme besuchen,
- ✔ sich über die Implementierung und den Zugriff auf Datenbanken informieren wollen, ohne gleich eine Promotion darüber anzustreben,

dann sollten Sie ruhig weiterlesen.

Sie wollen nur das Buch lesen und dann alles verstanden haben und sofort anwenden können? Das ist in der Tat eine törichte Annahme. Das Erlernen der Datenbanksprache SQL setzt praktisches Üben voraus. Am besten, Sie installieren eines der frei verfügbaren Datenbank-Managementsysteme und probieren die im Text vorkommenden Beispiele und Übungen praktisch aus. Nur durch Lesen eines Notenheftes lernen Sie schließlich auch nicht Klavier spielen.

Vielleicht werfen Sie auch einen Blick auf die Webseite zu diesem Buch beim Verlag Wiley-VCH. Unter www.wiley-vch.de/isbn9783527721900 beziehungsweise www.downloads.fuer-dummies.de finden Sie die Befehle zur Erstellung der Beispieldatenbank von Kapitel 9 und die Lösungen zu den Beispielen für SELECT-Befehle von Kapitel 25 im Top-Ten-Teil. Zusätzlich gibt es online noch einige weitere Beispiele zum Üben.

Eine weitere törichte Annahme ist in der Überschrift dieses Abschnitts versteckt. Natürlich sollen sich nicht nur männliche Leser angesprochen fühlen: Es sind immer *alle* Leser*innen gemeint. Wenn keine geschlechtsneutrale Formulierung möglich ist oder eine wiederholte Aufzählung aller Geschlechter den Lesefluss stört, wird hier das generische Maskulinum verwendet, das natürlich immer alle Geschlechter umfasst!

Wie dieses Buch aufgebaut ist

Dieses Buch hat sieben Teile. Hier erfahren Sie, worum es bei diesem Lehrbuch geht, welche Inhalte die einzelnen Teile haben und was von Ihnen, liebe Leser, dabei erwartet wird. Falls Sie jetzt noch nicht alle Fachbegriffe verstehen, lernen Sie diese sukzessive in den einzelnen Kapiteln.

Teil I: Die Grundlagen

Der erste Teil soll Sie für das Thema begeistern und neugierig machen. Hier erfahren Sie Grundlegendes über Datenbanksysteme, wozu man SQL dabei braucht und was diese Sprache auszeichnet. Sie erhalten Tipps, wie man bei der Modellierung einer relationalen Datenbank vorgeht und wie man gut modellierte Tabellen erkennen kann. Außerdem finden Sie hier einen Überblick über die Kategorien von SQL-Befehlen und wissen danach, wie SQL-Befehle abgearbeitet werden.

Teil II: Datenbanken erstellen

Die Entwicklung, also die Anforderungsanalyse, Modellierung und Implementierung einer Datenbank, ist ein komplexer Prozess. Sie lernen ihn hier kennen. Sie erhalten einen Überblick über die verschiedenen Datentypen von SQL, damit Sie Ihre Daten richtig klassifizieren können. Dabei handelt es sich um skalare Datentypen zur Speicherung einzelner Werte, aber auch um zusammengesetzte strukturierte und benutzerdefinierte Datentypen. Besonders wichtig ist der SQL-Befehl CREATE TABLE, um Tabellen zu erzeugen.

Sie können die Erstellung einer Datenbank vom Entity-Relationship-Diagramm über das Relationenschema bis zu den CREATE-TABLE-Befehlen an einem Beispiel nachvollziehen. Wenn Sie mit Datenbankprojekten zu tun haben, wird das einen Großteil Ihrer Zeit beanspruchen. Sie sollten die einzelnen Entwicklungsschritte gut beherrschen.

Teil III: Einfache SQL-Abfragen

Wenn Sie Ihre Datenbank erzeugt haben, wollen Sie natürlich auch darauf zugreifen, also Daten speichern, gelegentlich ändern oder löschen und vor allem abfragen. Die »Basics« dazu lernen Sie in diesem dritten Teil kennen.

Sie bekommen als Vorbereitung auf die SQL-Befehle INSERT, UPDATE, DELETE und SELECT einen Einblick, was Ausdrücke in SQL sind und welche Operatoren es gibt. Anschließend erfahren Sie, wie man Daten in Tabellen speichern, ändern und löschen kann, denn ohne Daten kann man nichts abfragen. Und natürlich lernen Sie den SQL-Befehl SELECT kennen; beginnend mit einfachen Befehlen zum Abfragen von Daten in einer Tabelle lernen Sie auch, wie man Tabellen einfach verknüpfen kann.

Die Übungen dazu ermöglichen es Ihnen festzustellen, ob Sie alles verstanden haben und auch selbstständig eigene Datenbankabfragen formulieren können.

Teil IV: SQL-Abfragen für Fortgeschrittene

Wenn Sie Teil III gemeistert haben, können Sie sich – vielleicht nach einer kleinen Pause – an komplexe SELECT-Abfragen heranwagen und Ihr Wissen vertiefen.

Sie erfahren, wie man Daten bei Abfragen gruppieren kann, lernen Unterabfragen sinnvoll einzusetzen und erfahren, wie man Funktionen bei Abfragen verwendet oder semistrukturierte Daten abfragt. Auch der JOIN-Operator zur Verknüpfung von Tabellen wird erläutert.

Gratulation, wenn Sie das verstanden haben und beherrschen. Ich bin da guter Dinge, denn die meisten Studierenden haben das geschafft.

Teil V: Datenbanken im Einsatz

Eine erzeugte Datenbank muss verwaltet und gepflegt werden. Sie müssen die Datensicherheit gewährleisten, festlegen, auf welche Teile der gesamten gespeicherten Daten die einzelnen Benutzer zugreifen dürfen, und für eine ausreichende Performance sorgen. Wenn das ein Thema für Sie ist, sind Sie hier richtig. Falls Sie die Absicht haben, einmal Datenbankadministrator zu werden, machen Sie hier ein dickes Ausrufezeichen.

In diesem Teil lernen Sie, was Benutzersichten sind und wie man sie einsetzen kann, erfahren etwas über die Definition von Benutzern und ihre Zugriffsrechte. Sie lernen das Thema »Optimierung« kennen und was das mit SQL zu tun hat. Denn oftmals sind die Benutzer einer relationalen Datenbank nicht mit den Antwortzeiten zufrieden, und dann kommen Sie als SQL-Spezialist ins Spiel.

Außerdem werden Sie mit dem Thema »SQL-Injection« konfrontiert.

Teil VI: Prozedurale Programmierung mit SQL

Sie wollen Programme schreiben, die auf relationale Datenbanken zugreifen? Dann sollten Sie hier aufpassen. Sie erfahren Grundlegendes über die Architektur einer

Datenbankanwendung und lernen, wie man SQL-Anweisungen in andere Programmiersprachen einbetten kann; beispielsweise mit PDO.

Wenn Programmieren für Sie nicht infrage kommt, reicht das Kapitel über die prozeduralen Konzepte von SQL mit Triggern und Stored Procedures.

Teil VII: Der Top-Ten-Teil

Zum Schluss kommt der Top-Ten-Teil, in dem Sie das bisher Gelernte noch einmal anhand von zehn Beispielen überprüfen können. Wenn Sie bei den zehn Beispielen sagen: »Ist ja klar«, dann können Sie sich mit gutem Gewissen auf Ihr erstes/nächstes Datenbankprojekt stürzen.

Abschließend erhalten Sie zehn Tipps, was bei der Arbeit mit SQL zu beachten ist. Vielleicht hilft ein Blick hierauf, wenn Sie bei Ihrem SQL-Projekt gerade einmal nicht weiterwissen.

Symbole, die in diesem Buch verwendet werden

Immer, wenn besondere Aufmerksamkeit erforderlich ist, sehen Sie eines der folgenden Symbole (zwei haben Sie bereits kennen gelernt):

Kleiner Tipp gefällig? Die Beachtung dieses hilfreichen Hinweises macht Ihnen das Datenbankleben leichter. Vielleicht geht Ihnen dann ein Licht auf.

Hier wird ein Begriff genau erklärt. Das sollten Sie sich merken.

Wenn Sie dieses Symbol sehen, könnte daneben etwas stehen, das wirklich wichtig ist und nicht einfach überlesen werden sollte. Eine gute Stelle, um über das bisher Gelesene einmal nachzudenken.

Dieses Symbol weist auf Konventionen oder eine andere Stelle im Text hin.

Hier meldet sich der Techniker als freundlicher Lesebegleiter zu Wort und gibt beispielsweise einen Hinweis, wenn Sie mal nicht weiterkommen. Gelegentlich finden Sie hier auch einen Tipp für Insider, der über das Grundlagenwissen hinausgeht.

Das dürfte eigentlich klar sein.

Wie es weitergeht

Am besten, Sie werfen jetzt einmal einen Blick in das Inhaltsverzeichnis und überlegen, an welcher Stelle Sie mit dem Lesen beginnen möchten. Wenn Ihnen die einzelnen Kapitelüberschriften noch nicht viel sagen, fangen Sie einfach ganz klassisch und traditionell mit dem ersten Kapitel an.

Sie sollten aber nicht vergessen, gelegentlich persönliche Breakpoints zu setzen, um das bisher Gelesene zu reflektieren, praktisch auszuprobieren oder auch etwas ganz anderes zu machen – selbst wenn Sie das Thema gerade höchst spannend finden.

Viel Spaß beim Lesen und Lernen!

Teil I
Die Grundlagen

IN DIESEM TEIL …

- erfahren Sie, wofür Datenbanken gut sind und warum man dabei SQL braucht,
- lernen Sie den Unterschied von Daten und Informationen kennen und wie man sie in einer relationalen Datenbank speichert,
- erfahren Sie, was das Besondere von SQL ist,
- erhalten Sie Tipps, wie man bei der Modellierung einer relationalen Datenbank vorgeht und wie man gut modellierte Tabellen erkennen kann,
- finden Sie einen Überblick über die Kategorien von SQL-Befehlen und wissen danach, wie SQL-Befehle abgearbeitet werden,
- werden die Namen SQL Server®, Microsoft Access®, IBM DB2®, PostgreSQL®, Oracle® und MySQL® für Datenbank-Managementsysteme verwendet, deren Rechteinhaber die Firmen Microsoft Corp., IBM Corp., die PostgreSQL Community Association of Canada beziehungsweise die Oracle Corp. sind. Die Rechte des jeweiligen Zeicheninhabers sind zu beachten.

Aber immer der Reihe nach …

IN DIESEM KAPITEL

Wann und warum wurde SQL entwickelt?

Wer benutzt SQL?

Tools zur Datenbankabfrage

Kapitel 1
Was ist SQL?

Sie erfahren in diesem ersten Kapitel Grundlegendes zu SQL. Dazu gehört ein kurzer Überblick über die Entwicklung und den Anwendungskontext dieser Sprache. Und abschließend erfahren Sie, wie Sie diese Sprache verwenden können.

So fing alles an

SQL – das steht für »Structured Query Language« – ist eine Sprache, um auf Datenbanken zuzugreifen. Aber das wird Sie nicht weiter überraschen. Im Gegensatz zu Programmiersprachen wie Java, PHP oder Python ist SQL aber schon ziemlich alt. Denn in den 1970er-Jahren wurde ein neuer Typ von Datenbanken entwickelt, die *relationalen* Datenbanksysteme, die nur auf Tabellen (Relationen) basieren, und dafür brauchte man auch eine geeignete Abfragesprache.

Wichtige Beiträge zur Entwicklung einer geeigneten Abfragesprache leisteten die Forscher Codd, Chamberlin und Boyce. Besonders interessierten Leserinnen und Lesern seien der Artikel »A Relational Model of Data for Large Shared Data Banks« von Edgar F. Codd und der Artikel »SEQUEL: A Structured English Query Language« von Donald D. Chamberlin und Raymond F. Boyce empfohlen. Beide finden Sie im Internet.

Diese Sprache, die »SEQUEL« genannt wurde, brauchte man für die Arbeit mit relationalen Datenbanken

- zur Definition von Datenstrukturen,
- zur Manipulation von Daten und
- zur Abfrage von Daten.

Aus lizenzrechtlichen Gründen wurde SEQUEL aber bald in SQL umbenannt und erfreulicherweise – unter Führung des »American National Standards Institute« (ANSI) und der »International Standards Organization« (ISO) – genormt. Dieser Standard besteht aus mehreren sogenannten »Core Modules«, die von den Herstellern von Datenbank-Managementsystemen (zu diesem Begriff siehe Kapitel 2) wie etwa Oracle, Microsoft und IBM um weitere optionale Module erweitert werden können. Unter der Bezeichnung »ISO/IEC 9075« gibt es seit den 1980er-Jahren regelmäßig Erweiterungen und Aktualisierungen.

Der aktuelle, diesem Buch zugrundeliegende und aus neun Teilen bestehende Standard ist aus dem Jahre 2023 (ISO/IEC 9075:2023).

Die Datenbank-Managementsysteme, die SQL unterstützen, haben nicht immer den gesamten SQL-Standard oder in einzelnen Bereichen Abweichungen oder Erweiterungen davon implementiert, was sehr oft als **SQL-Dialekt** bezeichnet wird.

Begriffe und Befehle rund um SQL

Wenn man sich mit SQL auseinandersetzt, gibt es weitere Begriffe, die dazu in Beziehung stehen und von Bedeutung sind. Die folgende Abbildung 1.1 stellt das in einer Art »Mindmap« dar und soll dazu dienen, den Kontext aufzuzeigen, in dem sich SQL befindet. In den folgenden Kapiteln dieses Buches werden Sie Genaueres darüber Lernen; hier erfolgt nur eine kurze Erläuterung.

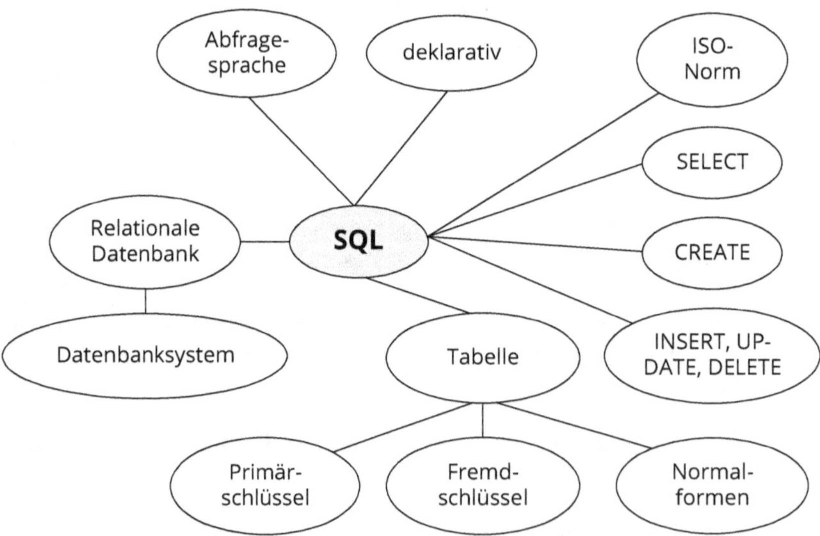

Abbildung 1.1: Begriffe rund um SQL

Zunächst einmal ist SQL – wie oben schon erwähnt – eine von der ISO genormte Abfragesprache für Datenbanken. Das Besondere daran ist, dass sie »deklarativ« ist. Sie müssen nur angeben, was Sie ausgegeben haben möchten; wie das Datenbanksystem das gewünschte Ergebnis ermittelt, müssen Sie nicht festlegen.

Bei einem deklarativen Datenbank-Abfragetool geben Sie etwa nur ein:

```
Zeige mir die Namen aller Kunden, die in Berlin wohnen.
```

Oder besser in Englisch:

```
SELECT Name FROM Kunden WHERE Wohnort = 'Berlin'.
```

Und schon haben Sie einen SQL-Befehl.

SQL umfasst sehr viele Befehle und Befehlsvarianten, die Sie im Folgenden noch kennenlernen werden. Zu den wichtigsten gehören

- ✔ SELECT zum Abfragen,
- ✔ CREATE zum Erzeugen von Datenbank-Objekten wie zum Beispiel Tabellen,
- ✔ INSERT, UPDATE, DELETE zum Speichern, Ändern und Löschen von Daten.

Weil SQL eine genormte, deklarative Sprache ist, ist es erforderlich, dass die Datenbank, auf die zugegriffen werden soll, ebenfalls aus definierten, vor der Verwendung anzulegenden Datenstrukturen besteht. Das sind die Tabellen. Eine relationale Datenbank kennt nur Tabellen, bei denen die einzelnen Zeilen einen eindeutigen Schlüssel, den Primärschlüssel besitzen. Auch Beziehungen zwischen Tabellen werden darüber abgebildet, das heißt dann Fremdschlüssel (mehr dazu in Kapitel 2).

Eine Tabelle »Abteilungen« hat etwa die Abteilungsnummer als Primärschlüssel und eine Tabelle »Mitarbeiter« die Personalnummer.

Wenn Sie jetzt bei jedem Mitarbeiter beziehungsweise jeder Mitarbeiterin speichern wollen, zu welcher Abteilung die Person gehört, fügen Sie die Abteilungsnummer dort als Fremdschlüssel ein.

Als Datenbanksystem wird dann die Gesamtheit aus den Daten und der notwendigen Software für den Zugriff darauf bezeichnet.

Fehlt noch der Begriff »Normalformen«. Vielleicht können Sie sich vorstellen, dass man gute, aber auch schlecht strukturierte Datenbanken erzeugen kann. Die Normalformen legen ein Regelwerk fest, wann eine Tabelle gut strukturiert ist und wann nicht. Im dritten Kapitel gehe ich noch genauer auf die ersten drei Normalformen ein.

Wer braucht SQL?

Jeder, der eine relationale Datenbank aufbauen oder administrieren, also verwalten will, muss SQL kennen und anwenden können. Das Gleiche gilt für alle Personen, die darauf zugreifen sollen, ob als Programmierer oder Programmiererin von Datenbank-Anwendungsprogrammen oder als Benutzer eines interaktiven Abfragetools. Letztendlich sollten alle Beteiligten an Datenbankprojekten Ahnung von SQL haben.

Für alle Studierenden von Informatik-Studiengängen gehört SQL zum Pflichtprogramm. Das gilt auch für alle Studierenden und Auszubildenden, bei denen Datenbanken auf dem Lehrplan stehen.

Und wenn Sie nicht zu einer dieser Gruppen gehören? Macht nichts, schaden kann es nicht, sich damit zu befassen.

Zu jedem der gängigen relationalen Datenbank-Managementsysteme, die alle SQL unterstützen, wie

- ✔ IBM DB2
- ✔ Microsoft SQL Sever
- ✔ Microsoft Access
- ✔ MySQL
- ✔ Oracle
- ✔ PostgreSQL

gibt es zumindest *ein* Modellierungs- und Abfragetool, um mit SQL Tabellen zu verwalten und Daten abzufragen, zu speichern, zu ändern oder zu löschen; manchmal sogar interaktiv mit einer grafischen Benutzungsoberfläche. Wenn Sie SQL üben wollen, was ich sehr empfehle, sollten Sie ein derartiges Tool nutzen. Im zweiten Kapitel werden drei davon exemplarisch dargestellt.

Im Internet finden Sie unter `https://db-engines.com/de/ranking` eine Liste der beliebtesten Datenbanksysteme, die monatlich aktualisiert wird. Auf den Plätzen 1 bis 3 stehen mit Oracle, MySQL und SQL Server drei relationale Systeme.

IN DIESEM KAPITEL

Was sind Daten?

Unterschied von Daten und Informationen

Datenbanksysteme

Ein erstes Beispiel mit SQL

Kapitel 2
Daten und Datenbanken

Mit SQL können Sie Daten in Datenbanken ohne große Programmierkenntnisse abfragen, speichern, bearbeiten oder löschen. Sie erfahren in diesem Kapitel, welche Arten von Daten es gibt und wie man Daten in Datenbanken speichern kann. Besonders wichtig sind dabei die relationalen Datenbanken, bei denen die Daten in Tabellenform gespeichert werden, denn diese Struktur ist die Voraussetzung für SQL.

Daten und Informationen

Daten, also gespeicherte Fakten über uns selbst, andere und unser Umfeld, begleiten uns unser ganzes Leben. Sie dienen – nach entsprechender Verarbeitung – als Grundlage von Entscheidungen, Bewertungen und beeinflussen unser Handeln. Denken Sie nur an

- ✔ Daten über das Wetter,
- ✔ Leistungs- und Verbrauchsdaten von Autos,
- ✔ Daten über Zugverbindungen,
- ✔ Kontodaten,
- ✔ E-Mail-Adressen und Telefonnummern,
- ✔ Blutwerte.

Aber auch für Firmen sind Daten von immenser Bedeutung, etwa

- ✔ Kundendaten,
- ✔ Lieferantendaten,

- Bestelldaten,
- Mitarbeiterdaten,
- gespeicherte Zugriffsdaten auf eine Website.

Daten sind im IT-Umfeld durch Beobachtungen, Messungen oder Übertragungen gewonnene Fakten und Angaben, die maschinell gespeichert und verarbeitet werden können.

Daten werden durch Zahlen oder Texte repräsentiert. Etwas weiter gefasst kann man aber auch Grafiken oder Bilder dazu zählen, denn Grafiken sind oftmals nur eine andere Repräsentation eines Sachverhalts, der sich auch durch Tabellen darstellen lässt.

Die Durchschnittstemperatur der letzten Jahre kann man sowohl durch Zahlen in einer Tabelle als auch durch eine Grafik darstellen.

Daten werden auf einem Speichermedium gespeichert und können damit maschinell verarbeitet werden. Die Speicherung von Daten hat den Zweck, diese beispielsweise bei späteren Geschäftsprozessen, persönlichen Entscheidungen oder Vorgängen verwenden zu können.

Natürlich benötigt der Onlineshop die Adressdaten für den Versand und beispielsweise die Kreditkartendaten für den Bezahlvorgang. Eine anlasslose und flächendeckende Vorratsdatenspeicherung ist allerdings gesetzwidrig.

Man unterscheidet drei Arten von Daten:

- strukturierte Daten
- semistrukturierte Daten
- unstrukturierte Daten

Strukturierte Daten sind beispielsweise Adressdaten, die aus einer Straße, einer Hausnummer, einer Postleitzahl und einem Ort bestehen. Alles, was sich intuitiv als Tabelle darstellen lässt, ist strukturiert. Unstrukturierte Daten sind Texte wie etwa die Zusammenfassung eines Buches. Semistrukturierte Daten sind eine Mischform mit einem strukturierten und einem unstrukturierten Teil. Das gilt zum Beispiel für E-Mails, bei denen die Sender- und Empfängeradresse, das Sendedatum und der Betreff den wesentlichen strukturierten Teil ausmachen und der eigentliche Text den unstrukturierten.

Sobald Daten in einen relevanten Kontext gestellt werden und dort zur Lösung von Aufgaben, Problemen und so weiter beitragen, werden sie zu Informationen. Damit ist es situationsabhängig, ob Daten Informationen sind.

Wenn ich für die nächste Woche einen Urlaub auf Mallorca plane, sind die dortigen Wetterdaten Informationen für meine Entscheidung, welche Kleidung ich mitnehme. Ansonsten bleiben es nur Daten ohne Relevanz für mich.

Die drei Freunde Charlotte, Tom und Amelie wollen sich verabreden. Jeder schreibt in die WhatsApp-Gruppe, wann er beziehungsweise sie Zeit hat. Das sind erst einmal die Daten. Für Charlotte, die als Älteste die Aufgabe übernommen hat, einen gemeinsamen Termin zu finden, werden daraus aber Informationen.

Und für alle drei wiederum sind der Treffpunkt und der gefundene Termin, an dem alle Zeit haben, Informationen, denn Sie müssen sich das Datum freihalten und in ihren Kalender eintragen.

Daten können persistent, also dauerhaft in Dateien oder Datenbanken gespeichert werden. In beiden Fällen werden sie auf dem Computer, Tablet oder Smartphone intern in Form von Nullen und Einsen dargestellt, aber das ist für uns hier nicht besonders relevant. Datenbanken haben den Vorteil, dass zwischen dem Anwendungsprogramm, das auf die Daten zwecks Verarbeitung oder Darstellung zugreifen will, und den gespeicherten Daten eine zusätzliche Softwareschicht eingezogen ist, die die Zugriffsaufgaben übernimmt. Zusammen nennt man das »Datenbanksystem«. Was das für Vorteile hat, erfahren Sie im nächsten Abschnitt.

Was sind Datenbanksysteme?

Für jeden Zugriff auf elektronisch gespeicherte Daten braucht man ein Programm, das wir als Anwendungsprogramm bezeichnen. Das kann eine Textverarbeitung oder ein Programm zur Verwaltung von Adressen sein.

Definition und Architektur eines Datenbanksystems

Durch die Einführung einer zusätzlichen Softwareebene zwischen Anwendungsprogramm und Daten, die wir ab jetzt »Datenbank-Managementsystem« (DBMS) nennen, gibt es folgende Vorteile:

- ✔ Die Anwendungsprogramme werden von der Dateiorganisationsform und der Art des Zugriffs auf die Daten unabhängig.
- ✔ Es können mehrere Benutzer gleichzeitig auf die Daten zugreifen. Das DBMS synchronisiert diese Zugriffe; zum Beispiel verhindert es durch Setzen von Sperren das gleichzeige Ändern eines Datensatzes durch zwei oder mehr Benutzer (Lost-Update-Problem).
- ✔ Das Datenbank-Managementsystem sorgt für die Konsistenz und Integrität der Daten. Zum Beispiel überwacht es die Ausführung der von den Benutzern eingegebenen SQL-Befehle. Zu diesem Zweck werden logisch zusammengehörende Befehle zu sogenannten Transaktionen zusammengefasst, die – dem Alles-oder-nichts-Prinzip folgend – ganz oder gar nicht ausgeführt werden. Datenbankentwickler haben ferner die Möglichkeit, statistische Daten wie beispielweise tägliche Umsatzsummen automatisch bei einem neuen Verkaufsvorgang ändern zu lassen.

- Das Datenbank-Managementsystem ermöglicht durch die Einführung von Benutzersichten, dass ein Anwendungsprogramm nur Zugriff auf die Daten hat, die es benötigt. Beispielsweise muss ein Programm zum Drucken von Adressaufklebern nicht auf Kontodaten zugreifen können.
- Das Datenbank-Managementsystem ermöglicht eine zentrale Authentifizierung der Benutzer und stellt auch Funktionen zum Datenschutz und zur Datensicherung bereit.

In Abbildung 2.1 sehen Sie die Architektur eines aus Datenbank-Managementsystem (Software) und der eigentlichen Datenbank (die die gespeicherten Daten enthält) bestehenden Datenbanksystems. Der Zugriff auf das Datenbanksystem erfolgt dann von Datenbank-Anwendungsprogrammen aus oder über ein Datenbank-Managementtool, mit dem man Datenbanken verwalten und Daten abfragen, speichern, ändern oder löschen kann. Die bekannteste und verbreitetste dabei verwendete Sprache ist SQL! Weiter unten werden einige derartige Tools kurz vorgestellt.

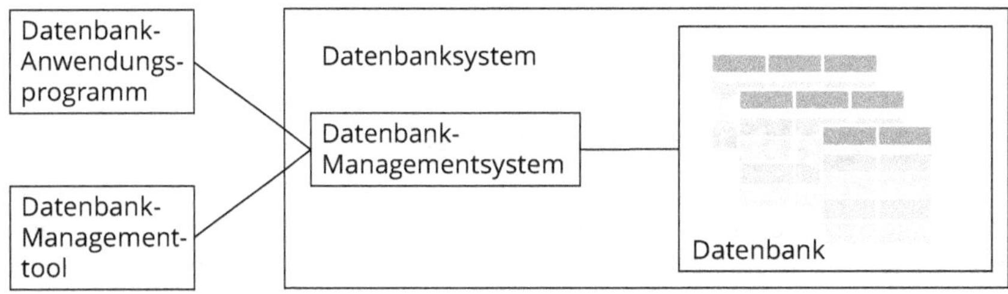

Abbildung 2.1: Architektur eines (relationalen) Datenbanksystems

Ein **Datenbanksystem** ist ein computergestütztes System zur persistenten und strukturierten Speicherung von Daten. Es stellt den darauf zugreifenden Programmen Schnittstellen (bei relationalen Datenbanken mit SQL) bereit, um auf die Daten zugreifen zu können. Dieser Zugriff kann im Mehrbenutzerbetrieb erfolgen, wobei die Datenintegrität und -konsistenz gewährleistet ist und Funktionen für den Datenschutz und die Datensicherheit bereitgestellt werden.

Datenbanksysteme unterstützen dabei, mithilfe von SQL aus den gespeicherten Daten jeweils relevante Informationen herauszufiltern.

Typen von Datenbanken – ein Überblick

Es gibt eine ganze Reihe unterschiedlicher Typen von Datenbanksystemen, je nachdem wie die Daten strukturiert sind und Beziehungen zwischen Daten realisiert werden können:

- hierarchische Datenbanken
- Netzwerkdatenbanken
- relationale Datenbanken

- objektorientierte Datenbanken
- objektrelationale Datenbanken
- NoSQL-Datenbanken

Bei **hierarchischen Datenbanken** sind nur baumartige Strukturen möglich. **Netzwerkdatenbanken** ermöglichen sehr flexible, beliebige Verknüpfungen über systeminterne Pointer zwischen den Daten. Beide Typen spielen heute keine Rolle mehr.

Bei **relationalen Datenbanken** werden alle Daten in Tabellen gespeichert. Der Zugriff darauf erfolgt – was sonst – mit SQL. Beziehungen zwischen Tabellen werden auf Anwenderebene realisiert, indem der bei jeder Tabelle erforderliche Primärschlüssel woanders als Fremdschlüssel verwendet wird.

Das kommt aber noch viel genauer. Sie lernen natürlich noch, wie Sie das mit SQL machen können.

Die Tabellenstruktur, also die Anzahl der Tabellenspalten, ihre Bezeichnungen und ihr Datentyp werden vom Datenbank-Managementsystem in einem Datenbankkatalog oder »Dictionary« zentral gespeichert.

Zusammen mit der objektorientierten Programmierung entstanden die **objektorientierten Datenbanken**. Hier können komplexe Datenobjekte gespeichert werden, die geschachtelt sein können. Sie haben heute ebenfalls keine Bedeutung mehr.

Objektrelationale Datenbanken stellen eine Weiterentwicklung der relationalen Datenbanken dar. Sie ermöglichen beispielsweise die Schachtelung von Tabellen und die Speicherung von Arrays. Ihr Vorteil im Gegensatz zu objektorientierten Datenbanken ist, dass man mit SQL darauf zugreifen kann. In dieser Einführung in SQL werden wir aber nicht weiter darauf eingehen.

Eine moderne Entwicklung stellen die **NoSQL-Systeme** dar. Sie ermöglichen eine flexible Datenspeicherung, ohne dass vorher Tabellen definiert werden müssen. Die erfolgt dadurch, dass die einzelnen Datensätze ihre Strukturinformationen jeweils mit sich führen, wie es zum Beispiel bei JSON-Dokumenten der Fall ist. Weil man JSON-Dokumente auch in relationalen Datenbanken speichern kann, werden Sie darüber noch einiges erfahren (wenn Sie das entsprechende Kapitel lesen).

Im Buch »Datenbanksysteme für Dummies« können Sie das alles genauer nachlesen.

Relationale Datenbanken

Im Folgenden erfahren Sie, was genau sich hinter einer Relation verbirgt und was relationale Datenbanken ausmacht.

Was genau sind Relationen?

In relationalen Datenbanken können Sie strukturierte Daten in Tabellen speichern. Diese haben folgende Eigenschaften:

1. Tabellen bestehen aus Zeilen und Spalten, sind also zweidimensional und enthalten immer nur Daten gleicher Struktur. Sie werden in diesem Zusammenhang als »Relationen« bezeichnet.
2. Alle Werte einer Tabellenspalte sind einfach strukturiert und haben immer denselben Datentyp, etwa eine Zahl, ein Datum, eine Zeichenkette. Komplexe Datentypen wie Listen, Mengen oder gar die Schachtelung von Relationen sind nicht möglich.
3. Die Zeilen einer Tabelle werden als »Tupel« bezeichnet und die Spalten als »Attribute«.
4. Der Wert einer Tabellenspalte bei einem Tupel (einer Zeile) heißt Attributwert. Es ist allerdings unter bestimmten Voraussetzungen möglich, dass es für ein Attribut bei einem Tupel *keinen* Wert gibt; man nennt das NULL-Wert.
5. In der Datenbanktheorie verwendet man eher den Begriff »Relation« und bei der Datenbankprogrammierung mit SQL spricht man von Tabellen (beispielsweise CREATE TABLE ...).
6. Durch Angabe ihres Namens und der zugehörigen Attribute, beispielsweise Artikel(Artikelnummer, Bezeichnung, Preis), lässt sich die Struktur einer Relation hinlänglich beschreiben.
7. Die Struktur einer Relation ist änderbar. Sie können Attribute umbenennen, hinzufügen oder löschen.
8. Man kann immer nur ganze Tupel speichern oder löschen, aber einzelne Attributwerte lesen oder ändern.
9. Eine Relation besteht also aus einer Menge von Tupeln. Deshalb ist die Reihenfolge der einzelnen Tupel in eine Relation unerheblich.
10. Wegen der Mengeneigenschaft sind die Tupel einer Relation alle unterschiedlich. Deshalb gibt es immer ein oder mehrere Attribute, die identifizierende Eigenschaften für die Tupel haben (siehe unten).
11. Bei Tabellen ist das nicht zwingend erforderlich. Es sind sogenannte »Multimengen«, bei denen Duplikate erlaubt sind. Wir werden diese Eigenschaft aber nicht verwenden und deshalb die Begriffe »Tabelle« und »Relation« als synonym betrachten.
12. Beziehungen zwischen zwei Relationen werden über Attribute gleichen Inhalts in den beiden Tabellen hergestellt. Wenn Sie zum Beispiel in eine Tabelle mit Bestellungen die Kundennummer mit als Attribut speichern, wissen Sie, wer die Bestellung aufgegeben hat.

Je nachdem, welchen fachlichen Hintergrund Sie haben, wird Ihnen der eine oder andere der in der Tabelle 2.1 genannten Begriffe vertrauter sein:

Datenbank-Spezialist	Relation	Attribut	Tupel
Programmierer alter Schule	Datei	Feld	Datensatz
Anwender von EXCEL®	Tabelle	Spalte	Zeile

Tabelle 2.1: Gleichartige Begriffe

Der Primärschlüssel

Das oder die Attribute, die in einer Relation eine identifizierende Eigenschaft haben, nennt man **Schlüsselkandidat**. Alle Tupel der Relation haben also bei einem Schlüsselkandidat unterschiedliche Attributwerte. NULL-Werte sind dabei nicht zulässig.

Die Kundennummer in der Kundentabelle oder die drei Attribute Matrikelnummer, Fachnummer, Datum bei Klausurergebnissen sind Schlüsselkandidaten.

Es kann sein, dass es mehrere Schlüsselkandidaten für eine Relation gibt; etwa die Personalausweisnummer oder die Steueridentifikationsnummer in der Personentabelle einer Behörde.

Einen der Schlüsselkandidaten wählen Sie dann als Primärschlüssel der Relation. Das geben Sie dann bei der Definition der Relation mit SQL auch an.

Der **Primärschlüssel** einer Relation ist ein aus einem oder mehreren Attributen bestehender Schlüsselkandidat. Die Attributwerte davon sind bei allen Tupeln unterschiedlich, woraus sich die Tupel-identifizierende Eigenschaft ergibt. Zusätzlich ist bei einem aus mehreren Attributen bestehenden Primärschlüssel zu beachten, dass er minimal sein muss, was bedeutet, dass die identifizierende Schlüsseleigenschaft verloren geht, wenn man ein Attribut weglässt. Wenn der Primärschlüssel nur aus einem Attribut besteht, ist das trivial.

Es ist guter Stil, für jede Relation einen Primärschlüssel anzugeben! So werde ich es immer handhaben. Zwingend ist es aber nicht (siehe auch Punkt 9 der obigen Auflistung).

Fremdschlüssel

Beziehungen zwischen Relationen werden dadurch hergestellt, dass Sie den Primärschlüssel der einen Relation in der anderen (gewissermaßen als Referenz) als Attribut mit aufnehmen. Das geben Sie dann bei der Definition der referenzierenden Relation ebenfalls mit SQL an.

Ein Attribut einer Relation heißt **Fremdschlüssel**, wenn es in einer anderen Relation Primärschlüssel ist. Damit wird eine Beziehung zwischen diesen Tabellen hergestellt. Da ein Primärschlüssel aus mehreren Attributen zusammengesetzt sein kann, gilt das natürlich auch für Fremdschlüssel.

So wird eine Beziehung zwischen Kunden und Bestellungen (welcher Kunde hat die jeweilige Bestellung vorgenommen) über die Kundennummer hergestellt, die in der Kundentabelle Primärschlüssel und in der Tabelle mit den Bestellungen Fremdschlüssel ist.

In einer Tabelle mit Klausurergebnissen ist die Matrikelnummer Fremdschlüssel. Sie verweist auf den beziehungsweise die Studierende, die die Leistung erbracht hat.

Ein Attribut, das Fremdschlüssel ist, muss nicht genauso benannt sein wie der zugehörige Primärschlüssel. Obwohl das guter Stil ist. Es ist nur eine semantische, inhaltliche Übereinstimmung notwendig. Sie könnten im ersten Beispiel oben die Kundennummer in der Bestellungstabelle auch mit »Kundennr« bezeichnen.

Deswegen können Sie auch eine Beziehung einer Tabelle *auf sich selbst* herstellen, wie es beispielweise in einer Mitarbeitertabelle bei der Beziehung »hat als Chef« notwendig sein könnte.

Ein Beispiel mit SQL

Vielleicht fanden Sie den vorherigen Abschnitt etwas zu theoretisch? Hier folgt ein kleines einführendes Beispiel, wie Sie eine relationale Datenbank (und nur die sind für uns von Interesse) mit SQL aufbauen und darauf zugreifen können.

Es soll eine sehr einfache Kundendatenbank angelegt werden, um dort Bestellungen von Kunden speichern zu können. Sie besteht aus der Tabelle 2.2 mit den Kundendaten und der Tabelle 2.3 mit den Bestellungen.

Kundennummer	Vorname	Name	Wohnort	E-Mail
101	Peter	Mustermann	Hamburg	`Pe.Mu@gmx.de`
102	Anja	Musterfrau	Kiel	`Anja2000@web.de`

Tabelle 2.2: Struktur der Kundentabelle

Bestellnummer	Kundennummer	Artikel	Anzahl	Preis
2401	101	Weingummis, 100 g	1	2.99

Tabelle 2.3: Struktur der Tabelle mit den Bestellungen

Die folgenden Befehle CREATE TABLE, INSERT und SELECT sind bewusst einfach gehalten und intuitiv. Wenn Sie aber trotzdem Schwierigkeiten mit dem genauen Verständnis haben, merken Sie sich diesen Abschnitt und vollziehen Sie das Beispiel nach dem Durcharbeiten der jeweiligen Abschnitte, in denen sie detailliert besprochen werden, erneut nach. Dann sollte es auf jeden Fall klappen.

Zunächst definieren wir mithilfe eines Datenbank-Managementtools die zwei Tabellen. Dazu verwenden wir den SQL-Befehl **CREATE TABLE.**

```
CREATE TABLE Kundentabelle
( Kundennummer INTEGER PRIMARY KEY,
  Vorname      CHAR(20),
  Name         CHAR(20),
  Wohnort      CHAR(30),
  Email        CHAR(25)
);

CREATE TABLE Bestelltabelle
( Bestellnummer INTEGER PRIMARY KEY,
  Kundennummer  INTEGER,
  Artikel       CHAR(30),
  Anzahl        INTEGER,
  Preis         NUMERIC(7,2),
FOREIGN KEY (Kundennummer) REFERENCES Kundentabelle(Kundennummer)
);
```

Das ist alles andere als optimal. Beispielsweise wird nur der Wohnort und nicht die vollständige Adresse gespeichert. Außerdem ist die Speicherung des bestellten Artikels in Textform nicht passend. Sinnvoller wäre eine Artikelnummer (als Fremdschlüssel auf eine Artikeltabelle). Aber das Beispiel soll hier ja bewusst kurzgehalten sein. Da geht noch viel mehr!

Das Minuszeichen in der Spalte »E-Mail« von Tabelle 2.2 darf nicht in Attributbezeichnern vorkommen. Deshalb heißt es beim CREATE TABLE der Kundentabelle »Email«.

Eventuell ist bei Ihrem Datenbank-Managementsystem der Bezeichner »Name« ein reserviertes Wort, das nicht als Attributbezeichner verwendet werden darf. Dann nehmen Sie einfach stattdessen »Nachname«.

Was kann man an diesem Beispiel erkennen?

- ✔ Die Befehle beginnen mit den Schlüsselworten CREATE TABLE.
- ✔ Dann folgt die Bezeichnung der Tabelle, die definiert werden soll.
- ✔ Anschließend werden mit runden Klammen umschlossen die Spalten der Tabelle und ihr jeweiliger Datentyp festgelegt. Hier werden drei Datentypen verwendet: INTEGER für ganze Zahlen, CHAR für Text und NUMERIC für Zahlen mit Längenangaben und optional, wie hier, mit Nachkommastellen.

- ✔ Jede Tabelle hat eine Spalte, die mit PRIMARY KEY gekennzeichnet ist. Das ist der Primärschlüssel. Jeder Datensatz, der später gespeichert wird, muss dort einen von allen anderen Datensätzen der Tabelle unterschiedlichen Wert haben.
- ✔ In der Bestelltabelle wollen wir uns auf die Kundentabelle beziehen, weil jede Bestellung natürlich einem Kunden zugeordnet sein muss. Das wird mit einem Fremdschlüssel FOREIGN KEY realisiert, wobei die referenzierte Tabelle mit ihrem Primärschlüssel anzugeben ist.

Wenn Sie das eingegeben und keinen Fehler gemacht haben, wurden diese Definitionen der beiden Tabellen im Datenbankkatalog gespeichert. Anschließend können Sie mit SQL Datensätze eingeben. Dafür gibt es den Befehl **INSERT**.

```
INSERT INTO Kundentabelle VALUES
    (101, 'Peter', 'Mustermann', 'Hamburg', 'Pe.Mu@gmx.de');
INSERT INTO Kundentabelle VALUES
    (102, 'Anja', 'Musterfrau', 'Kiel', 'Anja2000@web.de');
INSERT INTO Bestelltabelle VALUES
    (2401, 101, 'Weingummis 100g', 1, 2.99);
```

Die Werte müssen in derselben Reihenfolge eingegeben werden, wie die zugehörigen Spalten definiert worden sind; zumindest bei dieser Form des Befehls. Text muss in Hochkommata eingeschlossen werden, Zahlen nicht.

Diese beiden Datensätze werden in der Datenbank gespeichert und können anschließend mit dem SELECT-Befehl abgefragt werden.

```
SELECT Vorname, Name FROM Kundentabelle
WHERE Kundennummer = 101;
```

Vielleicht fragen Sie sich, wie das Datenbank-Managementsystem zum gewünschten Ergebnis kommt. Es gibt dort ein Modul »Erstellung Ausführungsplan«, das unter Zuhilfenahme der Daten im Datenbankkatalog die notwendigen Befehle generiert, um die gewünschten Daten aus der Datenbank extrahieren zu können. Den erzeugten Ausführungsplan können Sie sich übrigens von Ihrem Managementtool anzeigen lassen.

Das war ein ganz simples Beispiel. Es sollte nur die vorherigen theoretischen Ausführungen über die Architektur von Datenbanksystemen und relationale Datenbanken im Besonderen praktisch verdeutlichen.

Datenbank-Managementtools

In Abbildung 2.1 konnten Sie sehen, dass man mit Datenbank-Managementtools auf Datenbanken zugreifen kann. Insbesondere gilt das für relationale Datenbanken mit SQL. In diesem Abschnitt werden drei dieser Tools vorgestellt, mit denen Sie auch das Beispiel im vorherigen Abschnitt nachvollziehen könnten. Es handelt sich dabei um:

- die MySQL Workbench™
- den SQL-Developer™
- das Tool pgAdmin™

Alle diese Tools besitzen einen Bildschirmbereich, in dem man SQL-Befehle eingeben kann. Um sie auszuführen, müssen Sie diese markieren und dann auf einen Button klicken, der je nach Tool mit einem Blitz oder einem dreieckigen Pfeil beschriftet ist.

Alternativ könnten Sie beispielsweise für MySQL/MariaDB, SQL Server und PostgreSQL auch das Tool HeidiSQL benutzen.

Die MySQL Workbench

In Abbildung 2.2 sehen Sie einen Screenshot der MySQL Workbench.

Es kommt bei diesem und den folgenden zwei Screenshots nicht darauf an, Details zu erkennen. Sie sollen nur einen Eindruck von der Aufteilung und Funktionalität des Bildschirms vermitteln und können bei anderen Programmversionen anders sein.

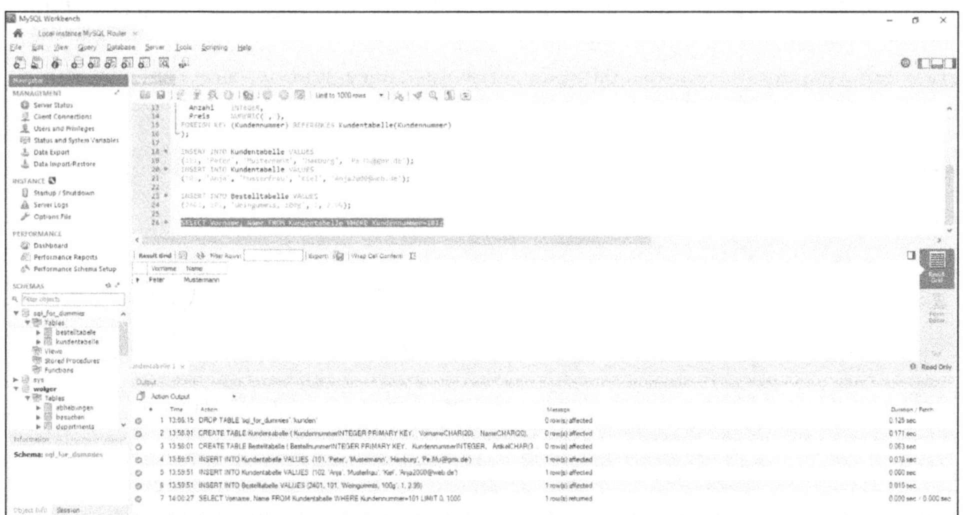

Abbildung 2.2: Die MySQL Workbench, © Oracle

Links finden Sie die gerade geöffnete Datenbank mit ihren Tabellen. In den drei Bereichen rechts davon können Sie oben SQL-Befehle eingeben. Darunter wird dann das Ergebnis angezeigt und unten (hier nicht mehr sichtbar) die Historie der letzten SQL-Befehle. Ein weiteres webbasiertes Datenbank-Managementtool für MySQL ist phpMyAdmin™.

Der SQL Developer

Als Zweites folgt in Abbildung 2.3 eine Seite des SQL Developers von Oracle.

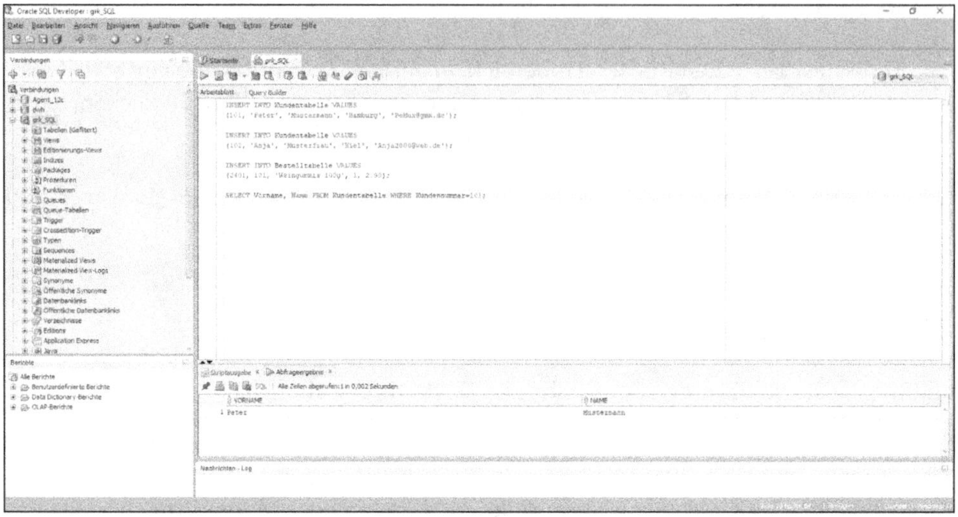

Abbildung 2.3: Der SQL Developer, © Oracle

Die Struktur ist ähnlich zur MySQL Workbench. Links werden die bisher definierten Tabellen angezeigt (und einiges mehr, was hier aber nicht alles sichtbar ist). Rechts oben geben Sie die SQL-Befehle ein und unten wird dann das Ergebnis angezeigt oder eine Fehlermeldung.

pgAdmin

Das dritte und letzte Beispiel in Abbildung 2.4 ist das Tool pgAdmin von PostgreSQL.

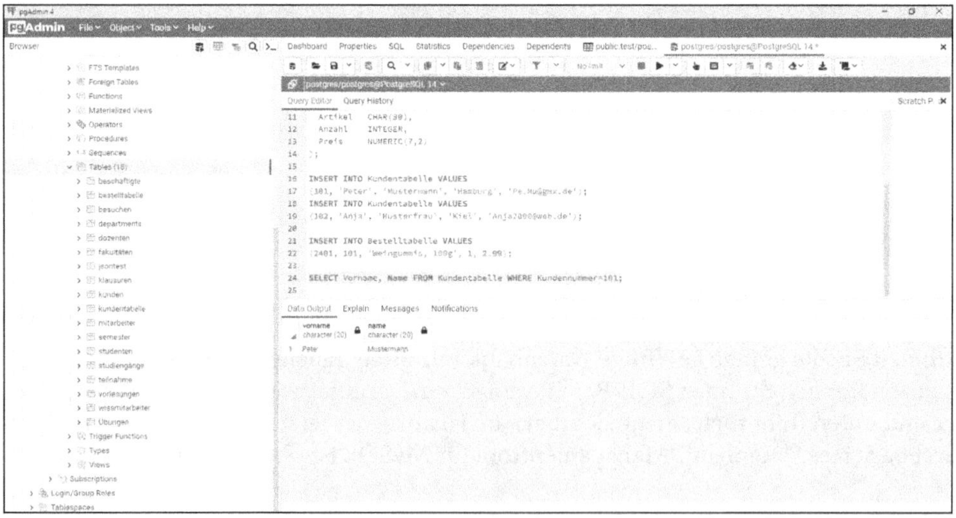

Abbildung 2.4: pgAdmin, © PostgreSQL Global Dev. Group

Sie sehen, die Tools ähneln sich. Allerdings werden die Tabellennamen beim SQL Developer grundsätzlich in Großbuchstaben und bei den beiden anderen Tools in Kleinbuchstaben umgewandelt, egal wie Sie es schreiben.

Setzen Sie Tabellen- und Attributbezeichner bitte nie in Doppelhochkomma, denn dann werden sie genauso abgespeichert wie geschrieben und das führt später fast immer zu Problemen.

pgAdmin möchte ich Ihnen besonders ans Herz legen, weil die späteren Beispiele in der Regel mit PostgreSQL ausgeführt werden.

Aufgaben

1. Gegeben sei die folgende Relation (Tabelle 2.4)

A	B	C	D
X	2	100	HH
X	1	101	KI
Y	2	100	HH
Y	3	101	KI
Y	2	102	KI

Tabelle 2.4: Relation zu Aufgabe 1

Wie lautet der Primärschlüssel?

2. Ermitteln Sie für die folgende Relation (Tabelle 2.5) die Schlüsselkandidaten.

A	B	C	D
a1	b1	c4	d3
a1	b1	c4	d1
a2	b2	c3	d2
a2	b2	c3	d4
a3	b1	c4	d3

Tabelle 2.5: Relation zu Aufgabe 2

IN DIESEM KAPITEL

Wozu Normalformen gut sind

Die 1. Normalform

Die 2. Normalform

Die 3. Normalform

Und zum Abschluss ein paar Aufgaben

Kapitel 3
Die Normalisierung von Relationen

Bei der Definition von Relationen können Sie durchaus Fehler machen. Das ist beispielsweise dann der Fall, wenn Sie Daten gemeinsam in einer Relation (Tabelle) speichern, die inhaltlich nicht zusammengehören, wie etwa die Firmenadresse in einer Mitarbeitertabelle. Sie erfahren in diesem Kapitel, wodurch sich gut und schlecht modellierte Relationen unterscheiden. Danach lernen Sie die drei Normalformen kennen und erfahren, wie man Tabellen in die 3. Normalform bringen kann.

Probleme mit schlecht modellierten Relationen

Am besten erkennt man die möglichen Probleme beim Entwurf der Relationen, in den Sie Ihre Daten speichern wollen, anhand eines Beispiels.

Beispiel mit Studierenden und Klausuren

Nehmen wir einmal an, Sie möchten die Daten über Studierende und die von ihnen geschriebenen Klausuren in einer Relation speichern (siehe Tabelle 3.1 mit einigen Beispieldaten). Wir setzen zur Vereinfachung dabei voraus, dass immer nur **eine Note je Person und Fach** gespeichert wird.

Matrikelnummer	Vorname	Name	Fach	Klausurdatum	Note
123001	Justus	Jonas	Logik	30.10.2024	1
123002	Julia	Meier	Logik	30.10.2024	2.3
123001	Justus	Jonas	Statistik	19.01.2025	2
123003	Tarek	Meier	Statistik	30.10.2024	2

Tabelle 3.1: Tabelle mit Klausurdaten

Man kann dieser Tabelle Folgendes entnehmen:

- ✔ Wenn Sie die Matrikelnummer kennen, sind – egal, wie das Fach lautet – auch der zugehörige Name und Vorname festgelegt.
- ✔ Wenn Sie die Matrikelnummer und das Fach kennen, können Sie die Note und das Klausurdatum ermitteln.

Der Primärschlüssel dieser Tabelle besteht aus den Attributen Matrikelnummer und Fach, denn nur diese Kombination garantiert die Eindeutigkeit der Tupel. Für den Vornamen und Namen muss man aber nur die Matrikelnummer wissen.

Sicherlich ist das keine gute Lösung, denn Sie sehen, dass der Vorname und Name eines Studierenden mehrmals gespeichert wird, wenn er mehrere Klausuren geschrieben hat. Wenn sich also bei einem Studierenden der Name ändert, muss das eventuell bei mehreren Tupeln geändert werden. Und weil der Primärschlüssel aus der Matrikelnummer und dem Fach besteht, ist es nicht möglich, in dieser Tabelle einen Studierenden aufzunehmen, ohne dass er eine Klausur geschrieben hat.

Beispiel mit Studierenden und Studiengängen

In einem weiteren Beispiel geht es um die Speicherung von Studierenden und Daten über die Studiengänge, in denen sie immatrikuliert sind, gemäß Tabelle 3.2.

Matrikelnummer	Vorname	Name	Studiengang	Studiengangsleiter
123001	Justus	Jonas	Informatik	Brauer
123002	Julia	Meier	Informatik	Brauer
123003	Tarek	Meier	BWL	Yilmaz

Tabelle 3.2: Tabelle mit Studiengangsdaten

Dieser Tabelle ist zu entnehmen:

- ✔ Wenn Sie die Matrikelnummer kennen, sind alle anderen Attributwerte festgelegt. Denn jede hat nur einen Vornamen, einen Namen usw.
- ✔ Wenn Sie den Studiengang kennen, können Sie den zugehörigen Studiengangsleiter beziehungsweise die Studiengangsleiterin bestimmen.

Der einzige Kandidat als Primärschlüssel ist in dieser Tabelle die Matrikelnummer. Allerdings gibt es noch eine andere Abhängigkeit, denn aus dem Studiengang können Sie den zugehörigen Leiter bestimmen.

In der Regel wird es mehrere Studierende pro Studiengang geben; folglich ist auch der zugehörige Studiengangsleiter mehrfach gespeichert. Wenn er wechselt, muss das bei allen Studierenden dieses Studiengangs geändert werden. Hinzu kommt, dass Sie bei einem Studiengang, der sich in der Aufbauphase befindet und noch keine Studierenden hat, keinen Leiter festlegen können.

Funktionale Abhängigkeiten

Im vorherigen Abschnitt haben Sie gelernt, dass es zwischen Attributen Abhängigkeiten gibt, beispielsweise:

- ✔ Wenn Sie die Matrikelnummer kennen, sind der Vorname und der Name festgelegt, denn es sind Werte desselben Tupels.
- ✔ Wenn Sie den Studiengang kennen, können Sie den zugehörigen Studiengangsleiter bestimmen.
- ✔ Wenn Sie eine Matrikelnummer und ein Fach haben, lässt sich daraus das Klausurergebnis ableiten.

Das führt zur Definition des Begriffs der funktionalen Abhängigkeit.

Gegeben sei eine Relation R mit den Attributen A_1, A_2, ... A_n. Das Attribut A_j ist vom Attribut A_i **funktional abhängig** (Schreibweise $A_i \rightarrow A_j$), wenn jedem Wert von A_i höchstens ein Wert von A_j zugeordnet ist. Gleiches gilt auch für Attributmengen $\alpha \subseteq \{A_1, \ldots A_n\}$ und $\beta \subseteq \{A_1, \ldots A_n\}$.

Der Begriff der funktionalen Abhängigkeit ist fundamental bei der Theorie relationaler Datenbanken.

Aus Tabelle 3.1 mit den Studierenden- und Klausurdaten lassen sich folgende funktionale Abhängigkeiten ableiten:

- ✔ Matrikelnummer → Vorname
- ✔ Matrikelnummer → Name
- ✔ {Matrikelnummer, Fach} → Klausurdatum
- ✔ {Matrikelnummer, Fach} → Note

Für die Relation in Tabelle 3.2 mit den Studierenden- und Studiengangsdaten gilt:

- ✔ Matrikelnummer → Vorname, Name (wie oben)
- ✔ Matrikelnummer → Studiengang

- Matrikelnummer → Studiengangsleiter
- Studiengang → Studiengangsleiter

Natürlich sind alle Attribute immer vom Primärschlüssel abhängig. Aber in den beiden Beispielen gibt es eben auch andere funktionale Abhängigkeiten:

- In Tabelle 3.1 hängen der Vorname und der Name nur von einem Teil des Primärschlüssels ab.
- In Tabelle 3.2 hängt der Studiengangsleiter (zusätzlich) von einem Attribut ab, das nicht Primärschlüssel ist.

Diese zusätzlichen funktionalen Abhängigkeiten verursachen die Probleme, weil dadurch Redundanzen bei der Datenspeicherung entstehen:

- In Tabelle 3.1 sind der Name und Vorname eines Studierenden gegebenenfalls mehrfach gespeichert.
- In Tabelle 3.2 ist der Studiengangsleiter eines Studiengangs mehrfach gespeichert.

Redundanz in einer Relation liegt dann vor, wenn Attributwerte mehrfach gespeichert sind. Man kann das daran erkennen, dass sie nicht vom vollständigen Primärschlüssel oder nicht direkt davon abhängig sind.

In den folgenden drei Abschnitten erfahren Sie, wie Sie diese Redundanzprobleme erkennen und durch eine geeignete Zerlegung beheben können.

Die 1. Normalform

Die 1. Normalform ist die Grundlage jeder relationalen Datenbank. Sie besagt, dass die Werte jedes Attributs atomar sein müssen, also nicht strukturiert sein dürfen.

Eine Relation befindet sich in der **1. Normalform** (kurz 1. NF), wenn die einzelnen Attributwerte nur aus einzelnen, aus Sicht des Datenbank-Managementsystems *atomaren* Werten wie Zahlen oder Zeichenketten bestehen. Jedes Attribut ist deshalb vom Primärschlüssel funktional abhängig (genauer: sogar von jedem Schlüsselkandidaten).

Nicht in der 1. Normalform würde eine Relation sein, wenn ein Attribut beispielsweise eine Liste oder eine Menge von Werten enthält oder wenn Relationen schachtelbar sind. Man nennt das »Non-First-Normalform«, kurz NF^2.

Ein Attribut in der Kundentabelle mit einer Liste von Telefonnummern – (040 123123 99, 0151 321321 77) wäre ein Beispiel – ist in der 1. Normalform nicht zulässig. Genauso wenig wie eine Menge von Artikeln in der Bestelltabelle, wie beispielweise {'Weingummis, 100 g', 'dunkle Schokolade'}.

Natürlich gibt es Systeme, die sogenannten **objektrelationalen Datenbank-Managementsysteme**, die solche Attribute zulassen. Dazu gehörten zum Beispiel Oracle und PostgreSQL. Hier werden wir nicht weiter darauf eingehen, weil es zu den optionalen Teilen des SQL-Sprachstandards gehört.

Wenn Sie mehr darüber wissen wollen, sollten Sie einen Blick in das Buch »Datenbanksysteme für Dummies« werfen; dort wird das besprochen.

Abschließend folgt noch ein Beispiel, wie Sie es NIE machen sollten: Das ist ein Attribut namens »Adresse« beispielsweise vom Typ VARCHAR(50). Dort könnte man Folgendes speichern:

'Bahnhofsallee 19, 23909 Ratzeburg'

Da dieses Attribut vom Typ VARCHAR(50) ist, ist es aus Sicht des Datenbank-Managementsystems atomar, aber natürlich nicht aus Sicht des Anwenders, denn dahinter verbergen sich eine Straße mit Hausnummer, eine Postleitzahl und ein Ort. Und das mit SQL-Sprachmitteln zu extrahieren, ist äußerst aufwendig!

Verwenden Sie niemals den Datentyp CHAR(…) oder VARCHAR(…), um damit mehrere Werte als Zeichenkette zu speichern.

Die 2. Normalform

Die 2. Normalform ist eine Verschärfung der 1. Normalform, in der ja eine funktionale Abhängigkeit aller Attribute von jedem Schlüsselkandidaten gefordert wird.

Eine Relation befindet sich in der **2. Normalform** (2. NF), wenn sie in der 1. Normalform ist und jedes Nicht-Schlüsselattribut *voll funktional* von jedem Schlüsselkandidaten abhängig ist.

Nicht-Schlüsselattribute sind diejenigen, die zu keinem Schlüsselkandidaten gehören. Eine *volle funktionale Abhängigkeit* $\alpha \rightarrow \beta$ liegt vor, wenn die funktionale Abhängig bei Weglassen eines Attributs von α verloren geht.

In den Fällen, wo es nur einen Schlüsselkandidaten gibt, der dann zwangsläufig Primärschlüssel ist, vereinfacht sich die Aussage zu: »Eine Relation befindet sich in der 2. Normalform, wenn sie in der 1. Normalform ist und jedes Nicht-Primärschlüsselattribut voll funktional abhängig vom Primärschlüssel ist«.

Es gibt Bücher, die das als Definition der 2. Normalform verwenden, was eine (unzulässige) Vereinfachung darstellt.

Die Relation von Tabelle 3.1 ist nicht in der 2. Normalform, weil der Primärschlüssel aus den beiden Attributen {Matrikelnummer, Fach} besteht – weitere Schlüsselkandidaten gibt es nicht –, der Vorname und der Name aber nur von der Matrikelnummer abhängig sind. Und das führt zu Redundanzen bei der Datenspeicherung.

Relationen, die die 2. Normalform nicht erfüllen, enthalten unerwünschte Redundanzen.

Stellt sich abschließend die Frage: Wie kann man eine Relation, die nicht in der 2. Normalform ist, in diese überführen und damit die Redundanzen vermeiden? Ganz einfach: Sie teilen die Relation auf, indem Sie diejenigen Attribute, die Ursache der Verletzung der 2. Normalform und damit der Redundanz sind, in einer getrennten Relation speichern. Für die Relation von Tabelle 3.1 ergeben sich dann zwei Relationen:

- ✔ eine mit den Klausurdaten, also die Attribute {Matrikelnummer, Fach, Klausurdatum, Note} und
- ✔ eine mit den Daten der Studierenden {Matrikelnummer, Vorname, Name}.

Falls der Primärschlüssel und alle anderen Schlüsselkandidaten nur jeweils aus *einem* Attribut bestehen, ist die Angelegenheit trivial: Solche Relationen sind automatisch in der 2. Normalform, weil es gar keine (nicht leeren) Teilmengen davon gibt.

Die 3. Normalform

Die 3. Normalform ist wiederum eine Verschärfung der 2. Normalform.

Eine Relation befindet sich in der **3. Normalform** (3. NF), wenn sie in der 2. Normalform ist und es keine transitiven Abhängigkeiten der Nicht-Schlüsselattribute von jedem Schlüsselkandidaten α gibt.

Eine transitive Abhängigkeit $\alpha \rightarrow \beta \rightarrow \gamma$ ist gegeben, wenn β von α und γ von β funktional abhängig sind und die Attribute von β und γ zu den Nicht-Schlüsselattributen gehören (wenn β Schlüsselkandidat wäre, hätten Sie trivialerweise eine transitive Abhängigkeit γ von α.

Eine Verletzung der 3. Normalform führt wie bei der 2. NF ebenfalls zu unerwünschten Redundanzen. Es wird Sie vielleicht nicht überraschen, dass die Relation von Tabelle 3.2 nicht in der 3. Normalform ist: Sie haben eine transitive Abhängigkeit Matrikelnummer → Studiengang → Studiengangsleiter. Auch dieses Problem lösen wir wieder durch Zerlegung:

- ✔ eine Relation mit den Studierendendaten {Matrikelnummer, Vorname, Name, Studiengang} und
- ✔ eine weitere Relation mit den Studiengangsdaten {Studiengang, Studiengangsleiter}.

Zusammenfassung

Die Einhaltung der 1. Normalform sollte kein Problem sein, wenn Sie bei der Definition der Tabellen mit CREATE TABLE die vom Datenbank-Managementsystem bereitgestellten Standard-Datentypen wie CHAR, INTEGER, DATE, … verwenden. Verletzungen der

2. oder 3. Normalform sehen Sie sofort an den dadurch erzeugten Redundanzen bei den Daten. Sie haben dann Attribute in einer Relation zusammengefasst, die eigentlich in zwei (oder mehr) Relationen gehören, wie

- ✔ Studierenden- und Klausurdaten,
- ✔ Studierenden- und Studiengangsdaten.

Bei einer vernünftigen Modellierung sollte das aber nicht vorkommen. Und zur Beruhigung: Alle folgenden Relationen bei den Beispielen zu SQL sind in der 3. Normalform!

Auf weitere Normalformen wie die Boyce-Codd-Nomalform oder die 4. Normalform möchte ich hier nicht weiter eingehen, denn dies ist ein SQL- und kein Datenbanksysteme-Buch. Aber ein bisschen Theorie muss sein.

Aufgaben

1. Gegeben seien die folgenden Relationen und ihre funktionalen Abhängigkeiten:

X(A, B, C, D)	D → C	(A, B) → D		
Y(E, F, G, H, I)	(E, G) → I	G → H	H → F	G → F
Z(J, K)				

   Wie lauten die Primärschlüssel von X, Y und Z? In welcher Normalform liegen sie vor?

   Überführen Sie die Relationen gegebenenfalls in die 3. Normalform. Primärschlüssel unterstreichen.

2. Gegeben seien die Relationen

   - Studierende(<u>MatrNr</u>, Name, Fachbereich),
   - Klausuren(MatrNr, FachNr, Semester, Note) und
   - Fächer(<u>FachNr</u>, Bezeichnung)

   (Die Primärschlüssel der Studierenden- und Fächerrelation sind unterstrichen)

   a. Wie lautet der Primärschlüssel der Relation Klausuren? (Begründung)

   b. Wie nennt man das Attribut MatrNr in Klausuren in Bezug auf Studierende und das Attribut FachNr in Bezug auf die Tabelle Fächer?

   c. Was ist zu beachten, wenn man ein Klausur-Tupel speichert?

IN DIESEM KAPITEL

Vorgehensweise beim Entwurf von Datenbanken

Beziehungen zwischen Entitätstypen

Das Entity-Relationship-Modell

Kapitel 4
Modellierung von Datenbanken

Wenn Sie SQL-Befehle für eine bestehende Datenbank nachvollziehen oder gar schreiben wollen, müssen Sie natürlich wissen:

- ✔ Welche Tabellen gibt es?
- ✔ Welche Attribute enthalten diese Tabellen?
- ✔ Welche Beziehungen bestehen zwischen diesen Tabellen?

Theoretisch können Sie sich bei einer bestehenden Datenbank die CREATE-TABLE-Befehle ansehen, aber das wird bei großen Datenbanken mit oftmals mehreren hundert Tabellen kaum möglich sein.

Auch bei der Erstellung einer Datenbank mit SQL sollte man nicht gleich mit CREATE TABLE ... anfangen. Eine vorherige Modellierung der Relationen und ihrer Beziehungen ist zwingend erforderlich, um Datenbankprojekte erfolgreich durchführen zu können.

Das ist wie bei der Programmierung: Eine gute Modellierung ist durch nichts zu ersetzen.

Wie erstelle ich eine Datenbank?

Sie stehen vor der Aufgabe, eine komplexe Unternehmensdatenbank mit vielen Beziehungen zwischen den Tabellen erstellen zu müssen. Voller Elan setzen Sie sich an ihren PC, öffnen das Datenbank-Managementtool und fangen gleich mit dem ersten CREATE TABLE an. Das führt unweigerlich zum Desaster.

Ein Datenbankprojekt hat immer mehrere Phasen:

1. Problemanalyse
2. Datenbankentwurf

3. Generierung und Datenübernahme

4. Test

5. Produktivbetrieb und Wartung

Wir wollen diese Phasen – bis auf Punkt 2, den Datenbankentwurf – hier nicht weiter diskutieren, denn dies ist ein Buch über SQL. Wenn es Sie interessiert, sollten Sie einen Blick in ein Buch über Datenbanksysteme werfen.

Der Datenbankentwurf

Dem Datenbankentwurf kommt eine besondere Bedeutung zu. Er besteht aus drei Schritten:

- ✔ semantischer Entwurf
- ✔ logischer Entwurf
- ✔ physischer Entwurf

Der semantische Entwurf

Beim semantischen Entwurf wird, aufbauend auf den Ergebnissen der Anforderungsanalyse, ein semantisches Modell der Datenbank erstellt. Es beschreibt die Datenbank aus fachlicher Sicht:

- ✔ Welche Typen von Objekten wie Kunden, Artikel, Bestellungen gibt es, über die Daten gespeichert werden sollen?
- ✔ Welche Beziehungen bestehen zwischen diesen Entitätstypen?

Datenobjekte, die durch die gleichen Attribute beschrieben werden und die gleiche fachliche Bedeutung haben, werden zu einem **Entitätstyp** zusammengefasst.

Es kommt nicht auf die Kundin »Anja Musterfrau« oder den Artikel »Weingummis, 100 g« an, sondern nur darauf, dass es Kunden und Artikel gibt. Denn das sind Kandidaten für die zu erstellenden Relationen.

Zwischen diesen Entitätstypen wird es Beziehungen geben, wie beispielsweise die Bestellungen zwischen Kunden und Artikeln. Allerdings ist das nicht immer eindeutig, denn Sie könnten Bestellungen auch als Entitätstyp auffassen, der eine Beziehung zu Kunden (wer hat eine Bestellung aufgegeben?) und zu Artikeln (welcher Artikel ist bestellt worden?) hat.

Das Ergebnis des semantischen Entwurfs ist ein semantisches Schema. Wir verwenden dafür die Notation des Entity-Relationship-Modells (siehe weiter unten).

Der logische Entwurf

Weil der semantische Entwurf noch unabhängig vom Datenbankmodell ist, erfolgt in der nächsten Phase – dem logischen Entwurf – die Transformation des semantischen Schemas in das Datenmodell des Datenbank-Managementsystems. Das bedeutet für uns: in das relationale Datenbankmodell. Folgendes ist dabei zu tun:

- ✔ Es müssen die zu erstellenden Relationen (Tabellen) festgelegt werden.
- ✔ Für diese Relationen müssen die Attribute und der Primärschlüssel definiert werden.
- ✔ Es müssen die Beziehungen und damit die Fremdschlüssel zwischen den Relationen festgelegt werden.

Ergebnis ist das logische Schema der (relationalen) Datenbank.

Das **logische Schema** (oder auch logisches Datenbankmodell) legt die Struktur der einzelnen zu Typen zusammengefassten Datenobjekte und ihrer Beziehungen untereinander fest. Es ist eine Beschreibung der Relationen, ihrer Attribute, Primärschlüssel und der Beziehungen zwischen den Relationen in Form von Fremdschlüsseln.

Weitere Integritätsbedingungen wie beispielsweise Datentypen und Wertebereiche für Attribute sollten in einem *Glossar* festgehalten werden.

Als Schreibweise für ein logisches Schema einer relationalen Datenbank verwenden wir die Form

Relationenbezeichnung(Attribut1, Attribut 2, ...)

Der Primärschlüssel wird dabei üblicherweise unterstrichen. Fremdschlüssel markieren wir mit einem senkrechten Pfeil »↑«.

Alle Relationen einer Datenbank in dieser Schreibweise bilden das Relationenschema.

Beispiele:

Kunden(<u>Kundennummer</u>, Vorname, Name, PLZ, Strasse, Ort, Telefon)

Artikel(<u>Artikelnummer</u>, Bezeichnung, Listenpreis)

Bestellungen(<u>Bestellnummer</u>, Kundennummer↑, Artikelnummer↑, Menge, Preis, Bestelldatum)

Die Kunden- und Artikelnummer sind Fremdschlüssel auf die Primärschlüssel der entsprechenden Relationen.

Der physische Entwurf

Der physische Entwurf beinhaltet die Überführung des logischen Schemas in die physischen Strukturen des Datenbank-Managementsystems. Letztendlich handelt es sich dabei im Wesentlichen um die Erstellung der CREATE-TABLE-Befehle zum Anlegen der Tabellen.

Hinzu kommt noch die Optimierung der Datenbank durch die Definition von Views, Indizes oder die Partitionierung der Daten. Davon später mehr.

Das Entity-Relationship-Modell

Sie wissen schon, dass man mit der Entity-Relationship-Modellierung den semantischen Entwurf durchführen kann. Ein Entity-Relationship-Diagramm besteht dabei aus zwei Bausteinen:

1. Kästen stehen für einen Entitätstyp.
2. Verbindungen mit einer Raute zwischen Kästen stehen für Beziehungen zwischen den Entitätstypen.

Als Beispiel dient die Abbildung 4.1, der Sie entnehmen können, dass es Länder und Städte gibt, die jeweils mit der Beziehung »gehört zu« in Beziehung zueinander stehen.

Abbildung 4.1: Beispiel eines ER-Diagramms (unvollständig)

Dazu sind einige Erläuterungen notwendig:

- ✔ Entitätstypen werden mit Substantiven bezeichnet; Beziehungen mit Verben oder Substantiven.
- ✔ Als Bezeichnungen für die Entitätstypen wird hier der Plural gewählt. Grund dafür ist, dass die sich daraus ergebenden Tabellen mehrere Tupel (Städte und Länder) enthalten. Wenn Sie lieber den Singular währen, ist das aber nicht schlimm; Hauptsache, es ist einheitlich.
- ✔ Bei den Bezeichnern für die Beziehungen ist eine Leserichtung einzuhalten. Denn bei der Beziehung »gehört zu« gehören Städte wohl zu Ländern und nicht umgekehrt.
- ✔ Optional können Sie noch die einen Entitätstyp beschreibenden Attribute als Ellipse dort anfügen, aber das wird schnell unübersichtlich. Deshalb verzichten wir darauf.

Was jetzt noch fehlt, sind die Kardinalitäten.

Mit den **Kardinalitäten** wird ausgedrückt, wie viele Entitäten (und damit Tupel in der sich daraus ergebenden Relation) *des einen* an der Beziehung beteiligten Typs mit genau einer Entität (einem Tupel) *des anderen* Typs in Beziehung stehen können oder müssen.

Bezogen auf das Beispiel von Abbildung 4.1 lässt sich Folgendes sagen:

- Zu jedem Land gehört mindestens eine Stadt.
- Jede Stadt gehört zu genau einem Land.

Die Kardinalitäten werden an die Verbindungslinien geschrieben. Es gibt dabei insgesamt vier Möglichkeiten:

- 1 steht für genau eine Entität.
- C steht für höchstens eine Entität.
- M steht für mindestens eine Entität.
- MC steht für keine, eine oder mehrere Entitäten.

Diese Notation nennt sich **MC-Notation**. Es gibt noch andere, wie zum Beispiel die (min, max)-Notation oder die einfache Chen-Notation, aber wir benutzen diese.

Das ER-Diagramm aus Abbildung 4.1 sieht mit den Kardinalitäten dann wie in Abbildung 4.2 gezeigt aus.

Abbildung 4.2: ER-Diagramm mit Kardinalitäten

Das Diagramm besagt Folgendes:

- Die »1« besagt, dass eine Stadt zu *genau einem* Land gehört.
- Das »M« besagt, dass zu einem Land *mindestens eine* Stadt gehört.

Zusammenfassend sagt man, dass es sich um eine 1:M-Beziehung handelt.

Es folgen weitere Beispiele mit anderen Kardinalitäten (Abbildung 4.3 und Abbildung 4.4).

Abbildung 4.3: Eine 1:C-Beziehung

- Die »1« besagt, dass ein Land *genau eine* Stadt als Hauptstadt hat.
- Das »C« besagt, dass eine Stadt *höchstens bei einem* Land Hauptstadt sein kann. Es gibt eben auch Städte, die keine Hauptstadt sind.

Abbildung 4.4: M:MC-Kadinalität

Dem Diagramm entnehmen Sie:

- ✔ Das »MC« besagt, dass eine Person bei *keinem, einem oder mehreren* Vereinen Mitglied ist.
- ✔ Das »M« besagt, dass ein Verein *mindestens ein* Mitglied haben muss.

Diese Aussagen sind wichtig, denn Sie müssen das bei der Erzeugung Ihrer Tabellen mit CREATE TABLE berücksichtigen. Wie das geht, erfahren Sie noch!

Aufgaben

1. Ein Studierender bearbeitet höchstens eine Masterarbeit, ein Masterarbeitsthema kann dabei von mehreren Studierenden bearbeitet werden. Für jedes Thema gibt es genau einen Gutachter, der natürlich mehrere Themen vergeben kann. Erstellen Sie hierfür ein ER-Diagramm in MC-Notation.

2. Gegeben sind die vier Relationen

   Kunden(<u>KundenNr</u>, Name)

   Bestellungen(<u>BestellNr</u>, KundenNr↑, Bestelldatum, Lieferdatum)

   Bestellpositionen(<u>BestellNr↑, ArtikelNr↑</u>, Menge)

   Artikel(<u>ArtikelNr</u>, Bezeichnung, Preis)

   Erstellen Sie das zu diesem Relationenschema gehörende Entity-Relationship-Diagramm in MC-Notation.

3. Gegeben ist das folgende unvollständige Relationenschema

   Länder(<u>Länderkennzeichen</u>, Ländername, Hauptstadt)

   zum Beispiel (D, Deutschland, Berlin)

   Familien(<u>FamilienID</u>, Bezeichnung)

   zum Beispiel (100, Nachtschattengewächs)

   Pflanzen(<u>PflanzenID</u>, Name, FamilienID↑)

   zum Beispiel (1, Kartoffel, 100)

a. Welche Tabelle wird zusätzlich benötigt, wenn gespeichert werden soll, in welchen Ländern eine Pflanze jeweils vorkommt (Notation wie oben)?

b. Stellen Sie den Zusammenhang zwischen den obigen Tabellen unter Berücksichtigung der Lösungen von a) durch ein Entity-Relationship Modell in MC-Notation dar. Hinweis: Es gibt auch Familien ohne Pflanzen, allerdings muss eine Pflanze immer zu einer Familie gehören.

4. Zu einem Internet-Portal für Hotelbuchungen gibt es eine Datenbank mit den Bewertungen der Gäste: Länder werden durch ein Nationalitätskennzeichen und den Ländernamen beschrieben. Den Hotels sind eine ID sowie der Name und die Anzahl der Sterne zugeordnet. In einem Land kann es mehrere dort vorhandene Hotels geben. Die vorgegebenen Bewertungskriterien bestehen aus einem Schlüssel und einem Text. Die Kunden, von denen der Name und die E-Mail-Adresse bekannt sind, haben zusätzlich eine KundenID. Die Kunden bewerten Hotels anhand der vorgegebenen Bewertungskriterien jeweils mit den Noten 1 bis 6. Zur Vereinfachung nehmen wir an, dass ein Kunde ein Hotel nur höchstens einmal bewerten kann.

a. Bilden Sie diesen Sachverhalt durch ein Entity-Relationship-Diagramm ab.

b. Stellen Sie dazu ein Relationenschema in der bekannten Schreibweise **Kunden (KundenID, …)** auf. Primärschlüssel unterstreichen, Fremdschlüssel ebenfalls markieren.

IN DIESEM KAPITEL

Die drei Kategorien von SQL-Befehlen

Ein Überblick über die Data Definition Language

Ein Überblick über die Data Manipulation Language

Ein Überblick über die Data Administration Language

Wie SQL-Befehle abgearbeitet werden

Kapitel 5
Die Komponenten von SQL

Vielleicht erinnern Sie sich: SQL wurde entwickelt zur Definition von Datenstrukturen, zur Manipulation von Daten und zur Abfrage von Daten in relationalen Datenbanken. In diesem Kapitel lernen Sie die einzelnen Befehlskategorien dieser Sprache kennen. In den späteren Kapiteln werden diese dann ausführlich behandelt.

Die drei Kategorien von SQL-Befehlen

Die Befehle der Sprache lassen sich in drei Bereiche kategorisieren (siehe auch Abbildung 5.1):

1. Data Definition Language (DDL)
2. Data Manipulation Language (DML)
3. Data Administration Language (DAL)

Alles, was die Verwaltung von Datenbankstrukturen wie beispielsweise Tabellen betrifft, gehört zur DDL. Die DML umfasst alle diejenigen SQL-Befehle, mit denen Daten bearbeitet werden können, dazu gehört auch das Lesen. Und die DAL ist für den reibungslosen *Betrieb der Datenbank* notwendig, wozu die Gewährleistung der Sicherheit, Zuverlässigkeit und Betriebsfähigkeit der Datenbank gehört.

Häufig werden die Befehle der DAL auch unter dem Begriff »Data Control Language« (kurz DCL) zusammengefasst.

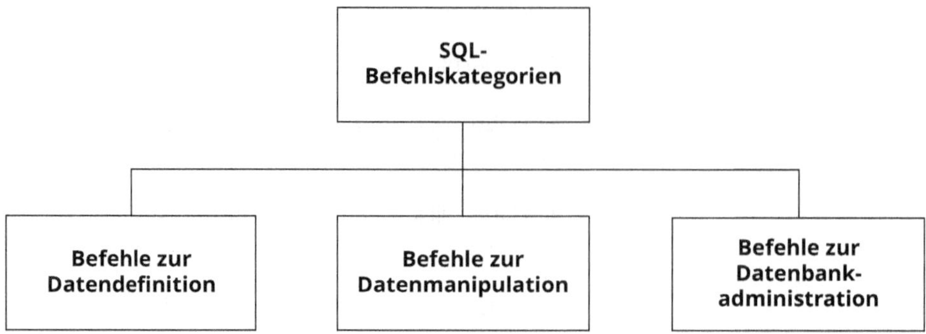

Abbildung 5.1: Die drei Kategorien von SQL-Befehlen

Für die dritte Kategorie der SQL-Befehle, die der DAL beziehungsweise DCL, gibt es eine besondere Anwendergruppe mit einer speziellen Job-Beschreibung: den *Datenbankadministrator*. Ein DBA sorgt unter anderem dafür, dass immer die neueste (passende?) Version des Datenbank-Managementsystems installiert ist. Er ist für die Benutzerverwaltung zuständig und überwacht den laufenden Betrieb. Auch bei Supportfragen bei Datenbank- Benutzerproblemen ist er ein hilfreicher Ansprechpartner. Sie sollten sich also mit ihm gutstellen.

Letztendlich sind diese drei Kategorien jeweils für eine Benutzergruppe von besonderem Interesse:

- diejenigen, die Datenbanken entwerfen (also die Entwickler),
- diejenigen, die auf Datenbanken zugreifen (die Anwender),
- diejenigen, die für die Funktionsfähigkeit der Datenbank zuständig sind (die Datenbankadministratoren).

Jeder SQL-Befehl besteht aus mehreren Teilen:

- aus einem Pflichtteil
- aus eventuell mehreren optionalen Teilen

Alle Teile werden durch reservierte Worte (siehe Anhang) eingeleitet, die in der Regel um benutzerdefinierte, teilweise optionale Teile wie etwa Tabellen- und Attributbezeichner ergänzt werden. Generell finden sich in einem SQL-Befehl oder einer SQL-Anweisung (wir werden das synonym verwenden) die in der folgenden Tabelle 5.1 genannten Bestandteile.

Bestandteil	Bedeutung	Beispiel
Reservierte Worte	Feste Bestandteile eines Befehls	SELECT, DELETE
Bezeichner	Namen von Datenbankobjekten wie Tabellen oder Attribute	Kunden, Geburtsdatum
Konstanten	Zu einem Datentyp passende Werte in einem Befehl	100, 'Berlin' '19.04.2000'

Bestandteil	Bedeutung	Beispiel
Operatoren	Zeichen für eine Operation	=, +
Klauseln	Optionale Modifikationen von SQL-Befehlen	ORDER BY
Ausdrücke	Liefern nach ihrer Evaluierung beziehungsweise Berechnung einen Wert zurück	400 * 1.19
Prädikate	Ausdrücke, die nach ihrer Auswertung TRUE, FALSE oder UNKNOWN zurückliefern	Ort = 'Berlin'
Funktionen	Verarbeiten einen oder mehrere Werte und liefern in der Regel einen neuen Wert zurück	UPPER(Ort) SUM(Umsatz)
Kommentare	Kommentieren einen oder eine Folge von SQL-Befehlen	/* Kommentar */

Tabelle 5.1: Bestandteile von SQL-Befehlen

Reservierte Worte der Sprache SQL wie SELECT oder TABLE werden in diesem Buch in Großbuchstaben geschrieben.

```
CREATE TABLE Kunden ...
```

Damit teilen Sie dem Datenbank-Managementsystem mit, dass Sie eine Tabelle namens »Kunden« anlegen wollen.

```
SELECT Vorname, Name FROM Kunden;
```

Dieser Befehl gibt die Vornamen und Namen aller Tupel der Kundentabelle aus. Dabei ist SELECT das Schlüsselwort für eine gewünschte Datenausgabe, gefolgt von den auszugebenden Attributen; hinter FROM steht dann die Tabelle, in der die Daten gespeichert sind.

Reservierte Worte dürfen nicht als Tabellen- und Attributbezeichner verwendet werden. Stellen Sie sich folgenden Befehl vor:

```
SELECT Create FROM Select;
```

Was soll man denn davon halten?

Die Tabelle 5.2 enthält eine Liste von aus meiner Sicht wichtigen SQL-Befehlen beziehungsweise Anweisungen.

Im weiteren Verlauf dieses Buches werden Sie diese Befehle genauer kennenlernen.

ALTER TABLE	CREATE TYPE	EXECUTE
ALTER TYPE	DROP VIEW	FETCH
COMMIT	DROP INDEX	GRANT
CONNECT	DROP ROLE	INSERT
CREATE INDEX	DROP SEQUENCE	REVOKE
CREATE ROLE	DROP TABLE	ROLLBACK
CREATE SEQUENCE	DROP TRIGGER	SELECT
CREATE TABLE	DROP TYPE	SET ZIME ZONE
CREATE TRIGGER	DROP VIEW	UPDATE

Tabelle 5.2: Übersicht über wichtige SQL-Befehle

Die Data Definition Language

Mithilfe der DDL-Befehle werden die Strukturen erstellt, in denen die Daten einer relationalen Datenbank gespeichert werden sollen. Um das sinnvoll abgrenzen zu können, müssen Sie allerdings verstehen, wie eine Datenbank aufgebaut ist. Dabei betrachten wir die Hardwareseite, also den Server oder die Servergruppe, worauf das Datenbank-Managementsystem läuft, als gegeben.

Zentrales Element ist die Datenbank. Innerhalb einer Datenbank können mehrere Schemata definiert sein. Und zu einem Schema gehören in der Regel mehrere Tabellen, Benutzersichten, Indexe, Cluster – keine Angst, das kommt später noch – und weitere Strukturen. In Abbildung 5.2 ist das visualisiert. Und wenn Sie pdAdmin installiert haben, finden Sie diese Hierarchie dort wieder.

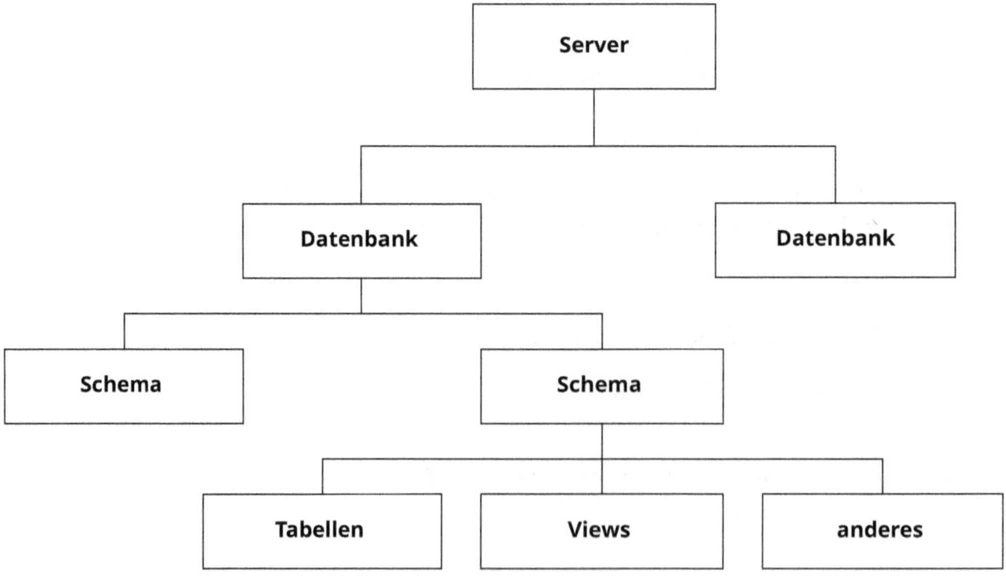

Abbildung 5.2: Hierarchische Struktur einer relationalen Datenbank

Alles, was unterhalb der Schema-Definition liegt, wollen wir als zur DDL gehörig betrachten. Die Schema-Definition und die Definition der Datenbank sollen der DAL zugeordnet werden, denn das gehört zum Aufgabenbereich des DBA, der in der Regel bei der Erstellung eines Schemas die Rechte daran einem Benutzer zuordnet, der oder die dann wiederum selbstständig Tabellen und andere Strukturen innerhalb »seines« Schemas erzeugen, ändern oder löschen kann.

Folgende Strukturen sind von Bedeutung (ich verwende die englischen Bezeichnungen von SQL):

- ✔ TABLE
- ✔ VIEW
- ✔ INDEX
- ✔ SEQUENCE
- ✔ CLUSTER
- ✔ PARTITION
- ✔ DOMAIN
- ✔ TYPE

Für jedes dieser Typen von Datenbankobjekten beziehungsweise -strukturen gibt es die Befehle:

- ✔ CREATE
- ✔ ALTER
- ✔ DROP

Denn Sie müssen sie ja nicht nur mit CREATE erzeugen, sondern gelegentlich auch ändern oder bei Nichtgebrauch wieder löschen können.

Den Befehl CREATE TABLE haben Sie schon im zweiten Kapitel kennengelernt. In Teil II dieses Buches wird er ausführlich behandelt.

Die anderen folgen dann später. Aber Sie können sich ja schon mal merken, dass es so was gibt.

Die Data Manipulation Language

Die Data Manipulation Language umfasst alle Befehle, mit denen Daten in einer relationalen Datenbank bearbeitet werden können. Das sind:

- ✔ INSERT
- ✔ UPDATE

- DELETE
- SELECT

Im zweiten Kapitel haben Sie schon einen INSERT- und einen einfachen SELECT-Befehl kennengelernt. Auch diese Kategorie von Befehlen wird noch ausführlich behandelt.

Der SELECT-Befehl ist sehr mächtig und kann äußerst kompliziert werden. Passen Sie also dort besonders auf.

Die Data Administration Language

Immer, wenn es um die Verwaltung einer Datenbank geht, kommt die Data Administration Language beziehungsweise Data Control Language zum Einsatz. Das betrifft:

- das Einrichten, Ändern und Löschen einer Datenbank,
- das Einrichten, Ändern und Löschen eines Schemas,
- die Benutzerverwaltung,
- die Transaktionsverwaltung, die auch gelegentlich der DML zugeordnet wird.

Eine Datenbank und ein Schema anlegen

Bevor Sie Tabellen anlegen und dort Daten speichern können, müssen Sie eine Datenbank und ein Schema haben, wo das alles enthalten sein soll.

CREATE DATABASE

Der folgende SQL-Befehl erzeugt eine Datenbank namens »Test«.

```
CREATE DATABASE Test;
```

Um diesen Befehl ausführen zu können, benötigen Sie allerdings Administratorrechte.

Je nach Datenbank-Managementsystem kann der CREATE-DATABASE-Befehl um weitere Parameter ergänzt werden. Lesen Sie das bitte in der Dokumentation nach.

Löschen können Sie diese Datenbank mit

```
DROP DATABASE Test;
```

CREATE SCHEMA

Ein Schema ist ein logisches Datenbankobjekt innerhalb einer Datenbank. Es ist gewissermaßen der Container, in dem die Tabellen eines Datenbankprojekts angelegt werden.

Der SQL-Befehl dazu lautet:

```
CREATE SCHEMA <Schema_Name>
[AUTHORIZATION <Owner_Name>]
[DEFAULT CHARACTER SET <Char_Set_Name>];
```

Im einfachsten Fall also beispielsweise

```
CREATE SCHEMA TestSchema;
```

Mit AUTHORIZATION wird festgelegt, welcher Datenbankbenutzer der Besitzer dieses Schemas sein soll. Wenn dieser Parameter weggelassen wird, ist es der aktuelle Benutzer.

Mit CHARACTER SET können Sie festlegen, welcher Zeichensatz innerhalb dieses Schemas verwendet werden soll. Auch dieser Parameter ist optional. Wird er weggelassen, wird der Standardzeichensatz des Datenbank-Managementsystems benutzt.

Weitere Parameter sind abhängig vom Datenbank-Managementsystem möglich. Auch hier hilft ein Blick in die Dokumentation.

Allerdings werden Sie für Ihr Datenbankprojekt in aller Regel ein fertiges, vom Datenbankadministrator eingerichtetes Schema vorfinden.

Das Löschen eines Schemas erfolgt – nicht verwunderlich – mit

```
DROP SCHEMA <Schema_Name>;
```

Die Benutzerverwaltung

Gerade die Benutzerverwaltung ist von großer Bedeutung, denn es müssen Benutzer definiert werden, die unterschiedliche Rechte haben. Ansonsten ist einem unerlaubten Zugriff und Datenmissbrauch Tür und Tor geöffnet. Für diese Benutzerrechte gibt es die Befehle

- ✔ GRANT
- ✔ REVOKE

Die Transaktionsverwaltung

Die Transaktionsverwaltung ist bei der Ausführung einer logisch zusammengehörenden Folge von SQL-Befehlen (das nennt man Transaktion) im Hintergrund immer präsent, denn sie gewährleistet, dass diese immer das ACID-Prinzip einhalten.

ACID steht für

- Atomicity (Atomarität)
- Consistency (Konsistenzerhaltung)
- Isolation (Isolation)
- Durability (Dauerhaftigkeit)

Damit werden Regeln für eine korrekte Durchführung von Datenbanktransaktionen festgelegt.

Datenbanktransaktionen, also insbesondere DML-Befehle, die das ACID-Prinzip einhalten, sorgen für einen konsistenten und verlässlichen Datenbestand. Die Atomarität besagt dabei, dass eine Transaktion immer ganz oder gar nicht ausgeführt wird. Die Bedeutung können Sie sich vielleicht bei einer Banküberweisung mit zwei UPDATE-Befehlen vorstellen. Damit ist die Konsistenz der Daten gewährleistet. Ferner ist gewährleistet, dass sich mehrere Transaktionen, die parallel ablaufen und auf dieselben Daten zugreifen (wollen), nicht gegenseitig beeinflussen und zu fehlerhaft gespeicherten Daten oder Ausgaben führen. Außerdem wird sichergestellt, dass die von einer erfolgreich beendeten Transaktion gespeicherten Daten nicht wieder verloren gehen können.

Um das alles sicherzustellen, gibt es zwei SQL-Befehle:

- COMMIT
- ROLLBACK

Aber zunächst, beim Lernen von SQL, müssen Sie sich darüber keine Gedanken machen. In Kapitel 21 werden wir uns näher damit auseinandersetzen.

Wie SQL-Befehle abgearbeitet werden

Bevor es mit den SQL-Befehlen richtig losgeht, möchte ich kurz erläutern, wie ein solcher Befehl vom Datenbank-Managementsystem abgearbeitet wird. Denn es kann nicht schaden, einen Eindruck davon zu bekommen, was alles erforderlich ist und was im Hintergrund abläuft, um zum Beispiel das Ergebnis eines SELECT-Befehls anzuzeigen.

Der Abbildung 5.3 können Sie entnehmen, dass die erste Komponente des Datenbank-Managementsystems den SELECT-Befehl vom Datenbank-Managementtool oder einem Datenbank-Anwendungsprogramm entgegennimmt. Vom Parser wird überprüft, ob er syntaktisch richtig aufgebaut ist. Außerdem erfolgt eine umfangreiche Validierung; dazu gehört vor allem:

- Gibt es die im Befehl angesprochenen Relationen und Attribute?
- Stimmen die Operatoren mit den Datentypen überein?
- Besitzt der Benutzer alle erforderlichen Rechte?

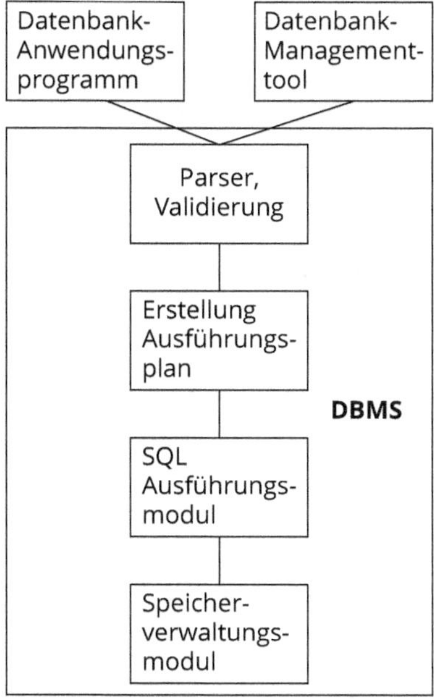

Abbildung 5.3: Abarbeitung eines SQL-Befehls (Beispiel SELECT)

Dafür wird auf die im Datenbankkatalog gespeicherten Informationen über die Relationen, Benutzer und so weiter zugegriffen.

Danach wird unter Zuhilfenahme von Statistiken und heuristischen Regeln ein (hoffentlich) optimaler Ausführungsplan für den Befehl erzeugt. Denn SQL ist ja eine deklarative Sprache; mit einem SELECT-Befehl sagen Sie nur, welche Daten Sie haben möchten, und überlassen es dem DBMS, eine optimale Befehlsausführung zu generieren.

Sie könnten das in etwa mit einem Autopiloten vergleichen: Sie legen das Ziel fest, der Autopilot navigiert.

Der Ausführungsplan wird dann dem Ausführungsmodul übergeben, wo der notwendige Code für zum Beispiel Filter- und Sortieralgorithmen erzeugt und die Lesebefehle für Zugriffe auf die Tabellen generiert werden.

Die eigentlichen Dateizugriffe führt dann das Speicherverwaltungsmodell durch, das auch das Transaktions-, Daten- und Puffermanagement durchführt.

Abschließend werden die gelesenen Daten vom Ausführungsmodul in die vom Benutzer gewünschte Form gebracht und dem aufrufenden Anwendungsprogramm oder Managementtool übergeben.

Der Ablauf von Abbildung 5.3 ist eine prinzipielle Darstellung. Das kann bei einem konkreten Datenbank-Managementsystem in Teilen anders aussehen.

Aber jetzt wissen Sie, wie SQL-Befehle grundsätzlich funktionieren, und wir können in Teil II beginnen, eine Datenbank aufzubauen.

Aufgaben

1. Klassifizieren Sie gemäß Tabelle 5.1 die Bestandteile des folgenden Befehls:

```
UPDATE Kunden SET Gehalt = Gehalt * 1.1
WHERE Abteilung = 'IT'
```

2. Zu welcher der drei Kategorien von SQL-Befehlen gehört:

```
CREATE TABLE ...
CREATE USER ...
GRANT SELECT ON Kunden TO Thomas
UPDATE Kunden ...
SELECT Vorname, Name FROM Kunden
CREATE INDEX Namensindex ON Kunden(Name)
```

Teil II
Datenbanken erstellen

IN DIESEM TEIL ...

- lernen Sie die verschiedenen Datentypen von SQL kennen, damit Sie Ihre Daten richtig klassifizieren können.
- erfahren Sie, was zusammengesetzte strukturierte und benutzerdefinierte Datentypen sind.
- lernen Sie, wie der Befehl CREATE TABLE aussieht und was Constraints sind.
- können Sie die Erstellung einer Datenbank vom Entity-Relationship-Diagramm über das Relationenschema bis zu den CREATE-TABLE-Befehlen an einem Beispiel nachvollziehen.
- erfahren Sie, wie Sie Änderungen an der Tabellenstruktur vornehmen können.
- werden die Namen SQL Server®, PostgreSQL®, Oracle® und MySQL® für Datenbank-Managementsysteme verwendet, deren Rechteinhaber die Firma Microsoft Corp., die PostgreSQL Community Association of Canada beziehungsweise die Oracle Corp. sind. Die Rechte des jeweiligen Zeicheninhabers sind zu beachten.

IN DIESEM KAPITEL

Datentypen in SQL

Zahlen und Zeichenketten

Binärdaten und boolesche Daten

Datums-, Zeit- und Intervallangaben

XML und JSON

Zusammengesetzte und benutzerdefinierte Datentypen

Kapitel 6
Datentypen

Jedes Attribut einer Relation, die Sie mit CREATE TABLE definieren, muss einen Datentyp haben. Das macht auch Sinn, damit die Daten einer Tabellenspalte einheitlich sind und die Korrektheit der Daten vom Datenbank-Managementsystem überprüft werden kann. Durch einen Datentyp werden zwei Dinge festgelegt:

- ✔ die Menge der möglichen gültigen Werte, beispielsweise ganze Zahlen
- ✔ die für diese Werte definierten Operatoren, beispielsweise +, -, *, /

Überblick

Wie der Abbildung 6.1 zu entnehmen ist, kennt der SQL-Standard drei Kategorien von Datentypen.

Die vordefinierten Standarddatentypen wie Zahlen oder Datum sind die wichtigsten. In diesem Kapitel werden sie ausführlich erläutert. Zusammengesetzte und benutzerdefinierte Typen sind nur erfahrenen SQL-Programmierern vorbehalten und werden am Schluss dieses Kapitels kurz vorgestellt, damit Sie wissen, was es damit auf sich hat.

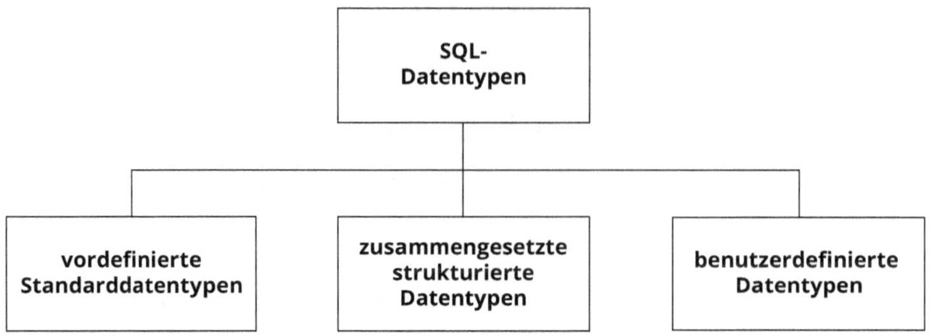

Abbildung 6.1: Kategorien von SQL-Datentypen

Vordefinierte Standarddatentypen

Der SQL-Standard kennt mehrere vordefinierte Typen:

- ✔ Zahlen
- ✔ Zeichenketten
- ✔ Binärdaten
- ✔ Boolesche Werte
- ✔ Datums- und Zeitwerte
- ✔ Zeitintervalle
- ✔ XML
- ✔ JSON

Zahlen und Zeichenketten werden von allen Datenbank-Managementsystemen unterstützt. Die anderen Typen existieren in der Regel auch, sind aber nicht bei allen Systemen gleich implementiert; insbesondere gilt dies für Datums- und Zeitwerte. Da hilft nur eins: in die Dokumentation schauen oder ausprobieren.

Vielleicht bietet Ihr DBMS ja noch andere Datentypen.

Wenn Sie wissen wollen, ob und wie ein bestimmter Datentyp – nennen wir ihn beispielsweise »Money« –, implementiert ist, legen Sie probehalber eine Tabelle mit *einer* Spalte an und prüfen, ob das ohne Fehlermeldung durchgeht:

```
CREATE TABLE Test(X Money);
```

Wenn das funktioniert hat, könnten Sie noch ein Tupel einfügen, wieder auslesen und prüfen, ob die Schreibweise wie erwartet ist.

```
INSERT INTO Test VALUES (99.95);
SELECT * FOM Test;
```

Vielleicht hilft aber auch das Internet weiter.

Zahlen

Es gibt eine ganze Reihe von Möglichkeiten, Attribute als Zahlen zu definieren. Je nach Anwendung und Wertebereich ist entweder eine genaue Zahl oder eine Gleitpunktzahl sinnvoll.

Genaue Zahlen

Wie man an dem Namen schon erkennen kann, lassen sich Werte dieser Datentypen exakt angeben. Zu diese Kategorie gehören:

- ✔ INTEGER
- ✔ SMALLINT
- ✔ BIGINT
- ✔ NUMERIC
- ✔ DECIMAL

Jedem, der mit dem Programmieren etwas vertraut ist, wird das etwas sagen, aber davon kann ich hier nicht ausgehen, deshalb eine kurze Erläuterung.

INTEGER

INTEGER-Werte sind positive oder negative ganze Zahlen, beispielsweise 123 oder -4391. Die Anzahl der möglichen Ziffern (Stellenzahl) und damit die maximale Größe der Zahlen hängen vom jeweiligen Datenbank-Managementsystem ab. Beispielsweise verwendet PostgreSQL zur Speicherung von INTEGER-Werten 4 Byte, womit Zahlen von -2147483648 bis +2147483647 gespeichert werden können.

```
CREATE TABLE Test
( ...
  Gehalt         INTEGER,
  ...
);
```

SMALLINT und BIGINT

Diese beiden Typen dienen ebenfalls zur Speicherung ganzer Zahlen. Dabei darf die Stellenzahl von SMALLINT nicht größer als die von INTEGER sein, während BIGINT mindestens so groß sein muss. Beides ist wieder DBMS-abhängig.

Ich sehe allerdings keine große Notwendigkeit, diese beiden Typen zu verwenden.

NUMERIC und DECIMAL

Den Datentyp NUMERIC können Sie verwenden, wenn Sie Zahlen mit Nachkommastellen speichern wollen. Sie geben ihn in der Form NUMERIC(p, q) an. Dabei ist p die maximale *Gesamtzahl der Stellen* und q die darin enthaltene Anzahl der *Stellen nach dem Dezimaltrennzeichen* (Nachkommastellen).

```
CREATE TABLE Test
( ...
  Preis        NUMERIC(6,2),
);
```

Damit bewegt sich der Preis im Bereich -9999.99 bis +9999.99.

Als Dezimalzeichen wird bei relationalen Datenbanksystemen standardmäßig der Punkt ».« verwendet und nicht das Komma.

Wenn Sie q nicht angeben, haben Sie ganze Zahlen. Wenn Sie q und p nicht angeben, verwendet das DBMS die für NUMERIC maximal mögliche Stellenzahl. Und das ist sehr viel (beispielsweise 38 Stellen bei Oracle).

Bei PostgreSQL können Sie für q sogar einen negativen Wert eintragen; beispielsweise erreichen Sie mit NUMERIC(6,-3) eine Rundung auf ganze Tausender.

Oracle kennt noch den Datentyp NUMBER, den Sie wie NUMERIC verwenden könnten; ich sehe aber keinen Grund, das zu tun. Damit erschweren Sie nur die Portierbarkeit Ihrer Datenbanklösung.

Der Datentyp DECIMAL ist ähnlich zu NUMERIC. Allerdings kann es sein, dass das DBMS zur Speicherung mehr Stellen verwendet als bei DECIMAL(p, q) erforderlich.

Zum Abschluss drei kleine Tipps:

- ✔ Verwenden Sie INTEGER, wenn Sie ganze Zahlen speichern wollen.
- ✔ Benutzen Sie den Datentyp NUMERIC(p, q), wenn Sie Nachkommastellen speichern müssen, beziehungsweise NUMERIC(p) bei ganzen Zahlen mit bekannter maximaler Länge.
- ✔ Es ist guter Stil, bei der Verwendung von NUMERIC immer eine maximale Stellenzahl anzugeben, damit nicht für die vom DBMS vorgegebene maximale Stellenzahl Speicherplatz reserviert wird.

Gleitpunktzahlen

Gleitpunktzahlen besitzen nur eine näherungsweise Genauigkeit, denn sie werden eventuell gerundet gespeichert. Außerdem kann es Rundungsfehler bei numerischen Operationen geben. Man verwendet sie, wenn die Zahlen einen so umfangreichen Wertebereich haben, dass sie nicht mehr zum Beispiel durch NUMERIC exakt in der Datenbank dargestellt werden können. SQL kennt drei Datentypen für Gleitpunktzahlen:

- ✔ REAL
- ✔ DOUBLE PRECISION
- ✔ FLOAT

Mit REAL können Sie Gleitpunktzahlen mit einfacher Genauigkeit speichern, etwa 1.543E2 (das entspricht 154.3). DOUBLE PRECISION erlaubt die Speicherung von Gleitpunktzahlen mit doppelter Genauigkeit, benötigt dafür jedoch auch mehr Speicherplatz. Die jeweilige maximale Stellenzahl ist DBMS-abhängig.

Beim Datentyp FLOAT können Sie die Genauigkeit festlegen, etwa FLOAT(10).

Verwenden Sie für Gleitpunktzahlen nach Möglichkeit den Datentyp FLOAT. Dann gibt es keine Überraschungen, wenn Sie Ihre Datenbank auf ein anderes DBMS oder eine andere Hardware übertragen müssen.

Persönlich sehe ich keine Notwendigkeit, Gleitpunktdatentypen wie etwa »`Preis FLOAT(9)`« zu benutzen. Die DBMS haben bei NUMERIC einen so großen maximalen Wertebereich, dass das (fast) immer ausreichen sollte.

Zeichenketten

Neben numerischen Attributen sind die Zeichenketten (Strings), die immer in einfache Hochkommata ' ... ' eingeschlossen werden, die zweite sehr oft verwendete Kategorie von Datentypen. Denken Sie nur an Namen, Vornamen, Wohnorte. Es gibt drei Möglichkeiten zur Speicherung von Zeichenketten:

- ✔ Zeichenketten fester Länge (CHARACTER oder kurz CHAR)
- ✔ Zeichenketten variabler Länge (CHARACTER VARYING oder kurz VACHAR
- ✔ Sehr lange Zeichenkettenobjekte (CHARACTER LARGE OBJECT oder kurz CLOB)

CHAR und VARCHAR

Diese beiden Typen werden Sie sehr oft verwenden. Bei beiden sind Längenangaben möglich. Bei beiden können Sie unterschiedlich lange Zeichenketten speichern. Der Unterschied ist nur, dass das DBMS bei einem mit CHAR definierten Attribut den eingegebenen Attributwert am Ende mit Leerzeichen auf die maximal mögliche Anzahl Stellen auffüllt. Bei VARCHAR werden dagegen variabel lange Strings gespeichert.

Bei CHAR(20) und Eingabe von »Kiel« wird 'Kiel   ' gespeichert;

bei VARCHAR(20) und Eingabe derselben Stadt dagegen nur 'Kiel'.

Folgendes sollten Sie bei der Definition von Zeichenketten beachten:

- ✔ Geben Sie immer eine maximale Länge vor. Insbesondere wird Ihre Zeichenkette bei Verwendung von CHAR sonst – je nach DBMS – entweder auf die DBMS-seitige maximale Länge aufgefüllt, und das sind in der Regel 65536 Zeichen (= 2^{16}), oder es wird CHAR(1) angenommen.
- ✔ Bei kurzen Längen wie etwa bis maximal fünf Zeichen, empfiehlt sich CHAR, darüber hinaus VARCHAR.
- ✔ Wählen Sie bei VARCHAR die maximale Länge aber auch groß genug, damit am Ende nichts abgeschnitten wird. Ortsnamen mit VARCHAR(10) sind in der Praxis zu kurz. In SQL:2023 wurde die Angabe einer maximalen Länge bei VARCHAR optional. Wenn Sie nur VARCHAR als Datentyp angeben und nicht etwa VARCHAR(255), können Zeichenketten seit SQL:2023 bis zur DBMS-abhängigen maximalen Länge von Zeichenketten lang sein (siehe dazu `http://peter.eisentraut.org/blog/2023/04/04/sql-2023-is-finished-here-is-whats-new`). Allerdings muss Ihr DBMS diese Option auch unterstützen.
- ✔ Weil Zeichenketten bei relationalen Datenbanken immer in einfache, senkrechte Hochkommata eingeschlossen werden, kann es manchmal beim Kopieren von Text aus einem anderen Programm zu Problemen führen.

Schreiben Sie nie VARCHAR(1)! Und wenn doch, verschweigen Sie, dass Sie dieses Buch gelesen haben.

```
CREATE TABLE Test(X VARCHAR(20));

INSERT INTO Test VALUES('Mein Text');
```

CLOB

Und wenn Sie doch einmal ganz lange Texte speichern müssen, steht der Datentyp CLOB zur Verfügung. In einigen DBMS heißt das TEXT. Er hat keine Längenangaben und darf nicht als Primär- oder Fremdschlüssel verwendet werden.

```
CREATE TABLE Test (X CLOB PRIMARY KEY);
```

Das führt zu einer Fehlermeldung der Art

```
Spalte vom Datentyp CLOB kann kein eindeutiger oder Primärschlüssel
sein
```

In der Regel sollten Sie aber mit CHAR oder VARCHAR auskommen.

Wenn ein Datenbank-Managementsystem installiert wird, kommt die Frage nach dem Land und welcher Zeichensatz verwendet werden soll. Sie können das aber bei einem Zeichenkettenattribut mit der Option CHARACTER SET… individuell anpassen. Beispielsweise

```
Titel_Griechisch VARCHAR(30) CHARACTER SET GREEK
```

Vorausgesetzt natürlich, Ihr DBMS unterstützt diese Option. In der Regel und insbesondere im Kontext dieses Buches ist das aber nicht erforderlich.

Außerdem gibt es noch die nationalen Zeichenkettentypen NCHAR, NCHAR VARYING und NCLOB, die wir ebenfalls nicht behandeln.

Binäre Daten

Mit dem Datentyp BINARY können Sie Binärdaten in Ihrer Datenbank speichern. Es gibt drei Typen:

- BINARY
- BINARY VARYING (VARBINARY)
- BINARY LARGE OBJECT (BLOB)

Bei BINARY und VARBINARY ist es wie bei CHAR und VARCHAR. Sie können die maximale Länge **in Byte** selber bestimmen. Beide sind auch vergleichbar damit, speichern nur Bytestrings und nicht Zeichenstrings, was sich auf die Sortierung auswirken kann.

Aber nicht jedes Datenbank-Managementsystem unterstützt diese drei Formen; insbesondere bei BINARY und VARBINARY müssen Sie sich vergewissern.

BLOB wird dagegen oft verwendet, wenn die Struktur der Daten für das DBMS transparent ist, wie es bei Bild- und Audiodaten der Fall ist. Diese werden zum Beispiel bei Oracle als BLOB gespeichert.

Boolesche Werte

Mit dem Datentyp BOOLEAN können Sie die Wahrheitswerte TRUE, FALSE und UNKNOWN beziehungsweise NULL – das steht natürlich für *wahr*, *falsch* und *unbekannt* – in der Datenbank speichern. Damit haben wir in SQL eine dreiwertige Logik.

```
CREATE TABLE Test
( Name          VARCHAR(20) PRIMARY KEY,
  GuterKunde    BOOLEAN
);

INSERT INTO Test VALUES('Obelix', 'TRUE');
```

Oracle unterstützt diesen Datentyp erst ab Version 23 (siehe `https://oracle-base.com/articles/23/boolean-data-type-23`). In den Versionen davor müssen Sie Wahrheitswerte als CHAR(1) oder NUMERIC(1) codieren.

Datums- und Zeitwerte

Der SQL-Standard kennt drei vordefinierte Datentypen für temporale Attribute. Das sind

- ✔ DATE
- ✔ TIME
- ✔ TIMESTAMP

Am häufigsten davon werden Sie den Datentyp DATE verwenden.

DATE

Der Datentyp DATE speichert das Jahr, den Monat und den Tag. Das Format – ob TT.MM.JJJJ oder JJJJ-MM-TT – hängt von der Konfiguration des DBMS ab. Das müssen Sie herausfinden, bevor Sie ein Datum eingeben. Aber immer wird es, wie Strings auch, in einfache Hochkommata eingeschlossen.

Sie wollen herausfinden, wie das Datum bei ihrem DBMS gespeichert wird. Kein Problem, Sie geben Folgendes in Ihr Datenbank-Managementtool ein:

Oracle:	`SELECT CURRENT_DATE [FROM DUAL];`
PostgreSQL:	`SELECT CURRENT_DATE;`
MySQL:	`SELECT CURRENT_DATE;`
SQL Server:	`SELECT GETDATE( );`
	`SELECT CURRENT_TIMESTAMP;`

Bei Oracle ist die Angabe von FROM DUAL seit Version 23 nicht mehr notwendig, was auch dem SQL-Standard entspricht. Sie ist deshalb in eckigen Klammern angegeben. Vielleicht lässt sich das Datumsformat bei Ihrem DBMS auch konfigurieren. Bei Oracle haben Sie zum Beispiel bei den Systemeinstellungen über die NLS-Parameter (National Language Support) die Möglichkeit, darauf Einfluss zu nehmen.

```
CREATE TABLE Geburtstage
( Name          VARCHAR(30) PRIMARY KEY,
  Geburtsdatum  DATE
);

INSERT INTO Geburtstage VALUES ('Donald Duck', '1934-06-09');

SELECT * FROM Geburtstage;
```

TIME

Erwartungsgemäß können Sie hiermit Zeitangaben – in der Form HH:MM:SS – für Stunden, Minuten und Sekunden speichern. Standardmäßig, aber optional werden die Sekunden um Bruchteile (in der Regel dann sechs Stellen) erweitert.

Etwa bei PostgreSQL:

```
SELECT CURRENT_TIME;
20:28:28.637006+01:00
```

Vielleicht fällt Ihnen das »+01:00« auf. Dabei handelt es sich um die Angabe der Zeitzone der DBMS-Installation.

Sie können Zeitangaben mit und ohne Angabe der Zeitzone speichern:

- ✔ WITHOUT TIME ZONE
- ✔ WITH TIME ZONE

TIMESTAMP

Der Datentyp TIMESTAMP umfasst sowohl die Datums- als auch die Zeitangabe.

Etwa bei PostgreSQL:

```
SELECT CURRENT_TIMESTAMP;
2023-11-11 20:28:28.637006+01:00
```

Standardmäßig gibt es auch hier sechs Stellen nach dem Dezimalpunkt.

Oracle geht beim Datentyp DATE einen besonderen Weg: Ein Datum wird intern immer als Zeitstempel gespeichert.

Intervalle

Sie erhalten ein Intervall als Differenz zweier Datums- beziehungsweise Zeitwerte. SQL unterscheidet dabei zwischen zwei Intervalltypen:

- ✔ Year-Month
- ✔ Day-Time

Ein Intervall Year-Month ist die Differenz zwischen zwei Datumsangaben. Das Intervall vom Typ Day-Time gibt die Anzahl der Tage, Stunden, Minuten und Sekunden zwischen zwei Zeitpunkten an.

```
SELECT current_date - '2023-10-01';
41
SELECT current_timestamp - '2023-10-01 10:30:55';
41 days 11:36:42.965915
```

Der Datentyp XML

XML (Extensible Markup Language) ist eine Sprache zu Definition von hierarchisch strukturierten Daten in Textform. Die Struktur wird dabei über sogenannte »tags« festgelegt. Damit bilden die Strukturdefinition und die zugehörigen Daten eine Einheit, was sehr flexibel ist.

```
<kunde>     <vorname> Max </vorname>
            <name> Mustermann </name>
</kunde>
```

Die Daten werden jeweils von einem Start- und einem Endtag eingeschlossen; beispielsweise steht zwischen dem Starttag <name> und dem Endtag </name> der Name »Mustermann«.

Natürlich können Sie ein XML-Dokument immer als CLOB in einer relationalen Datenbank speichern. Besser ist es allerdings, wenn ihr Datenbank-Managementsystem die SQL/XML-Spezifikation implementiert hat und einen nativen XML-Datentyp bereitstellt.

Oracle, PostgreSQL und SQL-Server haben das beispielsweise implementiert. Unterschiedlich ist nur die Bezeichnung; bei Oracle heißt es XMLTYPE, bei PostgreSQL und SQL-Server XML.

```
CREATE TABLE Test(X XML);

INSERT INTO Test
VALUES('<kunden>
        <kunde> <vorname> Max </vorname>
                <name> Mustermann </name>
        </kunde>
        <kunde> <vorname> Anna </vorname>
                <name> Mustermann </name>
        </kunde>
        </kunden>
');
```

Sie können XML-Daten mit einem XML-Schema verknüpfen, womit die Einhaltung einer bestimmten Struktur überprüft werden kann. Es gibt drei Untertypen des allgemeinen XML-Datentyps:

- ✔ UNTYPED: Es gibt kein zugehöriges XML-Schema.
- ✔ XMLSCHEMA: Es gibt ein zugehöriges XML-Schema.
- ✔ ANY: Es kann ein zugehöriges XML-Schema vorhanden sein, muss aber nicht.

Grundlegendes zum Standard SQL/XML finden Sie in Eisenberg A., Melton J.: Advancements in SQL/XML, `https://sigmodrecord.org/publications/sigmodRecord/0409/11.JimMelton.pdf`

Sie sollten sich aber auch darüber informieren, was Ihr DBMS vom SQL/XML-Standard unterstützt.

Der Datentyp JSON

Genau wie XML gehören JSON-Dokumente zu den semistrukturierten Daten. JSON steht für »Java Script Object Notation« und ist ein plattformunabhängiges Datenaustauschformat.

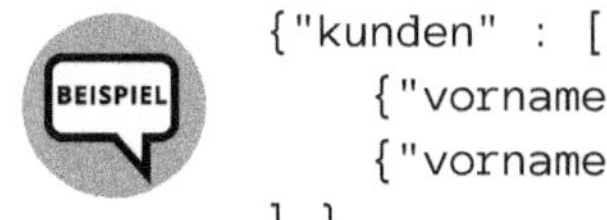


```
{"kunden" : [
    {"vorname" : "Max", "name" : "Mustermann"},
    {"vorname" : "Anna", "name" : "Mustermann"}
] }
```

Ein JSON-Dokument besteht aus mit geschweiften Klammen eingeschlossenen »Schlüssel: Wert«-Paaren. Wenn es mehrere sind, werden diese durch Kommata getrennt. Listen gleichartiger Strukturen sind ebenfalls möglich; sie werden mit eckigen Klammern eingeschlossen.

JSON sollten Sie sich merken. In den letzten Versionen des SQL-Standards 2016 und 2023 gab es dafür Erweiterungen, was ein Hinweis auf die (zunehmende) Bedeutung von JSON ist.

DBMS wie beispielsweise Oracle, MySQL oder PostgreSQL bieten JSON üblicherweise als nativen Datentyp an. Vorteil daran ist, dass das DBMS dann beim Speichern eine Syntaxprüfung durchführen kann.

```
CREATE TABLE Test(X JSON);

INSERT INTO Test
VALUES('{"kunden" : [
{"vorname" : "Max", "name" : "Mustermann"},
{"vorname" : "Anna", "name" : "Mustermann"}
] } ' );
```

Bei PostgreSQL steht zusätzlich noch der Datentyp JSONB zur Verfügung. Dort werden die Daten im Binärformat gespeichert und nicht – wie bei JSON – als Text, was eine schnellere Verarbeitung ermöglichen soll (siehe dazu `https://www.postgresql.org/docs/current/datatype-json.html`).

Zusammengesetzte Datentypen

Die zusammengesetzten strukturierten Datentypen wurden 1999 dem SQL-Standard hinzugefügt. Sie sind nicht bei allen Datenbank-Managementsystemen implementiert. Dabei handelt es sich um folgende Datentypen:

- ROW
- ARRAY
- MULTISET

Mit ROW können Sie einen eigenen, auf Standardtypen basierenden Datentyp definieren und dann in eine Tabellendefinition verwenden; beispielsweise einen Adress-Datentyp bestehend aus Strasse, PLZ und Ort.

```
CREATE TYPE Adresstyp AS
( Strasse      VARCHAR(30),
  PLZ          CHAR(5),
  Ort          VARCHAR(30)
 );

CREATE TABLE Test
( Id           INTEGER PRIMARY KEY,
  Name         VARCHAR(30),
  Adresse      Adresstyp
 );

INSERT INTO Test
VALUES (1, 'Asterix', ('Haus 2', '12345', 'Gallisches Dorf'));

SELECT * FROM Test;
```

Ausgegeben wird dann

```
1  Asterix  ('Haus 2', '12345', 'Gallisches Dorf')
```

ARRAY erlaubt das Speichern mehrerer Werte in einem Attribut, beispielsweise eine Liste von Telefonnummern.

Mit MULTISET können Sie eine ungeordnete Menge gleichartiger Werte in einem Attribut hinterlegen, beispielsweise bei einem Attribut »Sprachkenntnisse«.

Alle diese drei Datentypen haben gemeinsam, dass damit mehrere Werte unter einem Attribut gespeichert werden können. Das bedeutet, dass Sie damit die 1. Normalform verletzen, denn dafür wird ja gefordert, dass alle Attributwerte atomar sind!

Diese Typen sind nur für fortgeschrittene SQL-Benutzer geeignet.

Zu dieser über die Standardtypen hinausgehenden Gruppe gehört ebenfalls der folgende Typ:

- ✔ REF

Mit REF-Typen können Sie andere definierte Typen referenzieren. Es handelt sich also um einen Zeiger auf beispielsweise einen ROW-Typ. Damit könnten Sie FOREIGN-KEY-Definitionen überflüssig machen.

Finger weg davon, denn das widerspricht einer besonderen Eigenschaft von SQL, die »deklarativ« heißt (siehe Kapitel 1), weil Sie mit Referenzen wieder durch Ihre Daten navigieren müssen.

Benutzerdefinierte Datentypen

Bei den benutzerdefinierten Datentypen (User Defined Datatype, kurz UDT) gibt es zwei Kategorien:

- ✔ CREATE TYPE
- ✔ CREATE DOMAIN

Mit CREATE TYPE können Sie völlig eigenständige Typen kreieren und dann wie einen Standarddatentyp verwenden. Wie es bei ROW der Fall ist.

CREATE DOMAIN ermöglicht die spezifische Anpassung eines (einzelnen) skalaren Standarddatentyps. Beispielsweise können Sie damit einen Datentyp »Money» definieren, der nur nicht-negative Daten erzwingt. Oder Sie könnten in einer Tabelle mehrere Währungen wie beispielsweise US-Dollar und Euro als unterschiedliche Datentypen verwalten und speichern.

```
CREATE DOMAIN Money NUMERIC(9,2) CHECK (VALUE >= 0);

CREATE TABLE Artikel
( ArtikelNr      INTEGER PRIMARY KEY,
  Bezeichnung    VARCHAR(30),
  Preis          Money
);
```

Der letztgenannte Aspekt ist besonders für international tätige Unternehmen von Interesse, die unterschiedliche Preise in den einzelnen Währungen speichern müssen.

```
CREATE DOMAIN USdollar NUMERIC(9,2) CHECK (VALUE >= 0);
CREATE DOMAIN Euro NUMERIC(9,2) CHECK (VALUE >= 0);
CREATE DOMAIN Pfund NUMERIC(9,2) CHECK (VALUE >= 0);
```

Objektrelationale Datenbank-Managementsysteme

Alle diese über die Standarddatentypen hinausgehenden Datentypen von SQL, die 1999 in den Standard aufgenommen wurden, werden häufig unter dem Stichwort »Objektrelationale Datenbanken« zusammengefasst. Es handelt sich dabei um Konstrukte, mit denen man Eigenschaften der objektorientierten Programmierung in relationale Datenbanken integrieren kann. Zur Gruppe der objektrelationalen Datenbank-Managementsysteme gehören zum Beispiel Oracle und PostgreSQL, aber nicht MySQL.

Wenn Sie mehr über objektrelationale Datenbanken wissen wollen, sollten Sie in das Buch »Datenbanksysteme für Dummies« schauen, dort erfahren Sie am Beispiel von Oracle mehr darüber.

Aufgaben

1. Welche Standarddatentypen gibt es für Zahlen und Zeichenketten?
2. Nennen Sie ein Beispiel für ein JSON-Objekt bestehend aus einem Namen, Vornamen, einer Telefonnummer und einer E-Mail-Adresse.

IN DIESEM KAPITEL

Die Syntax des Befehls CREATE TABLE

Primär- und Fremdschlüsseldefinition

Weitere Integritätsbedingungen

Tabellen ändern und löschen

Kapitel 7
Tabellen anlegen und ändern

Nachdem Sie im vorherigen Teil dieses Buches die SQL-Datentypen kennengelernt haben, erfahren Sie jetzt, wie Sie Tabellen anlegen können. Denn ohne vorhergehende Tabellendefinitionen können Sie keine Daten speichern oder abfragen.

Eine Tabelle erstellen mit CREATE TABLE

Mit dem CREATE-TABLE-Befehl können Sie

- eine Tabelle anlegen,
- die zugehörigen Attribute einschließlich Datentyp angeben,
- den Primärschlüssel und eventuell vorhandene Fremdschlüssel definieren und
- weitere Integritätsbedingungen festlegen.

Syntax

So sieht der Befehl CREATE TABLE aus

Syntax von CREATE TABLE

```
CREATE TABLE <Tabellenname>
( <Attribut> Datentyp [Constraints]
[, <Attribut> Datentyp [Constraints] ]*
);
```

Die Bedeutung der Symbole < … >, […] und * ist in der Einleitung erläutert.

Das sieht auf den ersten Blick vielleicht etwas kompliziert aus, ist es aber nicht. Gehen wir das Ganze schrittweise durch:

- ✔ Der Befehl CREATE TABLE ist die Basis: Sie müssen dem Datenbank-Managementsystem mitteilen, was Sie machen wollen.
- ✔ Dahinter steht der von Ihnen gewählte Name der Tabelle.
- ✔ In runde Klammern eingeschlossen folgt die Liste der Attribute der Tabelle zusammen mit dem jeweiligen, zugewiesenen Datentyp. Die einzelnen Attributeinträge sind mit Komma getrennt.
- ✔ Zu jedem Attribut kann es optionale sogenannte Column-Constraints geben. Das sind Integritätsbedingungen für das Attribut, die beim Speichern und Ändern von Daten zu beachten sind.

CREATE TABLE bewirkt, dass Informationen über diese Tabelle wie insbesondere

- ✔ der Tabellenname,
- ✔ die Attributbezeichnungen und deren Datentypen

im Datenbankkatalog eingetragen werden. Die Tabelle ist danach allerdings noch leer. Erst mit dem INSERT-Befehl werden Tupel gespeichert.

Bezeichner für Tabellen und Attribute sollten mit einem Buchstaben beginnen und Rückschlüsse auf die Bedeutung zulassen. Die Tabellen beispielweise mit Tab1 bis Tab99 durchzunummerieren, macht wenig Sinn.

Constraints

Constraints sind sehr wichtig bei der Erstellung von Tabellen. Sie gewährleisten, dass die gespeicherten Daten bestimmte Integritätsbedingungen erfüllen. Diese Bedingungen werden vom DBMS beim Speichern und Ändern von Tupeln überprüft. Was dabei »korrekt« ist und was nicht, ist vorher beim Tabellenentwurf festzulegen. Folgende Constraints stehen zu Verfügung:

- ✔ NOT NULL
- ✔ UNIQUE
- ✔ DEFAULT

- CHECK
- PRIMARY KEY
- FOREIGN KEY

NOT NULL

Mit der Option NOT NULL legen Sie fest, dass es für dieses Attribut bei jedem Tupel einen Eintrag geben muss. Das Gegenteil davon ist »NULL«; beispielsweise für ein Attribut »Abweichender Geburtsname«. Standardmäßig sind bei jedem Attribut NULL-Werte zulässig.

```
Geburtsdatum DATE NOT NULL
```

UNIQUE

Ein mit UNIQUE definiertes Attribut ist ein Schlüsselkandidat, hat also bei allen Tupeln unterschiedliche Werte. Wenn Sie das angeben, erzwingen Sie bei jedem Speichern oder Ändern eines Tupels die Prüfung der Eindeutigkeit durch das DBMS.

```
MailAdresse VARCHAR(30) UNIQUE
```

DEFAULT

Mit der Option DEFAULT können Sie beim Speichern von Tupeln festlegen, dass ein Default-Wert verwendet wird, wenn Sie nicht explizit einen anderen Attributwert angeben.

```
Land VARCHAR(30) DEFAULT 'Deutschland'
```

CHECK

Die CHECK-Klausel ist sehr mächtig. Damit können Sie vom DBMS prüfen lassen, ob ein Attributwert innerhalb eines vorgegebenen Wertebereichs liegt. Es gibt mehrere Optionen:

- Vergleich mit einem Grenzwert
- Vergleich mit einer Werteliste
- Vergleich mit einem Wertebereich

```
Verkaufspreis NUMERIC(8,2) CHECK(Verkaufspreis >= 0)
Geschlecht CHAR(8) CHECK(Geschlecht in {'weiblich', 'männlich',
'divers'}
PLZ CHAR(5) CHECK(PLZ BETWEEN '00000' AND '99999')
```

PRIMARY KEY

Mit der Option PRIMARY KEY wird der Primärschlüssel der Tabelle gekennzeichnet. Er erhält dann automatisch den Constraint NOT NULL, weil jedes Tupel einen Primärschlüssel haben muss.

Das geht in dieser Form als Column-Constraint nur, wenn er aus einem einzelnen Attribut besteht (was oft der Fall sein wird). Bei einem zusammengesetzten Primärschlüssel müssen Sie einen Table-Constraint verwenden; das kommt noch.

Automatische Schlüsselgenerierung

Datenbank-Managementsysteme bieten für den Primärschlüssel in der Regel eine Autoinkrement-Funktion an. Damit können Sie beim Einfügen eines Tupels den Primärschlüssel automatisch vergeben. Beginnend von einem Startwert erfolgt die Vergabe des Schlüsselwertes durch Hochzählen um jeweils Eins.

Leider ist die Syntax der Autoinkrement-Funktion bei den Datenbank-Managementsystemen nicht einheitlich.

Bei dem DBMS Oracle heißt es beispielsweise:

```
Bestellnr NUMERIC(6) PRIMARY KEY
     GENERATED BY DEFAULT ON NULL AS IDENTITY,
```

Bei MySQL müssen Sie dafür Folgendes schreiben:

```
Bestellnr NUMERIC(6) PRIMARY KEY AUTO_INCREMENT,
```

Bei PostgrSQL:

```
Bestellnr NUMERIC(6) PRIMARY KEY
     GENERATED ALWAYS AS IDENTITY,
```

Und beim SQL Server:

```
Bestellnr NUMERIC(6) IDENTITY PRIMARY KEY,
```

PostgreSQL bietet zusätzlich den Datentyp SERIAL als Autoinkrement-Feld an. Dies ist aber eine spezielle Option, die nicht zum Standard gehört.

Die Möglichkeit GENERATED … gibt es, wie oben zu sehen, in den Varianten BY DEFAULT und ALWAYS. Im ersten Fall könnten Sie selbst einen Wert für den Primärschlüssel beim INSERT-Befehl vergeben; die automatische Schlüsselgenerierung erfolgt nur, wenn Sie dafür nichts, also NULL, angeben. Im zweiten Fall ist Überschreiben des automatisch generierten Wertes nicht möglich.

Prüfen Sie, ob und wie Ihr DBMS mit Autoinkrement umgeht!

FOREIGN KEY (REFERENCES)

Wenn ein einzelnes Attribut ein Fremdschlüssel (Foreign Key) auf eine andere Tabelle ist, können Sie das mit »REFERENCES <Tabelle> (<Attribut>)« kenntlich machen. Damit können Sie auf einfache Weise festlegen, welches Attribut in welcher Tabelle durch den Fremdschlüssel referenziert werden soll. Auch hier gilt wie bei PRIMARY KEY, dass ein zusammengesetzter Foreign-Key als Table-Constraint angegeben werden muss.

Der SQL-Sprachstandard fordert nur, dass Sie die referenzierte Tabelle angeben und nicht zusätzlich den dortigen Primärschlüssel. Einige DBMS wie beispielsweise Oracle richten sich auch danach, bei MySQL ist die lange Version mit Angabe des referenzierten Attributs Pflicht.

Beispiel

Als Beispiel (Listing 7.1) wollen wir eine Tabelle **Bestellungen(<u>Bestellnr</u>, Kundennr↑, Strasse, PLZ, Ort, Bestelldatum)** anlegen.

```
CREATE TABLE Bestellungen
( Bestellnr       NUMERIC(6) PRIMARY KEY,
  Kundennr        NUMERIC(5) NOT NULL REFERENCES Kunden(Kundennr),
  Strasse         VARCHAR(30),
  PLZ             CHAR(5) CHECK(PLZ BETWEEN '00000' AND '99999'),
  Ort             VARCHAR(30),
  Bestelldatum    DATE NOT NULL DEFAULT CURRENT_DATE
);
```

Listing 7.1: CREATE TABLE

Daran können Sie Folgendes erkennen:

- ✔ Die anzulegende Tabelle soll »Bestellungen« heißen.
- ✔ Das erste Attribut, die Bestellnummer, ist vom Typ NUMERIC(6), also eine maximal sechsstellige ganze Zahl. Es ist gleichzeitig der Primärschlüssel dieser Tabelle. Weil ein Primärschlüssel vom DBMS automatisch mit NOT NULL versehen wird, müssen Sie das nicht extra angeben.
- ✔ Das zweite Attribut ist vom Typ NUMERIC(5) und heißt Kundennr. Es referenziert als Fremdschlüssel in einer Tabelle »Kunden« die Kundennr (das ist der dortige Primärschlüssel). Weil jede Bestellung einem Kunden zugeordnet sein soll, ist dieses Attribut mit NOT NULL definiert. Wichtig dabei ist:
  - Die referenzierte Tabelle und das Attribut müssen schon definiert sein.
  - Die Datentypen dieses Attributs und des referenzierten Attributs müssen übereinstimmen.
- ✔ Die Straße und der Ort sind variabel lange Zeichenketten mit einer Maximallänge von 30 Zeichen.

- Die PLZ ist ebenfalls eine Zeichenkette (das ist erforderlich, weil es Postleitzahlen mit einer führenden Null gibt), allerdings mit einer festen Länge von fünf Zeichen. Dieses Attribut wurde um eine CHECK-Klausel erweitert, die besagt, dass Postleitzahlen lexikografisch zwischen '00000' und '99999' liegen sollen, also keine Buchstaben und keine Sonderzeichen enthalten dürfen. Die angegebenen Grenzwerte gehören mit zum gültigen Bereich.
- Die drei Attribute Strasse, PLZ und Ort dürfen leer bleiben, falls der Kunde keine abweichende Lieferadresse hat.
- Das Attribut Bestelldatum ist vom Datentyp DATE und muss immer gefüllt sein. Falls beim Speichern eines Tupels kein Bestelldatum angegeben worden ist, wird als Default-Wert das aktuelle Tagesdatum genommen.

Doch was passiert mit den Bestellungen eines Kunden, wenn Sie in der im Listing 7.1 referenzierten Kundentabelle ein Tupel löschen? Dann hätten Sie plötzlich Bestellungen, die keinem Kunden mehr zugeordnet sind.

Prinzipiell gibt es folgende Möglichkeiten:

- kaskadierendes Löschen
- Fremdschlüssel auf NULL setzen
- Fremdschlüssel auf Default-Wert setzen
- Löschung verweigern

Das kaskadierende Löschen erhalten Sie, wenn Sie bei der FOREIGN-KEY-Definition Folgendes mit angeben: ON DELETE CASCADE.

Also im Listing 7.1:

```
Kundennr       NUMERIC(5) NOT NULL
               REFERENCES Kunden(Kundennr) ON DELETE CASCADE,
```

Wenn das kaskadierende Löschen nicht zu Ihrer Anwendung passt (und das ist hier der Fall), sollten Sie das Löschen von Tupeln in der referenzierten Tabelle (hier Kunden) verhindern, wenn es noch davon abhängige Tupel in der referenzierenden Tabelle (hier Bestellungen) gibt. Das machen Sie mit

```
Kundennr       NUMERIC(5) NOT NULL
               REFERENCES Kunden(Kundennr) ON DELETE RESTRICT,
```

Weil diese Option der voreingestellte Standard ist, können Sie das aber auch weglassen (siehe Listing 7.1). Sie haben das restriktive Löschen dann automatisch.

```
CREATE TABLE Master
( MKey  INTEGER PRIMARY KEY,
  MText CHAR(10)
);

CREATE TABLE Detail
( DKey  INTEGER PRIMARY KEY,
  DText CHAR(10),
  MRef  INTEGER REFERENCES Master
);

INSERT INTO Master VALUES(1,'ABC');
INSERT INTO Master VALUES(2,'XYZ');
INSERT INTO Detail VALUES(11, 'ABC-1', 1);
INSERT INTO Detail VALUES(21, 'XYZ-1', 2);
INSERT INTO Detail VALUES(22, 'XYZ-2', 2);
```

Der Befehl

```
DELETE FROM Master WHERE MKey = 2;
```

führt bei Oracle zu einer Fehlermeldung der Art

```
Integritäts-Constraint … verletzt - untergeordneter Datensatz
gefunden
```

und bei PostgreSQL

```
Aktualisieren oder Löschen in Tabelle »master« verletzt Fremdschlüssel-
Constraint … von Tabelle »detail«

Auf Schlüssel (mkey)=(2) wird noch aus Tabelle »detail« verwiesen.
```

Für die anderen Optionen gibt es die expliziten Ergänzungen

```
ON DELETE SET NULL
ON DELETE SET DEFAULT
ON DELETE CASCADE.
```

ON DELETE SET NULL und ON DELETE SET DEFAULT sind bei den meisten Datenbank-Managementsystemen nicht implementiert.

Es hängt von der Anwendung ab, ob Sie beim Löschen eines Kunden dessen Bestellungen mitlöschen wollen (ON DELETE CASCADE) oder ob das DBMS das Löschen eines Kunden, für den es noch Bestellungen gibt, verweigern soll (ON DELETE RESTRICT). Beides ist möglich.

Constraints auf Tabellenebene

Am Ende eines CREATE-TABLE-Befehls können noch sogenannte Table-Constraints folgen. Als Constraint auf Tabellenebene müssen folgende Integritätsbedingungen angegeben werden:

- zusammengesetzte Primärschlüssel
- zusammengesetzte Fremdschlüssel
- zusammengesetzte UNIQUE-Bedingungen
- CHECK-Klauseln, die attributübergreifend sind (bei MySQL gilt das für alle).

CREATE TABLE … mit Table-Constraints

```
CREATE TABLE <Tabellenname>
( <Attribut_1> Datentyp [Constraints],
  <Attribut_2> Datentyp [Constraints],
  …
[Table_Constraint [, Table_Constraint]* ]
);
```

```
PRIMARY KEY (Bestellnr, Artikelnr)
FOREIGN KEY (Vorname, Nachname) REFERENCES Personen(Vorname,
Nachname)
UNIQUE (Vorname, Nachname)
CHECK(Einkaufspreis  <= Verkaufspreis)
```

Sie sehen, die Syntax ist bei der FOREIGN-KEY-Angabe etwas anders als beim Column-Constraint, weil mit FOREIGN KEY (…) die Zuordnung zum Foreign-Key-Attribut erfolgen muss.

Schreiben Sie PRIMARY-KEY- und FOREIGN-KEY-Angaben immer als Table-Constraint. Ich halte das für übersichtlicher.

```
[CONSTRAINT <Constraintname>] PRIMARY KEY (…)
[CONSTRAINT <Constraintname>] FOREIGN KEY (…) REFERENCES …
```

Außerdem können Sie Constraints dann auch benennen und bei Bedarf mit DISABLE CONSTRAINT beziehungsweise ENABLE CONSTRAINT aus- und wieder einschalten.

```
CONSTRAINT PK_Bestellungen PRIMARY KEY (Bestellnr)
```

Der Primärschlüssel-Constraint wird unter dem Namen »PK-Bestellungen« abgespeichert.

```
FOREIGN KEY (Kundennr) REFERENCES Kunden(Kundennr)
```

Für den Fremdschlüssel-Constraint wird kein Name vergeben, das DBMS vergibt ihn automatisch.

Ein kleines Problem bei UNIQUE-Constraints existiert, wenn ein oder mehrere Attribute davon NULL-Werte enthalten dürfen, wie etwa bei

```
CREATE TABLE Personen
( PersonenNr    INTEGER  Primary Key,
  Name          VARCHAR(20) NOT NULL,
  Vorname       VARCHAR(20),
UNIQUE (Name, Vorname)
);
```

Was soll bei folgenden INSERT-Befehlen erfolgen?

```
INSERT INTO PERSONEN VALUES (1234, 'Schulz',  NULL);
INSERT INTO PERSONEN VALUES (1289, 'Schulz',  NULL);
```

Ist das eine Verletzung des UNIQUE-Constraints oder nicht?

Mit der Einführung von SQL:2023 können Sie festlegen, was dann passieren soll (siehe dazu `http://peter.eisentraut.org/blog/2023/04/04/sql-2023-is-finished-here-is-whats-new`).

Mit `UNIQUE NULLS DISTINCT (Name, Vorname)` ist der zweite INSERT erlaubt; mit `UNIQUE NULLS NOT DISTINCT (Name, Vorname)` nicht.

Mit ALTER TABLE Tabellen ändern

Gerade haben Sie Ihre Datenbank erfolgreich erstellt, und schon kommen die Anwender mit ihren ersten Änderungswünschen. Da hilft nur eins: ALTER TABLE. Folgendes kann auf Sie zukommen:

- ✔ einer Tabelle ein Attribut hinzufügen
- ✔ bei einem Attribut die NOT-NULL-Option ändern
- ✔ den Datentyp eines Attributs ändern, insbesondere dessen Länge beziehungsweise Genauigkeit
- ✔ ein Attribut umbenennen oder löschen
- ✔ eine CHECK-Klausel hinzufügen oder löschen
- ✔ einen Primärschlüssel hinzufügen oder löschen

- ✔ einen Fremdschlüssel hinzufügen oder löschen
- ✔ eine DEFAULT-Klausel ändern
- ✔ einen Table-Constraint aus- und einschalten

Sehen wir uns die Möglichkeiten dieses Befehls genauer an.

1. Mit der Option

   ```
   ALTER TABLE <Tabellenname>
   {ADD | MODIFY} <attribut> Datentyp [NOT NULL] [, …];
   ```

   können Sie ein Attribut hinzufügen oder bei einem bestehenden Attribut den Datentyp oder die NOT-NULL-Option ändern.

Aber Vorsicht, wenn die Tabelle schon Daten enthält; dann sind zum Beispiel Längenänderungen nur begrenzt möglich. Außerdem können Sie dann kein Attribut mit der NOT-NULL-Option hinzufügen. Erst müssen die vorhandenen Tupel bei dem neuen Attribut einen gültigen Wert erhalten und erst danach können Sie mit MODIFY die Option ändern.

2. Das Umbenennen oder Löschen eines Attributs ist einfach. Sie geben einfach Folgendes ein:

   ```
   ALTER TABLE <Tabellenname> DROP COLUMN <Attribut>;
   ALTER TABLE <Tabellenname> RENAME COLUMN <Attribut_alt> TO <Attribut_neu>;
   ```

3. Beim Ändern oder Löschen von CHECK-Klauseln, PRIMARY-KEY-Klauseln oder FOREIGN-KEY-Klauseln gehen Sie folgendermaßen vor:

   ```
   ALTER TABLE <Tabellenname> {ADD | DROP} { CHECK-Klausel | PRIMARY-KEY-
   Klausel | FOREIGN-KEY-Klausel};
   ```

4. Eine DEFAULT-Klausel ändern Sie mit

   ```
   ALTER TABLE <Tabellenname> MODIFY DEFAULT-Klausel;
   ```

5. Und einen Table-Constraint können Sie kurzfristig aus- und dann wieder einschalten mit

   ```
   ALTER TABLE <Tabellenname> {DISABLE | ENABLE} CONSTRAINT <constraint-name>;
   ```

   Aber Vorsicht, beim Einschalten des Constraints werden alle gespeicherten Tupel daraufhin überprüft, ob sie den Constraint (noch) erfüllen.

Bei der obigen Tabelle `Personen` wollen Sie ein Geburtsdatum hinzufügen:

```
ALTER TABLE Personen ADD GebDat DATE;
```

Die Bezeichnung gefällt Ihnen nicht und Sie möchten sie ändern.

```
ALTER TABLE Personen RENAME COLUMN GebDat TO Geburtsdatum;
```

Sie stellen fest, dass das Speichern des Geburtsdatums nicht zulässig ist.

```
ALTER TABLE Personen DROP COLUMN Geburtsdatum;
```

Mit DROP TABLE Tabellen löschen

Irgendwann im Datenbankleben einer Tabelle kann es passieren, dass sie nicht mehr benötigt wird und gelöscht werden soll. Dafür gibt es folgenden Befehl:

```
DROP TABLE <Tabellenname>;
```

Beachten Sie aber bitte, dass damit auch alle Tupel gelöscht werden, die in dieser Tabelle gespeichert sind. Und falls es eine davon abhängige und mit einem Fremdschlüssel verbundene andere Tabelle gibt und außerdem die Option ON DELETE CASCADE vorhanden ist, werden deren Tupel natürlich mitgelöscht.

Externe Tabellen

Bei einigen DBMS wie beispielsweise Oracle oder SQL Server können Sie sogenannte EXTERNAL TABLES anlegen. Diese haben die besondere Eigenschaft, dass sie sich nicht im Speicherbereich des DBMS befinden, man aber trotzdem lesend darauf zugreifen kann. Dazu müssen Sie beim CREATE TABLE natürlich einige ergänzende Parameter hinzufügen, insbesondere wo sich die Tabelle befindet.

Bei Oracle sieht das in etwa so aus:

```
CREATE TABLE Geburtstagsliste
( Vorname      VARCHAR(20),
  Geburtstag   CHAR(10))
ORGANIZATION EXTERNAL
( TYPE oracle_loader DEFAULT DIRECTORY loaddir
  ACCESS PARAMETERS
  ( RECORDS DELIMITED BY NEWLINE
    FIELDS TERMINATED BY ',' LDRTRIM
    MISSING FIELD VALUES ARE NULL)
  LOCATION ('Geburtstage.txt')
);
```

Dabei handelt es sich um eine Textdatei »Geburtstage.txt«, die Vornamen von Freunden und Freundinnen und – mit Komma getrennt – deren Geburtstag enthält (jeweils maximal 20 und 10 Zeichen lang). Die Datei befindet sich in einem vorher mit dem Befehl `CREATE OR REPLACE DIRECTORY loaddir as 'C:\...';` zugewiesenen Verzeichnis. Sie können dann beispielsweise mit dem Befehl `SELECT * FROM Geburtstagsliste;` darauf zugreifen.

Aufgaben

1. Gegeben sei das folgende Relationenschema:

   Studierende(<u>MatrikelNr</u>, Vorname, Name, Studiengang, Studienbeginn)

   Fächer(<u>FachNr</u>, Bezeichnung, Studiengang) und

   Klausuren(<u>MatrikelNr</u>↑, <u>FachNr</u>↑, Punkte, Klausurdatum)

   a. Formulieren Sie die CREATE-TABLE-Befehle für die zugehörigen Tabellen. Studienbeginn ist das 4-stellige Jahr, Punkte liegen zwischen 0 und 15. Die Datentypen sollten sinnvoll gewählt werden.

   b. Wie oft kann bei diesem Modell ein Studierender an einer Klausur zu einem Fach teilnehmen?

2. Für eine Relation »Vorlesungen« mit den Attributen

   - Vorlesungsnummer
   - Bezeichnung
   - WiSo_Sem
   - Jahr
   - Studiengang
   - Dozent

   sollen folgende Integritätsbedingungen gelten:

   - Die Vorlesungsnummer soll automatisch beginnend bei 1 vergeben werden.
   - Die Bezeichnung darf nicht NULL sein.
   - Das Attribut WiSo_Sem gibt an, ob die Vorlesung im Wintersemester oder im Sommersemester stattfindet.
   - Die Vorlesung findet zum ersten Mal im Jahr 2023 statt.
   - Es gibt folgende Studiengänge: Informatik, Digitaltechnik, Data Science.
   - Das Attribut »Dozent« verweist auf die Personalnummer des verantwortlichen Dozenten.

   Stellen Sie hierfür den CREATE-TABLE-Befehl auf.

3. Ein Attribut »Geschlecht« kann, wenn dort nicht NULL eingegeben wird, nur einen der Werte 'w' oder 'm' oder 'd' annehmen. Wie lautet die Definition dafür?

IN DIESEM KAPITEL

Aus Entitätstypen werden Tabellen

Umsetzung der Kardinalitäten

Kapitel 8
Vom ER-Diagramm zur Datenbank

Wie Sie ja bereits wissen, beginnt der Datenbankentwurf mit dem ER-Diagramm und endet mit den durch CREATE-TABLE-Befehle erzeugten Tabellen. In diesem Kapitel erfahren Sie, wie Sie ein ER-Diagramm in CREATE-TABLE-Befehle umsetzen können.

Entitätstypen

Weil ein Entitätstyp eine Menge von Entitäten umfasst, die durch die gleichen Attribute beschrieben werden, sind das Kandidaten für Tabellen.

Aus jedem Entitätstyp wird eine Tabelle. Sie enthält die Attribute, die die Entitäten des jeweiligen Typs beschreiben.

Die Attribute entnimmt man dem Relationenschema. Dort finden Sie auch den Primärschlüssel und vorhandene Fremdschlüssel.

Manchmal sind in einem ER-Diagramm auch die Attribute der Relationen als mit dem Entitätstyp verbundene Ellipsen dargestellt, aber das wird schnell unübersichtlich. Höchstens den Primärschlüssel sollten Sie so zuordnen, wie in Abbildung 8.1 zu sehen.

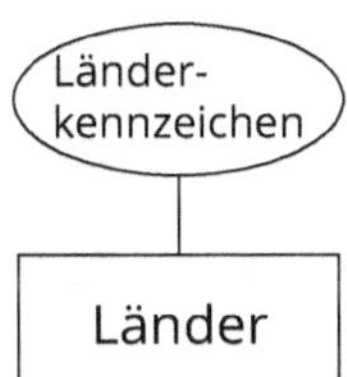

Abbildung 8.1: Entitätstyp mit Primärschlüssel

Beziehungen

Bei der Übertragung der Beziehungen des ER-Diagramms in die CREATE-TABLE-Befehle ist es etwas komplizierter; das hängt von den jeweiligen Kardinalitäten ab.

1:1-Beziehungen

Wenn Sie im ER-Diagramm eine 1:1-Beziehung finden, müssen Sie aufpassen, denn dann liegt in der Regel ein Entwurfsfehler vor. Bei einer derartigen Beziehung müssen die beiden Entitätstypen generell zu einer zusammengefasst werden.

1:C-Beziehungen

1:C-Beziehungen implementieren Sie mithilfe eines Fremdschlüssels, der NOT NULL sein muss und gleichzeig als UNIQUE zu definieren ist. Dieser Fremdschlüssel ist für die Tabelle zu definieren, auf deren Seite das »C« steht. Die folgende Abbildung 8.2 zeigt eine beispielhafte 1:C-Beziehung, gefolgt von der zugehörigen Implementierung mit SQL.

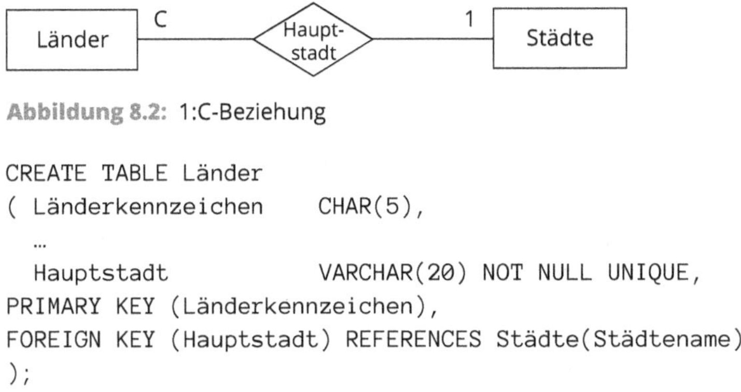

Abbildung 8.2: 1:C-Beziehung

```
CREATE TABLE Länder
( Länderkennzeichen    CHAR(5),
  …
  Hauptstadt           VARCHAR(20) NOT NULL UNIQUE,
PRIMARY KEY (Länderkennzeichen),
FOREIGN KEY (Hauptstadt) REFERENCES Städte(Städtename)
);
```

1:M- und C:M-Beziehungen

Diese Beziehungen werden ebenfalls mithilfe eines Fremdschlüssels definiert, der bei dem auf der M-Seite befindlichen Entitätstyp eingetragen werden muss. Die »1« erzwingt dabei, dass das Attribut NOT NULL sein muss. Bei »C:M« müssen allerdings NULL-Werte möglich sein, dann darf dort kein NOT NULL stehen! Die folgende Abbildung 8.3 stellt eine 1:M-Beziehung dar, gefolgt von der Umsetzung mit SQL.

Abbildung 8.3: 1:M-Beziehung

```
CREATE TABLE Städte
( Städtename      VARCHAR(20),
  ...
  Land            CHAR(5) NOT NULL,
PRIMARY KEY (Städtename),
FOREIGN KEY (Land) REFERENCES Länder(Länderkennzeichen)
);
```

Das M bei »1:M« beziehungsweise »C:M« besagt ja, dass – zum Beispiel bezogen auf die Abbildung 8.3 – jedes Land mindestens eine Stadt haben muss. Das lässt sich bei CREATE TABLE aber nicht abbilden. Sie sollten es tunlichst vermeiden und wann immer möglich dafür 1:MC- oder C:MC-Beziehungen wählen.

1:MC- und C:MC-Beziehungen

Diese Kardinalitäten werden wie 1:M- und C:M-Beziehungen implementiert. Bei »1« muss der Fremdschlüssel mit NOT NULL definiert sein, bei »C« müssen NULL-Werte zulässig sein. Auch hierfür folgt mit Bestellungen und den dazugehörigen Bestellpositionen in Abbildung 8.4 ein passendes Beispiel für eine 1:M-Beziehung mit zugehöriger Umsetzung.

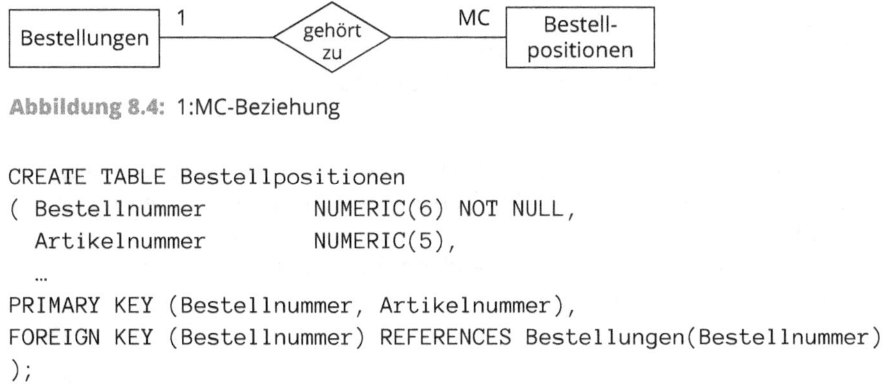

Abbildung 8.4: 1:MC-Beziehung

```
CREATE TABLE Bestellpositionen
( Bestellnummer         NUMERIC(6) NOT NULL,
  Artikelnummer         NUMERIC(5),
  ...
PRIMARY KEY (Bestellnummer, Artikelnummer),
FOREIGN KEY (Bestellnummer) REFERENCES Bestellungen(Bestellnummer)
);
```

Die Bestellnummer ist zwar sowieso NOT NULL, weil sie Teil des Primärschlüssels ist, aber ich habe es hier zur Verdeutlichung explizit angegeben.

M:M-, MC:MC- und M:MC-Beziehungen

Beziehungen mit diesen Kardinalitäten lassen sich nicht direkt in die CREATE-TABLE-Befehle der an der Beziehung beteiligten Tabellen integrieren, weil Fremdschlüsselbeziehungen immer implizit Eins-zu-eins- beziehungsweise Eins-zu-viele-Beziehungen sind. Die Lösung besteht darin, für die Beziehung eine sogenannte Zwischentabelle einzuführen. Für die Beziehung »Mitglied« in Abbildung 8.5 also eine Tabelle »Mitgliedschaft«, die dann zwei Fremdschlüssel auf die Entitätstypen »Personen« und »Vereine« enthält.

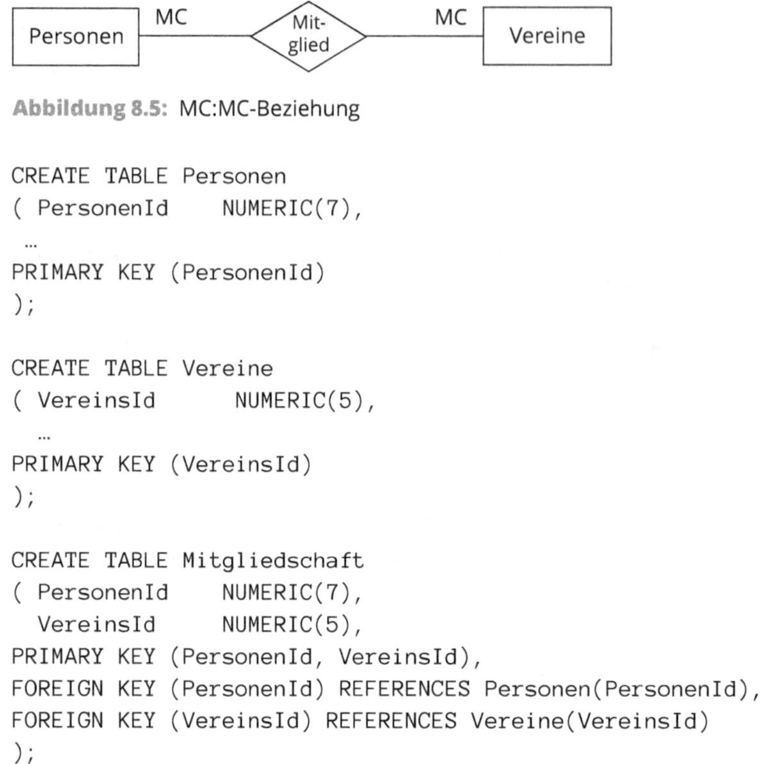

Abbildung 8.5: MC:MC-Beziehung

```
CREATE TABLE Personen
( PersonenId    NUMERIC(7),
 ...
PRIMARY KEY (PersonenId)
);

CREATE TABLE Vereine
( VereinsId      NUMERIC(5),
  ...
PRIMARY KEY (VereinsId)
);

CREATE TABLE Mitgliedschaft
( PersonenId    NUMERIC(7),
  VereinsId     NUMERIC(5),
PRIMARY KEY (PersonenId, VereinsId),
FOREIGN KEY (PersonenId) REFERENCES Personen(PersonenId),
FOREIGN KEY (VereinsId) REFERENCES Vereine(VereinsId)
);
```

Auch hier sind M:M-, M:MC- und MC:M-Beziehungen zu vermeiden. Im ersten Fall können Sie überhaupt keine Tupel speichern, weil wechselseitig beim Speichern eines Tupels des einen Entitätstyps schon ein Tupel des anderen Typs vorhanden sein muss. In den beiden anderen Fällen können Sie das »M« nicht bei FOREIGN-KEY-Angaben erzwingen.

Aufgaben

1. Beantworten Sie folgende Fragen:

   a. Wie werden MC:MC-Beziehungen auf Tabellen einer relationalen Datenbank abgebildet?

   b. Wie erzwingen Sie die Einhaltung der 1 bei einer 1:MC-Beziehung?

   c. Warum sind beispielsweise M:MC-Beziehungen zu vermeiden?

2. Erstellen Sie für das folgende ER-Diagramm Abbildung 8.6 die CREATE-TABLE-Befehle.

Abbildung 8.6: ER-Diagramm zu Aufgabe 8.2

IN DIESEM KAPITEL

Vom ER-Diagramm zu den Tabellen

Ein Beispiel

Kapitel 9
Beispiel zur Datenbankerstellung

In diesem Kapitel werden Sie alle Schritte zur Erstellung einer Datenbank vom ER-Diagramm bis zu den CREATE-TABLE-Befehlen anhand eines Beispiels durchlaufen.

Die Aufgabenstellung

Wir wollen das Anmeldewesen mit Kursen, Teilnehmern und Anmeldungen einer Volkshochschule (VHS) modellieren und implementieren. Sie finden folgende Situation vor:

- ✔ Die VHS hat mehrere Sparten wie beispielsweise »Gesundheit und Fitness«, »Sprachen und Verständigung« oder »Beruf und Karriere«.
- ✔ Jede Sparte hat einen Leiter beziehungsweise eine Leiterin.
- ✔ Innerhalb dieser Sparten werden Kurse angeboten, wie beispielsweise »Aqua-Jogging« in der Sparte »Gesundheit und Fitness«.
- ✔ Es gibt aber auch vereinzelt Kurse, die keiner Sparte zugeordnet sind, etwa »Bildungsurlaub: Microsoft Office«.
- ✔ Für die Kurse werden für die einzelnen Semester Angebote mit Termin, Raum, Kosten und so weiter veröffentlicht, zu denen sich die Teilnehmer anmelden können.
- ✔ Jedes Kursangebot wird von einem Dozenten oder einer Dozentin durchgeführt.
- ✔ Spartenleiter und Dozenten bilden die für das Anmeldewesen relevanten Mitarbeiter der Volkshochschule.

Das ER-Diagramm

Ausgehend von dieser Beschreibung können Sie ein ER-Diagramm erstellen.

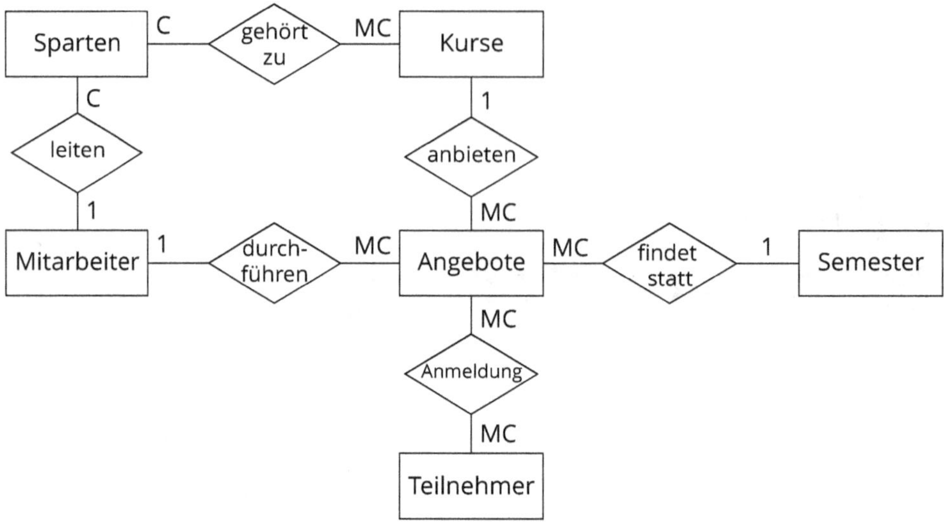

Abbildung 9.1: ER-Diagramm zum Beispiel

Aus dem ER-Diagramm von Abbildung 9.1 lässt sich Folgendes ableiten:

- ✔ Es gibt die Entitätstypen
  - Sparten
  - Kurse
  - Angebote
  - Semester
  - Mitarbeiter
  - Teilnehmer
- ✔ Kurse können einer Sparte zugeordnet sein. Zu einer Sparte gehören (in der Regel) mehrere Kurse.
- ✔ Jede Sparte hat einen Mitarbeiter als Leiter, der nicht gleichzeitig mehrere Sparten leiten kann.
- ✔ Zu den Kursen gibt es mehrere Angebote.
- ✔ Jedes Angebot findet in einem bestimmten Semester statt und betrifft genau einen Kurs.

- Teilnehmer können sich zu mehreren Kursangeboten anmelden, und hoffentlich gibt es für ein Angebot mehrere Anmeldungen.
- Jedes Kursangebot wird von genau einem Mitarbeiter als Dozent durchgeführt.

Sie sehen, man kann aus dem ER-Diagramm schon eine Menge Informationen ablesen.

Das Relationenschema

Als nächsten Schritt muss, bevor die CREATE-TABLE-Befehle formuliert werden, das Relationenschema erstellt werden.

Die Attribute sind nur beispielhaft und erheben keinen Anspruch auf Vollständigkeit

Sparten(<u>Kürzel</u>, Bezeichnung, Leiter↑)

Kurse(<u>KursNr</u>, Bezeichnung, Sparte↑)

Mitarbeiter(<u>PersonalNr</u>, Vorname, Name, Status, Telefon, E-Mail)

Semester(<u>Semesterkürzel</u>, Bezeichnung, Von, Bis)

Angebote(<u>KursNr</u>↑, <u>Semesterkürzel</u>↑, Dozent↑, Wochentag, Uhrzeit, Dauer, Normalpreis, Ermäßigt)

Teilnehmer(TeilnehmerNr, Vorname, Name, Strasse, Plz, Ort, Telefon, E-Mail, Geburtstag, Ermäßigung)

Anmeldungen(<u>AnmeldeNr</u>, TeilnehmerNr↑, (KursNr, Semesterkürzel)↑, Anmeldedatum)

Hierzu einige Erläuterungen:

- Attribute in unterschiedlichen Tabellen können durchaus gleich benannt sein, wie etwa die Bezeichnung in den Tabellen Sparten und Kurse.
- Im ER-Diagramm bestand zwischen den Entitätstypen »Angebote« und »Teilnehmer« die MC:MC-Beziehung »Anmeldung«. Wie Sie bereits gelernt haben, werden solche Beziehungen über eine Zwischentabelle realisiert, hier die Relation »Anmeldungen«.
- Die Klammer um die KursNr und das Semesterkürzel in der Anmeldungstabelle soll klarstellen, dass es sich um einen zusammengesetzten Fremdschlüssel handelt und nicht um zwei getrennte.
- Die Angebotstabelle hat einen zusammengesetzten Primärschlüssel, der sich aus den Primärschlüsseln der beiden Entitätstypen zusammensetzt, denen ein Angebot eindeutig zugeordnet ist. Es kann also für einen Kurs höchstens *ein* Angebot je Semester geben.

- Das könnte man bei den Anmeldungen ebenfalls so machen. Allerdings hätte sich der Primärschlüssel dann aus drei Attributen zusammengesetzt: der Teilnehmernummer für den Teilnehmer sowie der Kursnummer und dem Semesterkürzel für das Angebot. Da ein aus drei Attributen bestehender Primärschlüssel sehr unhandlich ist, wurde der künstliche PK mit der Bezeichnung »Anmeldenummer« eingeführt. Dieser ließe sich automatisch generieren.
- Das Attribut »Leiter« in der Tabelle mit den Sparten verweist als Fremdschlüssel auf die Mitarbeitertabelle. Sie sehen: ein Fremdschlüssel und der Primärschlüssel, auf den verwiesen wird, müssen nicht gleich benannt sein. Das Gleiche trifft auf das Attribut »Dozent« in der Angebotstabelle und das Attribut »Sparte« in der Kurstabelle zu.
- Das Attribut »Status« in der Mitarbeitertabelle gibt an, ob jemand Vollzeit oder Teilzeit beschäftigt ist oder freiberuflich Kurse hält (was die Regel sein wird).
- Das Attribut »Ermäßigung« gibt an, ob ein Teilnehmer das Recht auf den ermäßigten Kurspreis hat oder den Normalpreis bezahlen muss.

Die CREATE-TABLE-Befehle

Als letzter Schritt folgen die CREATE-TABLE-Befehle. Dabei stellt sich heraus, dass man nicht mit dem CREATE TABLE für die erste Tabelle Sparten des Relationenschemas beginnen kann, denn diese enthält einen Fremdschlüssel auf die Mitarbeitertabelle, die deshalb vorher erzeugt werden muss. Es bietet sich folgende Reihenfolge für die CREATE-TABLE-Befehle an:

1. Mitarbeiter
2. Sparten
3. Kurse
4. Semester
5. Angebote
6. Teilnehmer
7. Anmeldungen

```
CREATE TABLE Mitarbeiter
( PersonalNr   INTEGER GENERATED ALWAYS AS IDENTITY,
  Vorname      VARCHAR(20) NOT NULL,
  Name         VARCHAR(30) NOT NULL,
  Status       CHAR(8)
        CHECK(Status IN ('Vollzeit', 'Teilzeit', 'Honorar')),
  Telefon      VARCHAR(12),
  EMail        VARCHAR(30),
PRIMARY KEY (PersonalNr)
);
```

Die CHECK-Klausel beim Status stellt sicher, dass nur die gültigen Werte eingegeben werden können.

```
CREATE TABLE Sparten
( Kürzel         CHAR(5),
  Bezeichnung    VARCHAR(30) NOT NULL,
  Leiter         INTEGER,
PRIMARY KEY (Kürzel),
FOREIGN KEY (Leiter) REFERENCES Mitarbeiter (PersonalNr)
);

CREATE TABLE Kurse
( KursNr         NUMERIC(6),
  Bezeichnung    VARCHAR(30) NOT NULL,
  Sparte         CHAR(5),
PRIMARY KEY (KursNr),
FOREIGN KEY (Sparte) REFERENCES Sparten(Kürzel)
);
```

Das Attribut Sparte muss NULL-Werte zulassen, weil es sich um einen Fremdschlüssel mit den Kardinalitäten C:MC und nicht 1:MC handelt.

```
CREATE TABLE Semester
( Semesterkürzel CHAR(6),
  Bezeichnung    VARCHAR(20) NOT NULL,
  VON            DATE,
  BIS            DATE,
PRIMARY KEY (Semesterkürzel)
);

CREATE TABLE Angebote
( KursNr         NUMERIC(6) NOT NULL,
  Semesterkürzel CHAR(6) NOT NULL,
  Dozent         INTEGER NOT NULL,
  Wochentag      CHAR(2)
  CHECK(Wochentag IN ('Mo', 'Di', 'Mi', 'Do', 'Fr', 'Sa', 'So')),
  Uhrzeit        TIME,
  Dauer          NUMERIC(3) CHECK (Dauer >=45),
  Normalpreis    NUMERIC(5,2),
  Ermässigt      NUMERIC(5,2),
 CHECK(Ermässigt <= Normalpreis),
 PRIMARY KEY (KursNr, Semesterkürzel),
 FOREIGN KEY (KursNr) REFERENCES Kurse(KursNr),
 FOREIGN KEY (Semesterkürzel) REFERENCES Semester(Semesterkürzel),
 FOREIGN KEY (Dozent) REFERENCES Mitarbeiter(PersonalNr)
);
```

Zu beachten ist hierbei, dass sich der Primärschlüssel dieser Tabelle aus den beiden Attributen KursNr und Semesterkürzel zusammensetzt, von denen jedes für sich ein Fremdschlüssel ist. Die Prüfung, ob der ermäßigte Preis nicht größer als der Normalpreis ist, muss als Table-Constraint angegeben werden.

```
CREATE TABLE Teilnehmer
( TeilnehmerNr INTEGER GENERATED ALWAYS AS IDENTITY,
  Vorname      VARCHAR(20) NOT NULL,
  Name         VARCHAR(30) NOT NULL,
  Strasse      VARCHAR(30),
  PLZ          CHAR(5),
  Ort          VARCHAR(30),
  Telefon      CHAR(12),
  EMail        VARCHAR(30),
  Geburtstag   DATE NOT NULL,
  Ermässigung  CHAR(1)
        CHECK(Ermässigung='j' OR Ermässigung='n'),
PRIMARY KEY (TeilnehmerNr)
);
```

Wenn Ihr Datenbank-Managementsystem den Datentyp BOOLEAN kennt, hätten Sie den beim Attribut »Ermässigung« verwenden können.

```
CREATE TABLE Anmeldungen
( AnmeldeNr     INTEGER GENERATED ALWAYS AS IDENTITY,
  TeilnehmerNr  INTEGER NOT NULL,
  KursNr        NUMERIC(6) NOT NULL,
  Semesterkynürzel CHAR(6) NOT NULL,
  Anmeldedatum  DATE DEFAULT CURRENT_DATE,
PRIMARY KEY (AnmeldeNr),
FOREIGN KEY (TeilnehmerNr) REFERENCES Teilnehmer(TeilnehmerNr),
FOREIGN KEY (KursNr, Semesterkürzel)
       REFERENCES Angebote(KursNr, Semesterkürzel)
);
```

Beachten Sie, dass sich der zweite Fremdschlüssel aus den beiden Attributen KursNr und Semesterkürzel zusammensetzt.

Aufgaben

1. Der Abbildung 9.2 können Sie entnehmen, dass zwischen den Entitätstypen Fakultät und Mitarbeiter eine 1:C-Beziehung »Dekan« besteht.

Abbildung 9.2: ER-Diagramm zu Aufgabe 1

Ergänzen Sie die folgenden CREATE-TABLE- Befehle um diese Beziehung.

```
CREATE TABLE Fakultät
( Abkürzung              CHAR(3) PRIMARY KEY,
  Bezeichnung VARCHAR(30),
  …
);

CREATE TABLE Mitarbeiter
(PersonalNr   INTEGER PRIMARY KEY,
 Vorname      VARCHAR(20),
 Nachname     VARCHAR(30),
 …
);
```

2. Gegeben ist das folgende Relationenschema (siehe Aufgabe 3 von Kapitel 4)

   Länder(<u>Länderkennzeichen</u>, Ländername, Hauptstadt)

   zum Beispiel (D, Deutschland, Berlin)

   Pflanzen(<u>PflanzenID</u>, Name, FamilienID↑)

   zum Beispiel (1, Kartoffel, 100)

   Familien(<u>FamilienID</u>, Bezeichnung)

   zum Beispiel (100, Nachtschattengewächs)

   Vorkommen(<u>Länderkennzeichen, PflanzenID</u>)

   Zum Beispiel (D, 1)

   Erstellen Sie dafür die CREATE-TABLE-Befehle.

Teil III
Einfache SQL-Abfragen

IN DIESEM TEIL ...

- bekommen Sie als Vorbereitung auf die DML-Befehle einen Einblick, was Ausdrücke in SQL sind und welche Operatoren es gibt.
- erfahren Sie, wie man Daten in Tabellen speichern, ändern und löschen kann.
- lernen Sie, wie man mit einfachen Befehlen Daten in einer Tabelle abfragen kann.
- lernen Sie, wie man Tabellen einfach verknüpfen kann.
- gibt es zum Abschluss einige Übungen zum Thema Datenabfrage.
- werden die Namen SQL Server®, IBM DB2®, PostgreSQL®, Oracle® und MySQL® für Datenbank-Managementsysteme verwendet, deren Rechteinhaber die Firmen Microsoft Corp., IBM Corp., die PostgreSQL Community Association of Canada beziehungsweise die Oracle Corp. sind. Die Rechte des jeweiligen Zeicheninhabers sind zu beachten.

IN DIESEM KAPITEL

Was sind Ausdrücke und wie werden sie gebildet?

Operatoren für Standarddatentypen

Prädikate bei Abfragen

Kapitel 10
Ausdrücke, Operatoren und Prädikate

Sie wollen mit Ihren gespeicherten Daten natürlich arbeiten, insbesondere mit dem SELECT-Befehl abfragen. Dazu müssen Sie unter anderem Daten berechnen, verknüpfen und Bedingungen formulieren können. Bevor wir also auf die DML-Befehle eingehen, erfahren Sie einiges über Ausdrücke, Operatoren und Prädikate in SQL, mit denen so etwas geht.

Ausdrücke und Operatoren

Mithilfe von Operatoren können Sie zwei oder mehr Werte eines Datentyps kombinieren; das Ganze nennt man Ausdruck. Operatoren werden in der Regel durch ein Symbol dargestellt und verarbeiten zwei Argumente.

Wir beschränken uns hier auf die gängigen Operatoren für Zahlen, Zeichenketten und Datums- beziehungsweise Zeitwerte.

Numerische Ausdrücke

Numerische Werte können Sie mit den gängigen Operatoren für die Addition (+), Subtraktion (-), Multiplikation (*), Division (/) und Potenzieren (**) verknüpfen und daraus Ausdrücke bilden. Beispielsweise:

`12 + 21` ergibt 33

`Nettopreis * 1.19` ergibt, wenn Nettopreis = 100 ist, 119

Zeichenkettenausdrücke

Zeichenkettenausdrücke können Sie mit dem im SQL-Standard definierten Verkettungsoperator »||« bilden. Damit lassen sich mehrere Zeichenketten zu einer zusammenfassen.

`'Weihnachts' || 'mann'` ergibt `'Weihnachtsmann'`

Damit können Sie sehr einfach zwei Zeichenkettenattribute bei einem SELECT-Befehl verknüpfen.

```
SELECT Name || ', ' || Vorname FROM Kunden;
```

Bei MySQL sollten Sie statt des Operators »||« die Funktion CONCAT( ) nehmen. Und der SQL Server erlaubt zusätzlich den Operator »+« für die Verkettung von Zeichenketten.

Die vielfältigen Zeichenkettenfunktionen wie

- CONCAT
- LENGTH
- LOWER
- OVERLAY
- SUBSTRING
- TRIM
- UPPER

werden später noch behandelt.

Datums- und Zeitausdrücke

Mit einem Datum oder einer Zeit können Sie rechnen, beispielsweise einen Tag oder eine Stunde hinzuaddieren. Das kann wichtig werden, wenn Sie voneinander abhängige Termine speichern oder abfragen wollen.

```
SELECT CURRENT_DATE + 1;
SELECT CURRENT_TIME + INTERVAL '3 hours';
```

Prädikate und relationale Vergleichsoperatoren

Prädikate in SQL sind logische Aussagen, die als Ergebnis TRUE, FALSE oder NULL für unbekannt (unknown) liefern. Mit Vergleichsoperatoren lassen sich Prädikate bilden.

In Tabelle 10.1 finden Sie die sechs vorhandenen relationalen Vergleichsoperatoren mit zwei Argumenten.

Operator	Bedeutung	Beispiel
=	ist gleich	Wohnort = 'Berlin'
< > oder !=	ungleich	Wohnort <> 'Berlin'
<	kleiner	Preis < 100
>	größer	Preis > 100
<=	kleiner gleich	Preis <= 100
>=	größer gleich	Preis >= 100

Tabelle 10.1: Relationale Vergleichsoperatoren in SQL

Beachten Sie, dass als Ergebnis auch NULL herauskommen kann. Das ist der Fall, wenn einer der beiden Operanden den Wert NULL enthält. Beispielsweise bei dem Vergleich »Wohnort <> Lieferort«, wobei der Lieferort NULL ist.

Achten Sie außerdem beim Vergleich von Zeichenketten darauf, wie Ihr DBMS mit ungleich langen Zeichenketten umgeht (siehe auch Oracle: SQL Language Reference, Data Type Comparison Rules, `https://docs.oracle.com/en/database/oracle/oracle-database/19/sqlrf/Data-Type-Comparison-Rules.html`). Es gibt dafür zwei Möglichkeiten:

- ✔ Blank-padded Vergleichssemantik
- ✔ Nonpadded Vergleichssemantik

Im ersten Fall (blank-padded) wird der kürzere String am Ende bis zur Länge des längeren mit Leerzeichen aufgefüllt. Dann erfolgt der Vergleich. Im zweiten Fall (nonpadded) werden die Strings von links nach rechts Zeichen für Zeichen verglichen. Wenn am Ende des kürzeren Strings kein Unterschied festgestellt worden ist, gilt dieser als kleiner.

Mit PostgreSQL:

```
SELECT 'ABC' = 'ABC ';
```

Es wird »false« zurückgeliefert.

Mit Oracle:

```
SELECT 'T' FROM DUAL WHERE 'ABC' = 'ABC ';
```

Es wird »T« zurückgeliefert.

Logische Operatoren

Mit den beiden logischen Operatoren AND und OR können Sie gemäß Tabelle 10.2 und Tabelle 10.3 einfache Prädikate verknüpfen und komplexe Sachverhalte formulieren. Beachten Sie dabei, dass SQL mit TRUE, FALSE und NULL eine dreiwertige Logik hat.

AND	TRUE	FALSE	NULL
TRUE	TRUE	FALSE	NULL
FALSE	FALSE	FALSE	FALSE
NULL	NULL	FALSE	NULL

Tabelle 10.2: Das logische AND

OR	TRUE	FALSE	NULL
TRUE	TRUE	TRUE	TRUE
FALSE	TRUE	FALSE	NULL
NULL	TRUE	NULL	NULL

Tabelle 10.3: Das logische OR

Hinzu kommen noch die Negation (NOT) und die Abfrage auf NULL-Werte mit IS NULL beziehungsweise IS NOT NULL als einwertiges Prädikat gemäß Tabelle 10.4.

X	NOT X	X IS NULL	X IS NOT NULL
TRUE	FALSE	FALSE	TRUE
FALSE	TRUE	FALSE	TRUE
NULL	NULL	TRUE	FALSE

Tabelle 10.4: Negation und Abfrage auf NULL

Der Umgang mit NULL ist sicher am Anfang gewöhnungsbedürftig, aber Übung macht den Meister.

Vermeiden Sie die Verwendung von AND und OR zusammen mit Negationen. Das wird erfahrungsgemäß selten gleich am Anfang richtig.

Verwenden Sie bei einer Abfrage auf NULL nie das Gleichheitszeichen (=), denn dann kommt NULL heraus.

Abfragen auf NULL müssen mit »IS NULL« durchgeführt werden.

IN DIESEM KAPITEL

Speichern von Tupeln

Ändern von Tupeln

Löschen von Tupeln

Kapitel 11
Daten einfügen, ändern und löschen

Sie lernen in diesem Kapitel die drei DML-Befehle INSERT, UDPATE und DELETE kennen, mit denen Sie Tupel in eine Tabelle einfügen, sie ändern oder löschen können.

Überblick

Für einen einführenden Überblick, wie das Einfügen, Ändern und Löschen von Tupeln einer Datenbanktabelle funktioniert, betrachten wir die Tabelle 11.1.

PersonalNr	Name	Vorname	Abteilung	Gehalt
100101	Meier	Ben	IT	80000
100102	Abel	Yvonne	Verkauf	70000
222000	Schulz	Julius	IT	55000
222001	Schulz	Kai	Verkauf	65000
333001	Tesche	Julia	Einkauf	40000

Tabelle 11.1: Beispieltabelle für INSERT, UPDATE und DELETE

Sie können in diese Tabelle beispielsweise

- ✔ ein oder mehrere Tupel einfügen. Sie können aber nicht festlegen, dass ein Tupel zum Beispiel als zweite Zeile eingefügt wird, wie es bei Tabellenkalkulationsprogrammen möglich ist. Das liegt daran, dass Relationen Mengen sind, bei denen es keine festgelegte Reihenfolge der Tupel gibt. Unabhängig davon lassen sich aber mit der ORDER-BY-Klausel bei der Ausgabe Sortierreihenfolgen vorgeben.

- Es ist möglich, ein oder mehrere Tupel zu löschen, beispielweise den Mitarbeiter mit der PersonalNr 222001 oder alle Mitarbeiter der Abteilung »Verkauf«. Es können nur ganze Tupel gelöscht werden.
- Bei einem oder mehreren Tupeln können Sie Änderungen vornehmen, beispielweise den Mitarbeiter 222001 vom Verkauf in den Einkauf versetzen oder bei allen Mitarbeiterinnen und Mitarbeitern das Gehalt um 10 Prozent erhöhen.

Wie Sie das machen, erfahren Sie in den folgenden Abschnitten.

Daten mit INSERT einfügen

Wenn Sie Ihre Tabellen mit CREATE TABLE erfolgreich angelegt haben, sollen dort natürlich auch Tupel gespeichert werden. Das machen Sie mit dem Befehl INSERT, den es in drei Varianten gibt:

- Einfügen eines Tupels
- Einfügen mehrerer Tupel
- Einfügen von Tupeln aus einer anderen Tabelle

Einfügen eines Tupels

Die Syntax des Befehls zum Speichern eines Tupels lautet:

Syntax von INSERT (ein Tupel)

```
INSERT INTO <Tabelle> [(<Attributliste>)]
VALUES (<Werteliste>);
```

- <Tabelle> gibt dabei den Namen der Tabelle an, in die ein Tupel eingefügt werden soll.
- Die Attributliste spezifiziert nacheinander und jeweils durch ein Komma getrennt die Attribute, für die in der Werteliste Werte vorhanden sind. Für alle Attribute, für die NOT NULL angegeben ist, muss natürlich ein Wert vorhanden sein.
- Die Attributliste ist optional. Wird sie nicht angegeben, werden die Werte der Werteliste in der beim CREATE TABLE angegebenen Reihenfolge den Attributen zugewiesen.
- Falls nicht alle Spalten explizit in der Attributliste vorkommen, wird ihnen entweder ein NULL-Wert, ein optional vorhandener Default-Wert oder gegebenenfalls ein automatisch generierter Wert für eine Identity-Spalte zugewiesen.

- ✔ Das Format der Werte in der Werteliste muss zum Datentyp des jeweiligen Attributs passen, das heißt
  - Zeichenketten werden in einfache Hochkommata eingeschlossen.
  - Zahlen werden ohne Hochkommata geschrieben.
  - Datumsangaben werden im Format des DBMS in Hochkommata eingeschlossen.

```
INSERT INTO Semester (Bezeichnung, Semesterkürzel, Von, Bis)
VALUES ('Sommersemester 2024', 'SoSe2024', '2024-03-01',
'2024-08-31');
INSERT INTO Semester
VALUES ('WS2024', 'Wintersemester 2024', '2024-09-01',
'2025-02-28');
```

Einfügen mehrerer Tupel

Es ist möglich, hinter dem Schlüsselwert VALUES mehrere Wertelisten anzugeben. Allerdings ist das gegebenenfalls DBMS-spezifisch. MySQL, PostgreSQL und SQL Server bieten das wie hier beschrieben an.

Syntax von INSERT (mehrere Tupel)

```
INSERT INTO <Tabelle> [(<Attributliste>)]
VALUES (<Werteliste_1>), (<Werteliste_2>), … (<Werteliste_n>);
```

```
INSERT INTO Mitarbeiter (Vorname, Name, Status, Telefon, EMail)
VALUES
('Rudi', 'Ratlos', 'Teilzeit', '015011122233','rr@mail.com'),
('Beate', 'Schön', 'Vollzeit', '015122233311', 'BeSch@web.de');
```

Ein »SELECT * FROM Mitarbeiter« liefert dann

PersonalNr	Vorname	Name	Status	Telefon	Email
1	Rudi	Ratlos	Teilzeit	015011122233	rr@mail.com
2	Beate	Schön	Vollzeit	015122233311	BeSch@web.de

Sie sehen, dass die Personalnummer automatisch vergeben worden ist, wie beim CREATE TABLE angegeben. Ein INSERT mit angegebener PersonalNr, wie etwa

```
INSERT INTO Mitarbeiter VALUES
(13, 'Peter', 'Schlaumann', 'Honorar', '040333999', 'PSchlau@net.com');
```

führt, je nach DBMS, zu einer Fehlermeldung der Art

```
Kann keinen Wert außer DEFAULT in Spalte »personalnr« einfügen.
```

Bei Oracle war bis Version 21c allerdings mit »INSERT ALL« eine andere Syntax notwendig, die hier aber nicht erläutert werden soll. Sehen Sie gegebenenfalls in der Dokumentation nach.

Einfügen von Tupeln aus einer anderen Tabelle

Eine weitere Möglichkeit besteht darin, mit einem SELECT-Befehl Tupel aus einer anderen, bereits bestehenden Tabelle zu übertragen.

Syntax von INSERT (Tupel aus einer anderen Tabelle)

```
INSERT INTO <Tabelle> [(<Attributliste>)]
<SELECT-Befehl>;
```

```
INSERT INTO Mitarbeiter (PersonalNr, Vorname, Name, Status)
SELECT PersonalNr, Vorname, Name, Status FROM Personen
WHERE Status IN ('Vollzeit', 'Teilzeit', 'Honorar');
```

Aus der Tabelle »Personen« werden von allen Tupel, bei denen der Status entweder »Vollzeit«, »Teilzeit« oder »Honorar« ist, die PersonalNr, der Vorname, der Name und der Status in die Mitarbeitertabelle übertragen. Die Telefonnummer und die E-Mail-Adresse bekommen, da nicht angegeben, den Wert NULL.

Automatische Schlüsselzuweisung mit SEQUENCE

Mithilfe einer SEQUENCE können Sie automatisch fortlaufende, ganzzahlige numerische Schlüsselwerte erzeugen und diese beim INSERT einem Schlüsselattribut zuweisen. Im Gegensatz zu einer Schlüsselgenerierung mit der IDENTITY-Option beim CREATE TABLE ist eine SEQUENCE ein eigenständiges Datenbankobjekt, das auch für mehrere Tabellen verwendet werden kann.

Syntax von CREATE SEQUENCE

```
CREATE SEQUENCE <Sequence> [START WITH n1] [INCREMENT BY n2];
```

Es gibt neben START und INCREMENT noch weitere Optionen, die hier aber nicht besprochen werden sollen. Für das Erzeugen neuer Schlüsselwerte für eine SEQUENCE steht die Funktion NEXTVAL (next value) zur Verfügung, den aktuellen Wert einer SEQUENCE können Sie mit CURRVAL (current value) abfragen. Allerdings unterstützen nicht alle DBMS die Erstellung einer SEQUENCE und außerdem ist die Syntax DBMS-abhängig und nicht einheitlich.

Bei Oracle schreiben Sie

```
<Sequence>.NEXTVAL und <Sequence>.CURRVAL
```

Bei PostgreSQL heißt es dagegen

```
NEXTVAL('<Sequence>') und CURRVAL('<Sequence>')
```

```
CREATE TABLE TestTabelle
( Id     INTEGER  PRMARY KEY,
  Text   VARCHAR(10)
);
CREATE SEQUENCE TestSeq;
INSERT INTO TestTabelle
VALUES (TestSeq.NEXTVAL, 'Neuer Wert');
```

beziehungsweise

```
INSERT INTO TestTabelle VALUES (NEXTVAL('TestSeq'), 'Neuer Wert');
```

Daten mit UPDATE ändern

Natürlich bietet SQL auch die Möglichkeit, gespeicherte Daten zu ändern.

Syntax des UPDATE-Befehls

```
UPDATE <Tabelle> SET <Zuweisungsliste> [WHERE <Filter>];
```

- Auf UPDATE folgt die Bezeichnung der Tabelle, bei der Tupel geändert werden sollen.
- Die Zuweisungsliste legt fest, welche Attribute der Tabelle welchen neuen Wert erhalten sollen. In der einfachsten Form besteht sie aus Ausdrücken der Art <Attribut> = <Ausdruck>.
- Der Aufbau der WHERE-Klausel entspricht dem in der SELECT-Anweisung. Damit wird festgelegt, welche Tupel der Tabelle geändert werden sollen.
- Wenn die WHERE-Klausel fehlt, werden alle Tupel geändert.

Rudi Ratlos hat eine neue Telefonnummer.

```
UPDATE Mitarbeiter SET Telefon = '0150111222999'
WHERE Vorname = 'Rudi' AND Name = 'Ratlos';
```

Der Status aller freiberuflich tätigen Mitarbeiter wird von »Honorar« auf »Extern« geändert.

```
UPDATE Mitarbeiter SET Status = 'Extern'
WHERE Status = 'Honorar';
```

Daten mit DELETE löschen

Gelegentlich müssen Sie auch Daten löschen, zum Beispiel damit nicht unnötig Speicherplatz belegt wird und die Performance ihres Datenbanksystems leidet.

Syntax des DELETE-Befehls

```
DELETE [FROM] <Tabelle> [WHERE <Filter>];
```

- <Tabelle> spezifiziert, aus welcher Tabelle Tupel gelöscht werden sollen.
- Durch den Filter werden die Bedingungen festgelegt, welche Tupel das sein sollen.
- Man kann nur ganze Tupel und keine einzelnen Spaltenwerte löschen.
- Wird die WHERE-Klausel weggelassen, werden alle Tupel der Tabelle gelöscht.

Rudi Ratlos hat gekündigt.

```
DELETE FROM Mitarbeiter
WHERE Vorname = 'Rudi' AND Name = 'Ratlos';
```

Der Befehl `DELETE FROM Mitarbeiter`, also ohne WHERE-Klausel, hat unerwartete Nebenwirkungen.

Es könnten nicht nur alle Mitarbeiter gelöscht werden, sondern auch alle Sparten, die diesen Sparten zugeordnete Kurse, deren Kursangebote und die Anmeldungen dazu. Das ist dann der Fall, wenn bei den Fremdschlüsseln, mit denen diese Tabellen miteinander verknüpft sind, die Option ON DELETE CASCADE angegeben ist. Vielleicht erinnern Sie sich?

Also, Vorsicht!

```
CREATE TABLE Delete_master
( ID1    INTEGER PRIMARY KEY,
  TEXT   CHAR(10),
);

CREATE TABLE Delete_slave
( ID2    INTEGER PRIMARY KEY,
  Datum  DATE,
  ID1    INTEGER,
FOREIGN KEY (ID1) REFERENCES Delete_master (ID1) ON DELETE CASCADE
) ;

INSERT INTO Delete_master VALUES
(1, 'hallo'),
(2, 'guten Tag');

INSERT INTO DELETE_slave VALUES
(1, '2025-02-02', 1),
(2, '2024-10-26', 1),
(3, '2025-03-20', 2),
(4, '2025-03-20', 2),
(5, '2024-12-24', NULL);

DELETE FROM Delete_Master;
```

Ein nach dem Löschen folgender `SELECT * FROM Delete_slave` liefert dann das Ergebnis

```
1, 2024-12-24, NULL
```

Übrigens: Der folgende INSERT in die Tabelle Delete_slave führt zu einer Fehlermeldung (aber das sollten Sie eigentlich schon wissen).

```
INSERT INTO Delete_slave VALUES (6, '2024-12-24', 3);
```

Weil es ein Tupel mit ID1=3 in der Tabelle Delete_master nicht gibt, ist die Fremdschlüsselbedingung verletzt. Sie erhalten eine Fehlermeldung.

Aufgaben

Schreiben Sie die SQL-Befehle für folgende, sich auf Tabelle 11.1 beziehende Aufgabenstellungen:

1. Julia Tesche, PersonalNr 333001, bekommt eine Gehaltserhöhung von 2.000 Euro.
2. Kai Schulz, PersonalNr 222001, hat das Unternehmen verlassen.
3. Als seine Nachfolgerin wird Kim Nguyen eingestellt, sie bekommt die PersonalNr 222002 und erhält wegen ihrer sehr guten Qualifikation 70.000 Euro pro Jahr.

IN DIESEM KAPITEL

SELECT … FROM … WHERE …

Festlegung der auszugebenden Daten

Filtern von Daten

Kapitel 12
Einfache Abfragen erstellen

In diesem Kapitel lernen Sie, einfache Abfragen zu erstellen. Dazu müssen Sie wissen:

- ✔ Wie kann ich Daten filtern, also Zeilen auswählen?
- ✔ Wie werden Spalten für die Ausgabe ausgewählt?
- ✔ Wie lässt sich die Formatierung der Ausgabe an meine Anforderungen anpassen?

Komplexe und evtl. geschachtelte Abfragen lernen Sie später kennen.

Der SELECT-Befehl

Mit SELECT können Sie eine oder auch mehrere Tabellen abfragen. Es ist der mit Abstand am häufigsten verwendete Befehl von SQL.

Der einfache SELECT-Befehl

Syntax von SELECT

```
SELECT <Attributliste> FROM <Tabelle> [ ,<Tabelle>]*
[WHERE <Filter>];
```

- ✔ Die Attributliste enthält die Spalten oder daraus berechnete Werte, die Sie ausgegeben haben möchten.
- ✔ Hinter dem Schlüsselwort FROM folgt die Tabelle, in der die Spalten enthalten sind.

- Es ist aber auch möglich, Attribute aus mehreren Tabellen abzufragen. Diese werden dann mit Komma getrennt hinter FROM aufgelistet.
- Am Ende folgt der optionale Filter, mit dem Sie spezifizieren, von welchen Tupeln der Tabelle die Attributwerte ausgegeben werden sollen.
- Und wenn Sie den Filter weglassen? Dann werden alle Tupel der Tabelle ausgegeben.

In der Abbildung 12.1 ist dieser Zusammenhang grafisch dargestellt.

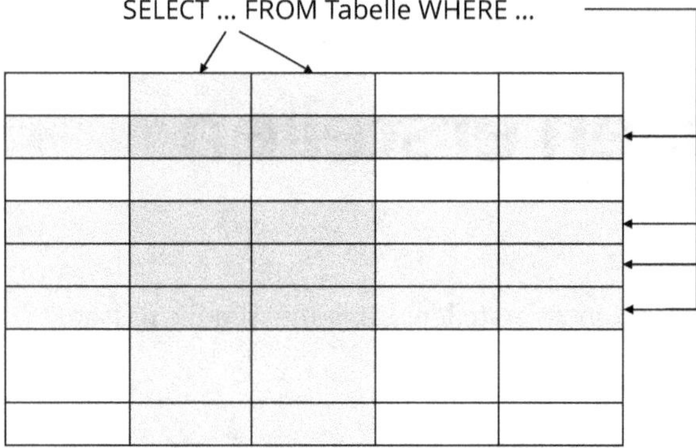

Abbildung 12.1: Der SELECT-Befehl

Bei dem Filterausdruck zur Tupelauswahl handelt es sich um Prädikate, die Sie mit logischen Operatoren verknüpfen können.

Gefragt sind der Vorname und Name derjenigen Mitarbeiter, die in Vollzeit angestellt sind.

```
SELECT Vorname, Name FROM Mitarbeiter WHERE Status = 'Vollzeit';
```

Und die in Vollzeit arbeitenden Mitarbeiter aus Berlin erhalten Sie so:

```
SELECT Vorname, Name FROM Mitarbeiter
WHERE Status = 'Vollzeit'
AND Wohnort = 'Berlin';
```

Zur Wiederholung dieser Begriffe siehe Kapitel 10.

Beispiele für Prädikate sind:

- Status = 'Vollzeit'
- Status = 'Vollzeit' OR Status = 'Teilzeit'
- Status NOT = 'Extern'
- Normalpreis >= 100 AND Normalpreis <= 200
- Normalpreis = Ermässigt

Wenn Sie *alle* Attribute einer Tabelle anzeigen möchten, müssen Sie diese nicht explizit in der Attributliste aufzählen. Dafür können Sie das Sternchen »*« benutzen.

```
SELECT * FROM Mitarbeiter;
```

Das ist der kürzeste SELECT-Befehl, den Sie eingeben können.

Die Operatoren IN und BETWEEN

Der BETWEEN-Operator wählt Werte innerhalb eines Bereichs aus, wobei die Grenzwerte eingeschlossen sind.

Statt `Normalpreis >= 100 AND Normalpreis <= 200` schreiben Sie einfach

```
Normalpreis BETWEEN 100 AND 200
```

Mit dem IN-Operator können Sie einen Attributwert daraufhin abfragen, ob er in einer Liste von Werten enthalten ist.

Statt `Status = 'Vollzeit' OR Status = 'Teilzeit'` schreiben Sie einfach

```
Status IN ('Vollzeit', 'Teilzeit')
```

Abfrage auf NULL

Gelegentlich wollen Sie wissen, ob bei einem Tupel ein Attribut einen NULL-Wert enthält oder nicht. Die Abfrage dazu lautet:

```
IS NULL
```

Sie wollen die Mitarbeiter wissen, bei denen keine Telefonnummer gespeichert ist:

```
SELECT Vorname, NAME FROM Mitarbeiter WHERE Telefon IS NULL;
```

Die Abfrage auf »= `NULL`« führt nicht zum richtigen Ergebnis, wie das folgende Beispiel zeigt:

```
CREATE TABLE NullTest
( Id     INTEGER PRIMARY KEY,
  Text1  VARCHAR(10) NOT NULL,
  Text2  VARCHAR(10)
);

INSERT INTO NullTest VALUES
(1, 'ABC', 'nicht NULL'),
(2, 'DEF', NULL),
(3, 'GHI', 'nicht NULL');
```

Die Abfrage

```
SELECT * FROM NullTest WHERE Text2 = NULL;
```

liefert eine leere Ergebnismenge zurück. Das liegt daran, dass das Filterprädikat beim zweiten Tupel NULL zurückliefert und nicht TRUE.

Dagegen führt

```
SELECT * FROM NullTest WHERE Text2 IS NULL;
```

zum richtigen Ergebnis. Es wird das zweite Tupel (2, 'DEF', NULL) ausgegeben.

Der LIKE-Operator

Gelegentlich wissen Sie bei der Suche nach Zeichenketten nicht die genaue Schreibweise wie etwa bei den Namen »Meier« und »Meyer«. In solchen Fällen hilft der LIKE-Operator, mit dem Sie nach bestimmten Mustern in einer Tabellenspalte suchen können. Dafür stehen zwei sogenannte »Wildcards« als Platzhalter für Textteile zur Verfügung:

- Das Prozentzeichen »%« für kein, ein oder mehrere beliebige Zeichen.
- Der Unterstrich »_« für genau ein Zeichen.

Sie können also mit

```
SELECT Vorname, Name FROM Teilnehmer WHERE NAME LIKE 'Me_er';
```

nach allen Teilnehmern suchen, deren Name mit 'Me' anfängt, gefolgt von einem beliebigen Zeichen, gefolgt von 'er'.

Und wenn Sie alle Teilnehmer suchen, deren Wohnort mit »burg« aufhört, schreiben Sie

```
SELECT Vorname, Name FROM Teilnehmer WHERE Wohnort LIKE '%burg';
```

Natürlich können Sie mehrere LIKE-Operatoren mit den booleschen Operatoren AND, OR oder NOT verknüpfen. Das kann aber leicht unübersichtlich werden.

Benutzen Sie den LIKE-Operator bitte nur, wenn er erforderlich ist.

SELECT-Abfragen der Art

```
SELECT Name, Vorname FREOM Teilnehmer WHERE Wohnort LIKE 'Kiel';
```

sollten Sie nicht verwenden. Das ist zwar syntaktisch korrekt und liefert auch das richtige Ergebnis, nämlich die Teilnehmer, die in Kiel wohnen, ist aber schlechter Stil.

So gestalten Sie die Ausgabe

Sortieren mit ORDER BY

Mit der Option ORDER BY, die am Ende des SELECT-Befehls optional angefügt werden kann, können Sie die Sortierreihenfolge der Ausgabe beeinflussen.

Folgende Angaben sind dabei erforderlich:

- ✔ Nach welchen Attributen soll sortiert werden?
- ✔ Soll die Sortierung aufsteigend (das ist der Standard, wenn nichts angegeben wird) oder absteigend erfolgen?

Gehen wir von der Kundentabelle in Tabelle 12.1 aus:

KundenNr	Vorname	Name	Wohnort	Umsatz
1001	Peter	Meier	Berlin	5000
1002	Petra	Nerd	Berlin	4000
1003		Baumann	Köln	3000
1004	Peter	Meier	München	4000
1005	Julia	Meier	München	5000
1006	Olaf	Schulz	Berlin	1000
1007	Julius	Abel	Dresden	5000
1008	Carola	Bebel	Dresden	6000
1009	Anna	Marnova	Frankfurt	3000

Tabelle 12.1: Beispieltabelle für ORDER BY

Bei einem einfachen `SELECT * FROM Kunden` werden die einzelnen Tupel in der Reihenfolge ausgegeben, wie sie gespeichert sind; also völlig unsortiert.

Sie möchten die Daten nach Name und Vorname aufsteigend sortiert ausgeben?

```
SELECT * FROM Kunden ORDER BY Name, Vorname;
```

In diesem Fall ist der Name das Hauptsortierkriterium und der Vorname dazu untergeordnet, was bedeutet, dass die Tupel bei gleichem Namen nach dem Vornamen sortiert werden.

Die Daten sollen nach Name aufsteigend und bei gleichen Namen nach Umsatz absteigend sortiert werden.

```
SELECT * FROM Kunden ORDER BY NAME ASC, Umsatz DESC;
```

Und wie sieht es bei einer Sortierung nach Vorname aus?

```
SELECT * FROM Kunden ORDER BY Vorname ASC;
```

Die übliche Ausgabe dazu wäre der Kunde 1003 wegen des NULL-Werts bei Vornamen am Anfang, gefolgt von den restlichen Tupeln in aufsteigender Reihenfolge der Vornamen. Es gibt aber auch Datenbank-Managementsysteme, die das gerade umgekehrt machen und den Kunden 1003 als letzten anzeigen.

Wenn es sich nicht um einen SELECT * FROM … mit einem ORDER BY handelt, machen Sie sich über die Reihenfolge der Ausgabeattribute Gedanken. Oft bietet es sich an, den Primärschlüssel als Erstes auszugeben.

Spalten umbenennen

Vielleicht gefallen Ihnen die Spaltenüberschrift »KundenNr« oder »Umsatz« nicht? Das lässt sich ändern. Schreiben Sie in der Ausgabeliste nach dem Schlüsselwort SELECT hinter dem jeweiligen Attribut ein Synonym, das dann bei der Ausgabe angezeigt wird. In der Datenbank wird dabei nichts geändert.

```
SELECT Name, Vorname, KundenNr Kundennummer, Umsatz Gesamtumsatz
FROM Kunden ORDER BY Name ASC, Vorname DESC;
```

Name	Vorname	Kundennummer	Gesamtumsatz
Abel	Julius	1007	5000
Baumann		1003	3000
Bebel	Carola	1008	6000
Marnova	Anna	1009	3000
Meier	Peter	1001	5000
Meier	Peter	1004	4000
Meier	Julia	1005	5000
Nerd	Petra	1002	4000
Schulz	Olaf	1006	1000

Falls Ihre gewünschte Spaltenüberschrift aus mehreren Worten besteht oder unzulässige Zeichen enthält, müssen Sie die neue Bezeichnung in Doppelhochkommata einschließen.

```
CREATE TABLE Kontakte
( Vorname      VARCHAR(20),
  NName        VARCHAR(30),
  Gebdat       DATE
);
```

```
SELECT Vorname, NName Nachname, Gebdat "Datum der Geburt"
FROM Kontakte;
```

Vorname	Nachname	Datum der Geburt
…	…	…

Bei der Reihenfolge der Ausgabeattribute sollten Sie sich an der gewünschten Aussage des SELECT-Befehls orientieren. Zum Beispiel gehören Schlüsselattribute und Attribute, nach denen sortiert wird, üblicherweise an den Anfang. Numerische Daten wie beispielsweise Preise oder Mengen stehen in der Regel nach den Schlüsselattributen.

Anzahl der Ausgabezeilen beschränken

Gelegentlich möchten Sie nicht alle Tupel anzeigen lassen, die der WHERE-Klausel genügen, sondern nur einige. Zum Beispiel, wenn Ihre Tabelle sehr viele Tupel enthält oder Sie bei einer absteigenden Sortierung nur die ersten Tupel haben möchten. Für solche Fälle stehen Optionen zur Verfügung, die aber leider bei den verschiedenen Datenbank-Managementsystemen teilweise unterschiedlich implementiert sind.

Sie möchten wissen, welche vier Kunden den höchsten Umsatz haben?

- Beim SQL Server schreiben Sie:

```
SELECT TOP 4 KundenNr, Name, Vorname, Umsatz
FROM Kunden ORDER BY Umsatz;
```

- MySQL verwendet stattdessen die LIMIT-Option:

```
SELECT KundenNr, Name, Vorname, Umsatz
FROM Kunden ORDER BY Umsatz LIMIT 4;
```

- Und bei Oracle, DB2 und PostgreSQL schreiben Sie:

```
SELECT KundenNr, Name, Vorname, Umsatz
FROM Kunden ORDER BY Umsatz FETCH FIRST 4 ROWS ONLY;
```

Das Ergebnis ist immer gleich:

KundenNr	Name	Vorname	Umsatz
1008	Bebel	Carola	6000
1007	Abel	Julius	5000
1001	Meier	Peter	5000
1005	Meier	Julia	5000

Eliminierung von Duplikaten

Wenn Sie den Primärschlüssel nicht mit ausgeben, kann es sein, dass einzelne Zeilen bei der Ausgabe doppelt angezeigt werden. Das ist beispielsweise bei der alleinigen Ausgabe von Name und Vorname der Fall. In diesem Fall hilft die DISTINCT-Option, die Sie vor die Liste der Ausgabeattribute einfügen.

```
SELECT DISTINCT Vorname, Name FROM Kunden;
```

Dann wird der Name Peter Meier nur einmal ausgegeben.

Der CASE-Operator

Mit CASE können Sie bei Ihren SQL-Ausgaben eine Fallunterscheidung einführen.

Die Syntax sieht so aus:

```
CASE
WHEN <Bedingung_1> THEN <Ergebnis_1>
WHEN <Bedingung_2> THEN <Ergebnis_2>
…
WHEN  <Bedingung_n> THEN <Ergebnis_n>
[ELSE <Ergebnis_sonst>]
END
```

Bei der Ausführung werden die einzelnen Bedingungen der Reihe nach durchgegangen. Von der ersten Bedingung, die zutrifft, wird dann die zugehörige Aktion ausgeführt. Wenn keine Bedingung zutrifft und ein optionaler ELSE-Zweig vorhanden ist, wird dessen Aktion ausgeführt.

Mit CASE können Sie sehr elegant eine Klassifikation ansonsten numerischer Ausgabewerte durchführen.

Statt des Umsatzes in Tabelle 12.1 wollen Sie ausgeben, ob er niedrig (< 3000), mittel (zwischen 3000 und unter 5000) oder hoch (>=5000) ist.

```
SELECT Name, Vorname, (CASE
                       WHEN Umsatz < 3000 THEN 'niedrig'
                       WHEN Umsatz < 5000 THEN 'mittel'
                       ELSE 'hoch')
FROM Kunden ORDER BY Name ASC, Vorname DESC;
```

Name	Vorname	Umsatz
Abel	Julius	hoch
Baumann		mittel
Bebel	Carola	hoch
Marnova	Anna	mittel
Meier	Peter	hoch
Meier	Peter	mittel
Meier	Julia	hoch
Nerd	Petra	mittel
Schulz	Olaf	niedrig

Aufgaben

Die folgenden Aufgaben beziehen sich auf das Datenbankschema von Kapitel 9.

1. Geben Sie die Vornamen und Namen aller Teilnehmer aus.
2. Geben Sie die Vornamen und Namen aller Teilnehmer aus, die einen Doppelnamen besitzen, der mit »Meier-« anfängt.
3. Welche Kurse sind keiner Sparte zugeordnet?
4. Geben Sie die Teilnehmer aus, die nicht mit Vornamen »Benjamin« *oder* nicht mit Namen »Blümchen« heißen.
5. Geben Sie bei der Tabelle »Angebote« statt der Abkürzung den Langtext für den Wochentag aus.

IN DIESEM KAPITEL

Funktionen für numerische Attribute

Funktionen für Zeichenkettenattribute

Funktionen für Attribute vom Typ Zeit, Datum oder Intervall

Kapitel 13
Mit Funktionen arbeiten

Sie erfahren in diesem Kapitel, welche Funktionen SQL bereitstellt, um für ein Attribut, also die Spalte einer Tabelle, Werte zu berechnen oder Attributwerte bei der Abfrage oder Ausgabe zu modifizieren. Wo Sie bei einem SELECT-Befehl Funktionen einsetzen können, zeigt die Abbildung 13.1.

Berechnete oder modifizierte Werte ausgeben → SELECT ...

Modifizierte Werte abfragen → WHERE ...

SELECT ... FROM ... WHERE ...

Abbildung 13.1: Verwendung von SQL-Funktionen

Weil diese Funktionen vom jeweiligen Datentyp ihres Arguments abhängen, auf das sie angewandt werden, besprechen wir sie nacheinander für numerische, Zeichenketten- und Datums-/Zeitdatentypen.

Hier werden die gängigen Funktionen vorgestellt, von denen ich denke, dass sie von Interesse sind. Sehen Sie bei Bedarf in der Dokumentation ihres Datenbank-Managementsystems nach, ob es Besonderheiten in der Implementierung oder zusätzliche, hier nicht erwähnte, spezielle Funktionen gibt.

Numerische Funktionen

Für numerische Datentypen kann man die zur Verfügung stehenden Funktionen nochmals in zwei Gruppen unterteilen:

1. Mengenfunktionen
2. Wertfunktionen

Mit Mengenfunktionen können Sie die Werte eines numerischen Attributs bei der Ausgabe zusammenfassen (beispielsweise zählen). Die Funktion wird dabei auf die durch die WHERE-Klausel ausgewählten Tupel angewandt; wenn Sie diese weglassen, also auf alle Tupel der jeweiligen Relation.

Mit Wertfunktionen lassen sich aus numerischen Attributwerten andere berechnen.

Numerische Mengenfunktionen

Diese Funktionen sollen anhand der Beispieltabelle Tabelle 13.1 erläutert werden. Sie enthält Artikeldaten, insbesondere den Lagerbestand und den Preis.

ArtikelNr	Bezeichnung	Artikelgruppe	Bestand	Preis
100	Milch	LM	20	1.20
101	Schokolade	LM	30	2.00
102	Saft		30	2.50
103	Müsli	LM	10	2.00
201	Shampoo	KP		3.00
202	Zahncreme	KP	25	3.00
203	Deo	KP	20	2.00

Tabelle 13.1: Artikeltabelle

Das Attribut Artikelgruppe enthält dabei die Warengruppe, der der jeweilige Artikel zugeordnet ist; LM steht für Lebensmittel und KP für Körperpflege. Ferner sehen Sie, dass der Artikel 102 aktuell keiner Gruppe zugeordnet ist und dass für den Artikel 201 der Lagerbestand unbekannt, also NULL ist.

Zur Erinnerung: Dies ist der Befehl zum Anlegen der Tabelle.

```
CREATE TABLE Artikel
( ArtikelNr     NUMERIC(3) PRIMARY KEY,
  Bezeichnung   VARCHAR(20) NOT NULL,
  Artikelgruppe CHAR(2),
  Bestand       NUMERIC(3),
  Preis         NUMERIC(4,2)
 );
```

COUNT

Mit der Funktion COUNT können Sie Tupel zählen und sich diese Anzahl ausgeben lassen. In der einfachsten Form lautet sie

```
SELECT COUNT(*) FROM Artikel;
```

Diese Funktion liefert als Ergebnis 7, weil alle Tupel gezählt werden. Das Symbol »*« als Argument der COUNT-Funktion steht dabei für »alle Tupel«.

Äquivalent dazu wäre der Befehl

```
SELECT COUNT(ArtikelNr) FROM Artikel;
```

Weil die Artikelnummer Primärschlüssel ist, hat jedes Tupel eine andere Nummer.

Die Anzahl der Artikel in der Gruppe KP wird durch folgenden Befehl ermittelt:

```
SELECT COUNT(ArtikelNr) FROM Artikel
WHERE Artikelgruppe = 'KP';
```

Als Ergebnis erhalten Sie 3.

Der Befehl

```
SELECT COUNT(Artikelgruppe) FROM Artikel;
```

liefert als Ergebnis 6, weil der Saft wegen des NULL-Wertes in der Artikelgruppe nicht mitgezählt wird.

Es werden also nicht die verschiedenen Artikelgruppen gezählt, sondern die Anzahl der Tupel, die einen von NULL unterschiedlichen Wert haben. Generell werden NULL-Werte bei der Count-Funktion nicht mitgezählt.

Mit dem Parameter DISTINCT bei der Funktion COUNT können Sie die Anzahl der unterschiedlichen Werte eines Attributs ermitteln. Wenn Sie also die Anzahl der verschiedenen Artikelgruppen wissen wollen, schreiben Sie

```
SELECT COUNT(DISTINCT Artikelgruppe) FROM Artikel;
```

Als Ergebnis erhalten Sie 2.

SUM

Die SUM-Funktion summiert die Werte eines numerischen Attributs. Tupel mit NULL-Werten werden dabei ignoriert.

Wenn das nicht so wäre, käme NULL heraus, denn wenn Sie zu einer Zahl einen unbekannten Wert addieren, ist das Ergebnis ebenfalls unbekannt.

Die Bestandssumme aller Artikel erhalten Sie mit dem Befehl

```
SELECT SUM(Bestand) FROM Artikel;
```

Das Ergebnis lautet 135. Als Argument können Sie auch einen numerischen Ausdruck verwenden, beispielsweise »SUM(Menge * Preis)«.

Als SQL-Programmierer sind Sie selber für die Sinnhaftigkeit Ihres SQL-Befehls verantwortlich. Beispiel:

```
SELECT SUM(ArtikelNr) FROM Artikel;
```

Dieser Befehl wird problemlos ausgeführt, weil die Artikelnummer numerisch ist, und liefert 1012 als Ergebnis; ist aber natürlich unsinnig.

AVG

Die AVG-Funktion (AVG steht für Average) liefert den Durchschnittswert einer Spalte. Auch hier werden NULL-Werte ignoriert. Den durchschnittlichen Lagerbestand erhalten Sie folgendermaßen:

```
SELECT AVG(Bestand) FROM Artikel;
```

Das Ergebnis ist 22.5.

Im Prinzip könnten Sie auf die Idee kommen, die Frage nach dem durchschnittlichen Lagerbestand Ihrer Artikel auch ohne die AVG-Funktion zu beantworten:

```
SELECT SUM(Bestand)/Count(*) FROM Artikel;
```

Leider ist das Ergebnis dieses SQL-Befehls (gerundet) 19.29. Wenn Sie sich noch mal die Tabelle 13.1 und die Wirkungsweise der Funktionen SUM und COUNT ansehen, sollte klar sein, warum das so ist.

MIN

Mit der MIN-Funktion ermitteln Sie den kleinsten Wert einer Spalte.

```
SELECT MIN(Preis) FROM Artikel;
```

Das Ergebnis ist erwartungsgemäß 1.2.

Sie wollen wissen, welcher Artikel am billigsten ist? Ihre naheliegende Idee ist:

```
SELECT Bezeichnung, MIN(Preis) FROM Artikel;
```

Leider gibt dieser SQL-Befehl eine Fehlermeldung der Art »keine Gruppenfunktion für Einzelgruppe« oder ein falsches Ergebnis zurück. Grund ist, dass Sie mit `SELECT Bezeichnung FROM Artikel` alle Artikelbezeichnungen erhalten, während `SELECT MIN(Preis) FROM Artikel` nur den kleinsten Preis aller Artikel ermittelt. Die Verknüpfung beider Abfrageergebnisse liefert also nicht die Bezeichnung des Artikels mit dem kleinsten Preis.

Ich will Sie nicht auf die Folter spannen:

```
SELECT Bezeichnung, Preis FROM Artikel
WHERE Preis = (SELECT Min(Preis) FROM Artikel);
```

löst das Problem; das Ergebnis ist »Milch 1.2«. Dabei handelt es sich um eine Unterabfrage (Englisch Subquery), die in einem späteren Kapitel noch ausführlich behandelt wird.

MAX

Das Gegenstück von MIN ist die MAX-Funktion. Hiermit können Sie den größten Wert einer numerischen Spalte ermitteln, beispielweise

```
SELECT MAX(Preis) FROM Artikel;
```

Das Ergebnis ist 3. Für die MAX-Funktion gelten dieselben Regeln wie für MIN.

Numerische Mengenfunktionen können Sie in der Ausgabeliste nach SELECT nur ohne weitere Attribute verwenden; es sei denn, Sie gruppieren die Daten mit GROUP BY. Aber das besprechen wir erst in Kapitel 15.

Beispielsweise erhalten Sie bei dem zugegebenermaßen nicht besonders sinnvollen Befehl `SELECT Bezeichnung, COUNT(*) FROM Artikel` die schon oben erwähnte Fehlermeldung der Art »keine Gruppenfunktion für Einzelgruppe«.

Numerische Wertfunktionen

Diese Gruppe von Funktionen lässt sich auf einzelne Attributwerte als Argument anwenden. Sie können sie sowohl hinter SELECT in der Ausgabeliste als auch in der WHERE-Klausel verwenden (siehe Abbildung 13.1). Im Einzelnen handelt es sich um folgende Funktionen:

- Absolutwert
- kleinster oder größter Wert
- Modulo-Funktion
- Logarithmus
- Exponentialfunktion
- Quadratwurzel
- Trigonometrische Funktionen
- Abrundungsfunktion
- Aufrundungsfunktion

ABS

Die Funktion ABS berechnet den Absolutwert einer Zahl.

`SELECT ABS(-3)` ist 3.

LEAST und GREATEST

Diese beiden Funktionen geben den kleinsten beziehungsweise größten Wert aus einer Liste von Werten aus.

`SELECT LEAST ('A', 'B', 'C')` gibt 'A' zurück.

Das Ergebnis von `SELECT GREATEST(1, 2, 3)` ist 3.

Eine gute Anwendung der Funktion GREATEST( ) ist eine Gehaltserhöhung. Sie soll 10 Prozent, aber mindestens 500 Euro sein.

```
… SET Gehalt = Gehalt + GREATEST(500, Gehalt * 0.1)
```

MOD

Die Modulo-Funktion MOD hat zwei Parameter (x, y) und gibt den Rest zurück, der sich ergibt, wenn eine Zahl x durch eine Zahl y ganzzahlig dividiert wird. Beide Zahlen x und y müssen ganzzahlig sein.

`SELECT MOD(9, 4)` gibt 1 zurück, denn 9 durch 4 ist 2 Rest 1.

LOG beziehungsweise LN

Die Logarithmusfunktion LOG hat ebenfalls zwei Parameter (x, y) und liefert den Logarithmus zur Basis x einer Zahl y zurück, wobei $x > 1$ und $y > 0$ gelten muss.

`SELECT LOG(10, 100)` gibt 2 zurück, weil der Logarithmus zur Basis 10 von 100, also $LOG_{10}(100) = 2$ ist.

Für den natürlichen Logarithmus zur Basis $e \approx 2.71828$ gibt es die spezielle Schreibweise LN.

`SELECT LN(100)` ergibt (gerundet) 4.60517

POWER beziehungsweise EXP

Das Gegenstück zur Logarithmusfunktion ist die Exponentialfunktion POWER mit den beiden Parametern x als Basis und y als Exponent.

`SELECT POWER (10, 2)` gibt als Ergebnis $10^2 = 100$ zurück.

Weil LOG und POWER Umkehrfunktionen sind, gilt Folgendes:

`SELECT LOG(10, POWER(10, 2))` ergibt wiederum 2.

Wie bei der Logarithmusfunktion gibt es für die Exponentialfunktion mit der Basis e eine abgekürzte Schreibweise. Beispielweise

`EXP(2)` für `POWER(2.71828182846, 2)`.

SQRT

Die Funktion SQRT berechnet die Quadratwurzel einer Zahl ≥ 0.

`SELECT SQRT(9)` gibt 3 zurück, weil $\sqrt{9} = 3$.

SIN und Co.

Die trigonometrischen Funktionen Sinus, Cosinus, Tangens und so weiter sind ebenfalls in SQL verfügbar. Parameter ist ein Winkel, angegeben im Bogenmaß.

`SELECT SIN(3.14159265359)` ergibt näherungsweise 0, weil $\sin(\pi) = 0$ ist.

Schön, dass es diese Funktionen seit Kurzem in SQL gibt. Ich habe sie allerdings bisher nicht vermisst.

FLOOR

Mit der FLOOR-Funktion wird eine Zahl auf die nächstniedrigere ganze Zahl abgerundet.

`SELECT FLOOR(3.14)` liefert als Ergebnis 3.

Sie können schreiben:

```
SELECT Bezeichnung, FLOOR(Preis) FROM Artikel;
```

Das Ergebnis davon lautet:

Bezeichnung	Preis
Milch	1
Schokolade	2
Saft	2
Müsli	2
Shampoo	3
Zahncreme	3
Deo	2

Folgendes ist aber auch möglich:

```
SELECT Bezeichnung, Preis FROM Artikel WHERE FLOOR(Preis) = 2;
```

Das Ergebnis ist

Bezeichnung	Preis
Schokolade	2
Saft	2.5
Müsli	2
Deo	2

CEIL

Die CEIL-Funktion (ceiling) rundet auf die nächsthöhere ganze Zahl auf.

`SELECT CEIL(3.14)` liefert als Ergebnis 4.

Das Beispiel von FLOOR klappt mit der CEIL-Funktion entsprechend nur mit dem aufgerundeten Preis von 3 für den Saft.

ROUND

Mit der ROUND-Funktion können Sie Zahlen auf eine gewünschte Anzahl von Nachkommastellen auf- oder abrunden. Sie hat zwei Parameter:

1. Die Spalte mit den zu rundenden Werten
2. Die Anzahl der Nachkommastellen, auf die gerundet werden soll.

Wenn die erste nicht signifikante Stelle nach dem Dezimalkomma kleiner oder gleich vier ist, wird abgerundet. Bei einem Wert gleich oder größer fünf wird aufgerundet.

`SELECT ROUND(3.14159265359, 2)` liefert als Ergebnis 3.14.

`SELECT ROUND(3.14159265359, 3)` liefert als Ergebnis 3.142.

Bei einigen Datenbank-Managementsystemen wie zum Beispiel PostgreSQL können Sie die ROUND-Funktion benutzen, um bei der Ausgabe auch Nullen nach dem Dezimaltrennzeichen anzuzeigen.

`SELECT Bezeichnung, ROUND(Preis, 2) FROM Artikel` zeigt alle Preise mit zwei Nachkommastellen (zwei Stellen nach Dezimalpunkt) an.

Bezeichnung	Preis
Milch	1.20
Schokolade	2.00
Saft	2.50
Müsli	2.00
Shampoo	3.00
Zahncreme	3.00
Deo	2.00

Probieren Sie es aus.

Funktionen für Zeichenketten

Zur Manipulation oder Abfrage von Zeichenketten gibt es eine Reihe von Spezialfunktionen. Dies sind insbesondere:

- ✔ Verbindung zweier Zeichenketten
- ✔ Extraktion von Teilen einer Zeichenkette

- Ersetzung eines Teils einer Zechenkette durch eine andere
- Umwandlung in Großbuchstaben
- Umwandlung in Kleinbuchstaben
- Elimination von Leerzeichen am Anfang oder Ende einer Zeichenkette
- Ausgabe der Länge einer Zeichenkette
- Ermittlung der Position einer Teilzeichenkette

Die ersten Funktionen liefern eine Zeichenkette als Ergebnis zurück. Nur die letzten beiden haben eine (natürliche) Zahl als Ergebnis.

Funktionen zur Manipulation von Zeichenketten

CONCAT

Mit der Funktion CONCAT(*String1*, *String2*, ...) kann man Zeichenketten zu einer verbinden. Das ermöglicht es zum Beispiel, die Daten zweier Attribute vom Typ CHAR oder VARCHAR zu einer Zeichenkette zusammenzufügen.

```
SELECT CONCAT('Weihnachts', 'mann');
```

Alternativ zu CONCAT kann man bei einigen Datenbank-Managementsystemen wie Oracle oder PostgreSQL auch den Operator »||« verwenden. Beispielsweise für die Verkettung der Attribute Vor- und Nachname von Tabelle 13.1.

```
SELECT Vorname || ' ' || Name FROM Kunden;
```

Wichtig dabei ist, zwischen dem Vornamen und dem Nachnamen ein Leerzeichen einzufügen, weil sonst keine Lücke dazwischen wäre.

SUBSTR

Die Substring-Funktion SUBSTR(*String*, *Startposition* [, *Länge*]) extrahiert einen Teil einer Zeichenkette. Der erste Parameter ist die Zeichenkette, woraus ein Teil extrahiert werden soll. Der zweite gibt die Startposition an und der dritte, optionale Parameter die Länge des Teils (wenn er fehlt, wird alles von der Startposition bis zum Ende extrahiert).

`SELECT SUBSTR('Bahnhof', 1, 4)` liefert 'Bahn' ab.

SUBSTR und CONCAT lassen sich auch zusammen verwenden. Wenn Sie beispielsweise den ersten Buchstaben des Vornamens mit dem Nachnamen verbinden wollen, etwa »P. Meier«, schreiben Sie

```
SELECT CONCAT(SUBSTR(Vorname, 1, 1), '. ', Name) FROM Kunden;
```

oder, wie bei Oracle,

```
SELECT SUBSTR(Vorname, 1, 1) || '. ' || Name FROM Kunden;
```

Bei einigen Datenbank-Managementsystemen wie PostgreSQL und MySQL können Sie statt SUBSTR auch SUBSTRING schreiben. Vielleicht finden Sie das lesbarer.

OVERLAY

Mit der Funktion OVERLAY(*String* REPLACING *Neuer_Teilstring* POSITION *Start* [FOR *Länge*]) können Sie in einer Zeichenkette ab einer bestimmten Position den folgenden Teilstring durch einen neuen ersetzen. Wenn die optionale Läge fehlt, wird der gesamte restliche String ab der Startposition ersetzt.

`SELECT OVERLAY('Donald Duck' PLACING 'Trump' FROM 8)` liefert als neue Zeichenkette 'Donald Trump' ab.

`SELECT OVERLAY('Bahnhofsuhr' PLACING 'steig' FROM 5 FOR 4)` liefert als neue Zeichenkette 'Bahnsteiguhr' ab.

Nicht alle Datenbank-Managementsysteme unterstützen diese SQL-Funktion. In diesem Fall müssen Sie OVERLAY durch eine Kombination von SUBSTR und CONCAT simulieren.

```
CONCAT(SUBSTR('Bahnhofsuhr', 1, 4), 'steig', SUBSTR('Bahnhofsuhr',
9, 3));
```

UPPER und LOWER

Gelegentlich wollen Sie Text in Groß- oder Kleinbuchstaben umwandeln. Dafür können Sie die Funktionen UPPER(*String*) und LOWER(*String*) verwenden.

`SELECT UPPER('Donald')` liefert als neue Zeichenkette 'DONALD' ab.

Und bei `SELECT LOWER('Donald')` erhalten Sie 'donald'.

Vor allem bei der Abfrage von Zeichenketten in der WHERE-Klausel sind diese Funktionen sehr hilfreich, denn Sie machen unabhängig von der individuellen Schreibweise von beispielsweise Namen, Orten oder E-Mail-Adressen.

```
SELECT Vorname, Name FROM Kunden
WHERE LOWER(Email) = 'info@gmx.de';
```

LTRIM und RTRIM

Mit den beiden Funktionen LTRIM(*String*) und RTRIM(*String*) können Sie führende oder abschließende Leerzeichen eliminieren.

`SELECT LTRIM(' Donald')` gibt 'Donald' zurück und mit `SELECT RTRIM('Donald ')` erhalten Sie ebenfalls 'Donald'.

Das kann, wie bereits bei UPPER und LOWER gesagt, in der WHERE-Klausel wichtig sein.

Universeller, allerdings auch komplexer ist die TRIM-Funktion.

```
TRIM( [{ LEADING | TRAILING | BOTH }] [ Trim_Zeichen ] FROM ]
String )
```

Hiermit können Sie am Anfang (LEADING), am Ende (TRAILING) oder am Anfang und Ende (BOTH, der Default-Wert) ein beliebiges Trim-Zeichen eliminieren. Wenn kein Trim-Zeichen angegeben ist, wird das Leerzeichen angenommen.

`SELECT TRIM(BOTH FROM ' Donald ')` gibt 'Donald' zurück;

`SELECT TRIM(BOTH '*' FROM '*Donald*')` ebenfalls.

Alternativ könnten Sie aber auch Folgendes schreiben:

```
SELECT LTRIM(RTRIM('*Donald*');
```

Längen- und Positionsfunktion von Zeichenketten

LENGTH

Vielleicht wollen Sie wissen, wie lang eine Zeichenkette ist? Dafür gibt es in SQL die Funktion LENGTH(*String*).

`SELECT LENGTH('Donald Duck')` gibt 11 zurück,

`SELECT LENGTH('Donald Duck ')` 12.

Leerzeichen am Ende werden also mitgezählt.

Welche Kunden haben einen Nachnamen, der länger als 10 Zeichen ist?

```
SELECT Vorname, Name FROM Kunden WHERE LENGTH(Name) > 10;
```

POSITION

Es ist auch möglich, die Position einer Teilzeichenkette in einer (längeren) Zeichenkette zu bestimmen. Dafür gibt es im SQL-Standard die Funktion POSITION(*Substring* IN *String*).

`SELECT POSITION('Duck' IN 'Donald Duck')` ergibt 8.

Wenn der Substring nicht in dem String vorkommt, wird 0 zurückgegeben. Wenn er mehrfach dort vorkommt, dessen erste Position. Das heißt, `SELECT POSITION('Duck' IN 'Donald Duck Duck')` ergibt ebenfalls 8.

Bei Oracle heißt diese Funktion INSTR(*String, Substring*). Sie hat also auch eine leicht abgewandelte Syntax.

```
SELECT INSTR('Donald Duck', 'Duck') FROM DUAL;
```

Zur Erinnerung: Oracle verlangt für eine korrekte Syntax die Angabe von FROM DUAL.

INSTR hat allerdings eine erweiterte Funktionalität wie etwa eine Rückwärtssuche, die Sie durch zwei zusätzliche, hier nicht erwähnte Parameter nutzen können.

Funktionen für Datum und Zeit sowie Intervalle

Datums- und Zeitfunktionen

Es gibt eine ganze Reihe von Datums- und Zeitfunktionen, sodass es nicht sinnvoll ist, Sie im Kontext dieses Buches alle aufzulisten. Deshalb folgen hier nur die wichtigsten.

EXTRACT

Eine oft verwendete Datums- und Zeitfunktion ist EXTRACT(*Part* FROM *Date/Time*), womit Sie einzelne Teile eines Attributs vom Typ DATE, DATETIME oder TIME wie beispielsweise das Jahr oder die Stunde extrahieren können. Als Teile gibt es:

- ✔ Year
- ✔ Month
- ✔ Day
- ✔ Hour
- ✔ Minute
- ✔ Second

`SELECT EXTRACT(YEAR FROM CURRENT_DATE)` gibt das aktuelle Jahr zurück.

Weitere DBMS-abhängige Felder wie beispielsweise Woche oder Timezone_Hour sind möglich. Das sollten Sie bei Bedarf in der Dokumentation nachlesen.

Sie möchten alle Bestellungen des Jahres 2024 ausgegeben haben:

```
SELECT BestellNr, KundenNr, Bestelldatum FROM Bestellungen
WHERE EXTRACT(YEAR FROM Bestelldatum) = 2024;
```

DATE, DAY, HOUR und Co.

Einzelne Datenbank-Managementsysteme wie MySQL stellen zusätzlich zur EXTRACT-Funktion spezielle Funktionen zum Auslesen von Teilen eines Datums, einer Zeit oder eines Zeitstempels zur Verfügung. Das sind etwa

- DATE für die Auswahl des Datums aus einem Zeitstempel (Datentyp TIMESTAMP)
- DAY für das Auslesen des Tages aus einem Datum
- DAYNAME für die Anzeige des Wochentags
- HOUR für das Auslesen der Stunde aus einem Zeit-Attribut

```
SELECT DAYNAME(CURRENT_DATE);
```

Ergebnis: Sunday.

Mit einem Datum rechnen

Sie können mit einem Datum sogar rechnen und mit den Operatoren »+« oder »-« zu einem Datum Tage hinzuaddieren oder subtrahieren.

`SELECT CURRENT_DATE + 1` liefert das morgige Datum.

TO_CHAR und TO_DATE

Manchmal möchten Sie ein Datum in eine Zeichenkette konvertieren und umgekehrt und dabei das Format wählen können. Auch dafür gibt es Funktionen, die beispielsweise von Oracle oder PostgreSQL bereitgestellt werden. Sie heißen

- TO_CHAR(*Date, Format*)
- TO_DATE(*String, Format*)

Die in Hochkommata eingeschlossene Formatangabe legt fest, wie das Datum konvertiert werden soll, beispielsweise DD.MM.YYYY oder YYYY-MM-DD. Folgende Formatierungsangaben sind möglich:

- DD für den Tag
- MM für den Monat
- Mon für den abgekürzten Monat (oder mon beziehungsweise MON für den Monat in Klein- oder Großbuchstaben)
- YYYY für das vierstellige Jahr
- YY für das zweistellige Jahr
- HH für Stunden

- MM für Minuten
- SS für Sekunden
- Day für den Wochentag (oder day beziehungsweise DAY für den Wochentag in Klein- oder Großbuchstaben).

`SELECT TO_CHAR(CURRENT_DATE, 'DD. Mon. YY')` liefert beispielsweise die Zeichenkette '17. Dez. 24' zurück.

`SELECT TO_DATE('12172024', 'MMDDYYYY')` gibt das Datum 17.12.2024 zurück.

Intervallfunktionen

Mit Zeitintervallen können Sie genau so rechnen wie mit einem Datum. Die üblichen Zeitintervalle sind:

- YEAR TO MONTH
- DAY TO SECOND

So können Sie vom heutigen Tagesdatum 1 Jahr und 2 Monate abziehen:

```
SELECT CURRENT_DATE - INTERVAL '1-2' YEAR TO MONTH;
```

Einige Datenbank-Managementsysteme wie beispielsweise PostgreSQL bieten noch weitere Möglichkeiten. Neben der Funktion `NOW()` kann man dort auch individuelle Zeiträume addieren oder subtrahieren.

```
SELECT NOW(), NOW() + INTERVAL '1 YEAR 5 HOURS 20 MINUTES';
```

Prüfen Sie bei Bedarf, ob Ihr DBMS Vergleichbares unterstützt.

OVERLAPS

Mit dieser Funktion können Sie feststellen, ob sich zwei Zeitintervalle überlappen. Ein Zeitintervall lässt sich entweder mit Startzeit und Endzeit oder als Startzeit und Dauer angeben.

Beispielsweise liefern

```
SELECT   (TIME '15:00:00', INTERVAL '2' HOUR)
         OVERLAPS
         (TIME '14:30:00', INTERVAL '1' HOUR);
```

und

```
SELECT   (TIME '9:00:00', TIME '9:30:00')
         OVERLAPS
         (TIME '9:15:00', TIME '9:35:00');
```

beide TRUE zurück, weil sich die Zeiträume überlappen. Bei

```
SELECT   (TIME '9:00:00', TIME '10:00:00')
         OVERLAPS
         (TIME '10:15:00', INTERVAL '3' HOUR)
```

ist das nicht der Fall, das ergibt FALSE.

Mit OVERLAPS können Sie auch prüfen, ob ein Datum in einem Zeitintervall enthalten ist:

```
SELECT     (DATE '2024-06-15', INTERVAL '5' DAY)
           OVERLAPS
           (Date '2024-06-16', INTERVAL '1' Day);
```

hat als Ergebnis TRUE.

In SQL:2011 wurde die Möglichkeit zur Definition von temporalen Tabellen eingeführt. Mit der Option `PERIOD FOR <Zeitperiode> (Start, Ende)` bei CREATE TABLE, wobei Start und Ende zwei Attribute vom Typ DATE oder TIME darstellen, lassen sich Zeitperioden definieren und mit CONTAINS oder OVERLAPS abfragen. Obwohl schon älter, ist diese Funktionalität allerdings nicht bei allen relationalen DBMS implementiert.

Näheres dazu finden Sie in Kulkari/Michels: Temporal features in SQL:2011, in: SIGMOD Record, September 2012 (Vol. 41, No. 3), `https://sigmodrecord.org/publications/sigmodRecord/1209/pdfs/07.industry.kulkarni.pdf` oder Schwinn: Oracle Database und Temporal Validity, `https://blogs.oracle.com/coretec/post/oracle-database-und-temporal-validity`.

Funktionen für NULL-Werte

In der Regel ist es störend, wenn NULL-Werte ausgegeben werden. Es sieht besser aus, wenn stattdessen ein Leerzeichen, eine Null oder ein Hinweistext auf einen fehlenden Wert erscheint. Außerdem kann mit NULL nicht sinnvoll gerechnet werden, denn beispielsweise ergibt NULL + … immer NULL. In diesen Fällen helfen die beiden Funktionen COALESCE( ) und NVL( ), was für Null-Value steht.

COALESCE

Die Funktion COALESCE(<Parameter1>, <Parameter2>, …) gibt den ersten Wert aus der Parameterliste aus, der nicht NULL ist. Wenn allerdings alle Argumente NULL ergeben, wird doch NULL ausgegeben. Damit ist diese Funktion mit folgender CASE-Anweisung identisch:

```
CASE
WHEN Parameter1 IS NOT NULL THEN Parameter1,
WHEN Parameter2 IS NOT NULL THEN Parameter2,
WHEN … IS NOT NULL THEN …
ELSE NULL;
```

Dazu ein Beispiel. Gegeben sei eine Tabelle »Namen« mit erstem und zweitem Vornamen und dem Nachnamen.

```
CREATE TABLE Namen
( ErsterVorname          VARCHAR(20),
  ZweiterVorname         VARCHAR(20),
  Nachname               VARCHAR(20)
);

INSERT INTO Namen VALUES('John', 'Fitzgerald', 'Kennedy');
INSERT INTO Namen VALUES('Donald', NULL, 'Duck');
INSERT INTO Namen VALUES('Robert', 'Louis', 'Stevenson');
```

Die Verkettung der Namen kann – DBMS-abhängig – bei Donald Duck NULL ergeben, weil dieser keinen zweiten Vornamen hat.

```
SELECT CONCAT(ErsterVorname, ' ', ZweiterVorname, ' ', Nachname)AS
gesamterName FROM Namen;

gesamterName
John Fitzgerald Kennedy
NULL
Robert Louis Stevenson
```

Dies wurde mit MySQL getestet und dort so ausgegeben. Bei Oracle sieht es anders aus: Dort wird der fehlende zweite Vorname durch ein Leerzeichen ersetzt; und PostgreSQL gibt »Donald Duck« aus.

Mit COALESCE können Sie erzwingen, dass ein fehlender zweiter Vorname beispielsweise durch ein Fragezeichen ersetzt wird.

```
SELECT CONCAT(ErsterVorname, ' ', COALESCE(ZweiterVorname, '?'), ' ',
Nachname) AS gesamterName FROM Namen;

gesamterName
John Fitzgerald Kennedy
Donald ? Duck
Robert Louis Stevenson
```

NVL und Co.

Einige DBMS, wie zum Beispiel Oracle, unterstützen auch diese Funktion. Sie ersetzt einen NULL-Wert bei einem Attribut durch einen anderen Wert.

```
NVL(<Attribut>, <Ersatzwert>)
```

Auch hier wieder das Beispiel mit den zwei Vornamen:

```
SELECT ErsterVorname, NVL(ZweiterVorname, ' '), Nachname FROM Namen;
```

```
ErsterVorname   ZweiterVorname   Nachname
John            Fitzgerald       Kennedy
Donald                           Duck
Robert          Louis            Stevenson
```

Bei MySQL heißt das IFNULL( ) und beim SQL Server ISNULL( ).

Aufgaben

Die folgenden Aufgaben beziehen sich auf die Tabelle 13.2, die Artikelbestellungen mit Menge und Bestelldatum von Kunden enthält.

BestellNr	Vorname	Name	Artikel	Menge	Bestelldatum
1	Ben	Schulze	1001	1	21.10.2024
2	Ben	Schulze	1003	2	12.12.2024
3	Julia	Meier	1001	1	17.11.2024
4	Julia	Meier	1005	1	29.12.2024
5	Tom	Adams	1001	4	03.01.2025
6	Britta	König	1003	2	03.01.2025
7	Britta	König	1006	1	17.04.2025
8	Isabell	Lustig	1002	1	18.04.2025
9	Piet	Lustig	1005	2	19.04.2025
10	Julia	Meier	1001	1	22.05.2025

Tabelle 13.2: Tabelle Bestellungen

1. Wie viele Bestellungen gibt es insgesamt?
2. Wie hoch ist die Gesamtbestellmenge des Artikels 1001?
3. Wie viele Artikel wurden im Jahr 2024 bestellt?
4. Wie hoch ist die größte Bestellmenge des Artikels 1003?
5. Geben Sie den ersten Buchstaben des Vornamens, dann einen Punkt gefolgt vom Namen der Kunden in Großbuchstaben aus.
6. Welche Bestellungen gibt es im Zeitintervall 15.12.2024 bis 10.01.2025?

IN DIESEM KAPITEL

Mengenoperationen mit Tabellen

Fremdschlüssel zur Verknüpfung von Tabellen

Ein Beispiel

Kapitel 14 Abfragen über mehrere Tabellen

Sie werden schnell merken, dass es nicht ausreicht, nur die Daten jeweils einer Tabelle abfragen zu können. Natürlich können Sie Tabellen bei Abfragen verknüpfen; dies erfolgt über die WHERE-Klausel und wird als »Join« bezeichnet.

Mengenoperationen mit SELECT-Ergebnissen

Um mehrere Tabellen verknüpfen zu können, ist es möglich, die SELECT-Ergebnisse zweier Abfragen mit Mengenoperationen zu verknüpfen. Dafür stehen folgende Mengenoperationen zur Verfügung:

- UNION
- UNION ALL
- INTERSECT
- MINUS

Wichtige Voraussetzung für die Mengenoperationen ist, dass die beiden Ausgangsmengen vereinigungsverträglich sind. Das bedeutet:

- Die Anzahl der Spalten muss gleich sein.
- Die Datentypen der jeweiligen ersten Spalten, der zweiten Spalten und so weiter müssen identisch oder zumindest kompatibel sein.

Denn Sie können natürlich nicht Äpfel mit Birnen vergleichen.

Für die folgenden Beispiele gehen wir von Tabelle 14.1 mit Daten über Filialen und Tabelle 14.2 mit Kundendaten aus.

FilialNr	Strasse	Ort	Leiter
1	Bergstrasse	Hamburg	Jennifer
2	Bahnhofstrasse	Hannover	Benjamin
3	Seestrasse	Fulda	Josef
4	Talstrasse	München	Hang

Tabelle 14.1: Tabelle Filialen

KundenNr	Name	Ort	Geburtsdatum
10	Bruno	Hamburg	01.01.2000
11	Jusuf	Kiel	17.03.1990
12	Yvonne	Hamburg	17.05.1996
13	Lisa	Hannover	28.04.1991
14	Paula	Hannover	23.12.2001
15	Marie	München	28.11.1999
16	Paul	Köln	27.10.1998

Tabelle 14.2: Tabelle Kunden

Die Vereinigung mit UNION und UNION ALL

UNION bildet die Vereinigung zweier Tabellen beziehungsweise Ergebnismengen von SELECT-Befehlen. Dabei werden die Tupel der ersten Menge mit denen der zweiten zu einer Gesamtmenge zusammengefasst. Duplikate werden dabei eliminiert. UNION ALL unterscheidet sich von UNION dadurch, dass Duplikate mehrfach ausgegeben werden. Der UNION-Befehl lautet:

```
SELECT <Ergebnismenge1> FROM … [WHERE …]
UNION
SELECT <Ergebnismenge2> FROM … [WHERE …]
```

Natürlich müssen die beiden Ergebnismengen vom Datentyp vereinigungsverträglich sein, denn Sie können natürlich nicht die Vereinigung eines Datums mit einer ganzen Zahl bilden.

Sie erhalten alle Orte, in denen es Filialen gibt oder in denen Kunden wohnen, mit

```
SELECT Ort FROM Filialen
UNION
SELECT Ort FROM Kunden;
```

Statt

```
SELECT Ort FROM Filialen
UNION
SELECT Ort FROM Kunden;
```

können Sie auch Folgendes schreiben:

```
SELECT Ort FROM Filialen
UNION DISTINCT
SELECT Ort FROM Kunden;
```

Das Ergebnis dieser Abfrage ist

```
ORT
Fulda
Hamburg
Hannover
Kiel
Köln
München
```

Sie sehen, dass jeder Ort nur einmal ausgegeben wird. Wenn Sie Duplikate beibehalten wollen, müssen Sie UNION ALL verwenden.

```
SELECT Ort FROM Filialen
UNION ALL
SELECT Ort FROM Kunden;
```

```
ORT
Hamburg
Hannover
Fulda
München
Hamburg
Kiel
Hamburg
Hannover
Hannover
München
Köln
```

Hier werden die Orte der beiden Tabellen allerdings nur der Reihe nach aufgelistet; erst die der ersten und dann die der zweiten Tabelle.

Die Verwendung von ALL kann manchmal notwendig sein, um keine Informationen zu verlieren. Wenn Sie beispielsweise zwei Tabellen

Festangestellte_Mitarbeiter(<u>PersonalNr</u>, Vorname, Name)

Freie_Mitarbeiter(PersonalNr, Vorname, Name)

haben, davon die Vereinigung bilden und es eine Mitarbeiterin gibt, die erst freie Mitarbeiterin war und dann festangestellt, ginge diese Information verloren.

UNION CORRESPONDING

Sie können die Tupel zweier Tabellen aber auch mit dem Schlüsselwort CORRESPONDING BY zusammenfassen. Die Vereinigungsmenge beschränkt sich dann auf die aufgelisteten Attribute.

```
SELECT Ort FROM Filialen
UNION CORRESPONDING BY (Ort)
SELECT Ort FROM Kunden;
```

Die auf CORRESPONDING BY folgenden und mit runden Klammern eingeschlossenen Attribute müssen natürlich in beiden Tabellen vorkommen.

CORRESPONDING können Sie auch mit ALL und bei den folgenden Mengenoperationen INTERSECT und MINUS verwenden.

Den Durchschnitt mit INTERSECT bilden

INTERSECT bildet den Durchschnitt der ersten mit der zweiten Menge. Es werden also alle Tupel ausgegeben, die in beiden vorkommen.

Die Orte, in denen Kunden wohnen und eine Filiale vorhanden ist, erhalten Sie mit

```
SELCT Ort FROM Kunden
INTERSECT
SELECT Ort FROM Filialen;
```

```
ORT
Hamburg
Hannover
München
```

Die Mengendifferenz mit MINUS berechnen

MINUS gibt die Tupel der ersten Menge aus, die nicht gleichzeitig auch in der zweiten vorkommen.

Wenn Sie beispielsweise wissen wollen, in welchen Orten Kunden wohnen, wo es aber keine Filiale gibt, schreiben Sie

```
SELCT Ort FROM Kunden
MINUS
SELECT Ort FROM Filialen;
```

```
ORT
Kiel
Köln
```

Umgekehrt erhalten Sie alle Orte mit einer Filiale, aber ohne dort wohnende Kunden mit

```
SELECT Ort FROM Filialen
MINUS
SELECT Ort FROM Kunden;
```

```
ORT
Fulda
```

Im Gegensatz zu UNION und INTERSECT ist MINUS also nicht kommunikativ.

Zu Beginn dieses Abschnitts haben Sie schon erfahren, dass die beiden Teilabfragen von UNION, UNION ALL, INTERSECT und MINUS vereinigungsverträglich sein müssen. Folgendes geht also nicht (und ergibt auch keinen Sinn):

```
SELECT * FROM Kunden
UNION
SELECT * FROM Filialen;
```

Hier erhalten Sie eine Fehlermeldung der Art »`expression must have same datatype as corresponding expression`«. Denn der Datentyp des Geburtsdatums stimmt nicht mit dem des Filialleiters überein.

Wann sollte oder kann man in SQL Mengenoperationen verwenden?

- ✔ Sie haben eine komplexe Abfrage und wollen diese in einfachere zerlegen.
- ✔ Die Beschreibung der Abfrage enthält Worte wie »vereinigt mit« oder »aber nicht«.
- ✔ Es soll explizit der Durchschnitt oder die Vereinigung zweier Tupelmengen gebildet werden.

Der Join über die WHERE-Klausel

Eine zweite, weitaus mächtigere Möglichkeit zur Verknüpfung mehrerer Tabellen bei einer SELECT-Abfrage besteht darin, sie direkt hinter FROM anzugeben und darüber zu verknüpfen.

Mit dem Begriff »Join« wird in SQL die Verknüpfung zweier oder mehrerer Tabellen bezeichnet. Dafür gibt es zwei Möglichkeiten:

- ✔ Ein Join über die WHERE-Klausel, den wir im Folgenden besprechen. Dafür sind keine weiteren speziellen Sprachelemente notwendig.
- ✔ Die explizite Verwendung von Join-Operatoren, was später noch erläutert wird.

Zur Einführung gehen wir von den zwei Tabellen Tabelle 14.3 mit Artikelgruppen und Tabelle 14.4 mit den zugeordneten Artikeln aus.

Artikelgruppe	Gruppenbezeichnung
GE	Getränke
SK	Süssigkeiten
GW	Gewürze
TK	Tiefkühlkost

Tabelle 14.3: Tabelle Artikelgruppen

ArtikelNr	Bezeichnung	Preis	Gruppe
101	Apfelsaft	2.00	GE
102	Mineralwasser	1.00	GE
103	Schokolade	2.00	SK
104	Kekse	3.00	SK
105	Pizza	3.00	TK
106	Lachs	8.00	TK
107	Gemüse	2.00	TK
108	Rubbellos	1.00	null

Tabelle 14.4: Tabelle Artikel

Jetzt wollen wir beispielweise die Artikel, die weniger als drei Euro kosten, mit der jeweiligen Gruppenbezeichnung haben.

Ein erster Ansatz wäre:

```
SELECT Bezeichnung, Preis, Gruppe, Gruppenbezeichnung
FROM Artikel, Artikelgruppen
WHERE Preis < 3;
```

Als Ergebnis erhalten Sie:

Bezeichnung	Preis	Gruppe	Gruppenbezeichnung
Apfelsaft	2	GE	Getränke
Apfelsaft	2	GE	Süssigkeiten
Apfelsaft	2	GE	Gewürze
Apfelsaft	2	GE	Tiefkühlkost
Mineralwasser	1	GE	Getränke
Mineralwasser	1	GE	Süssigkeiten
Mineralwasser	1	GE	Gewürze
Mineralwasser	1	GE	Tiefkühlkost
Schokolade	2	SK	Getränke
Schokolade	2	SK	Süssigkeiten

Schokolade	2	SK	Gewürze
Schokolade	2	SK	Tiefkühlkost
Gemüse	2	TK	Getränke
Gemüse	2	TK	Süssigkeiten
Gemüse	2	TK	Gewürze
Gemüse	2	TK	Tiefkühlkost
Rubbellos	1	null	Getränke
Rubbellos	1	null	Süssigkeiten
Rubbellos	1	null	Gewürze
Rubbellos	1	null	Tiefkühlkost

Das ist eindeutig falsch! Denn es wurde jeder infrage kommende Artikel mit jeder der vier Artikelgruppen verknüpft und nicht nur mit seiner! Außerdem wird das Rubbellos mit angezeigt, dass aber keiner Artikelgruppe zugeordnet ist.

Für besonders Interessierte: Das nennt man »Kreuzprodukt«.

Wenn Sie zwei Tabellen verknüpfen wollen, müssen Sie angeben, über welche Attribute diese Verbindung hergestellt werden soll. Das fügen Sie in die WHERE-Klausel ein.

Wenn Ihnen jetzt der Begriff »Fremdschlüssel« einfällt, haben Sie das Prinzip verstanden. Sonst lesen Sie vielleicht dort noch einmal nach.

Der richtige SELECT-Befehl, um die gewünschten Daten auszugeben, lautet:

```
SELECT Bezeichnung, Preis, Gruppe, Gruppenbezeichnung
FROM Artikel, Artikelgruppen
WHERE   Gruppe = Artikelgruppe
AND     Preis < 3;
```

Das Ergebnis ist jetzt wie erwartet.

Bezeichnung	Preis	Gruppe	Gruppenbezeichnung
Apfelsaft	2	GE	Getränke
Mineralwasser	1	GE	Getränke
Schokolade	2	SK	Süssigkeiten
Gemüse	2	TK	Tiefkühlkost

Wenn Sie in einem SELECT-Befehl also die Daten aus mehreren Tabellen zusammenführen wollen, müssen Sie sich die Fremdschlüsselbeziehungen ansehen und diese in der WHERE-Klausel einfügen.

Oft kommt es vor, dass die Attribute einer Fremdschlüsselbeziehung gleich benannt sind, was auch Sinn ergibt. In der obigen Artikeltabelle würden Sie also den Fremdschlüssel nicht als »Gruppe«, sondern als »Artikelgruppe« bezeichnen, wie den Primärschlüssel in der Tabelle mit den Artikelgruppen. Das Relationenschema lautet dann **Artikel(ArtikelNr, Bezeichnung, Preis, Artikelgruppe↑)** und **Artikelgruppen(<u>Artikelgruppe</u>, Gruppenbezeichnung)**.

Dann dürfen Sie aber in der WHERE-Klausel nicht schreiben »`Artikelgruppe = Artikelgruppe`«, denn das führt zu einer Fehlermeldung der Art »`Spalte nicht eindeutig definiert`«. Korrekt lautet der Befehl dann:

```
SELECT Bezeichnung, Preis, Artikel.Artikelgruppe,
Gruppenbezeichnung
FROM Artikel, Artikelgruppen
WHERE   Artikel.Artikelgruppe = Artikelgruppen.Artikelgruppe
AND     Preis < 3;
```

Sie müssen also über die Punkt-Notation angeben, welche Artikelgruppe Sie jeweils meinen; die der Tabelle Artikel oder die der Tabelle Artikelgruppen.

Leserinnen und Leser, die Programmiererfahrung mit Java oder Python haben, wird das bekannt vorkommen.

Synonyme für Tabellen

Die Bezeichner für die beiden Tabellen sind sehr lang. Wenn Sie schreibfaul sind, können Sie dafür Abkürzungen als Synonyme definieren. Vergleichbares haben Sie schon in Kapitel 12 bei der Umbenennung von Spalten kennengelernt.

```
SELECT Bezeichnung, Preis, A.Artikelgruppe, Gruppenbezeichnung
FROM Artikel A, Artikelgruppen AG
WHERE   A.Artikelgruppe = AG.Artikelgruppe
AND     Preis < 3;
```

In bestimmten Situationen kann es allerdings *notwendig* sein, für eine Tabelle Synonyme zu verwenden. Dann nämlich, wenn Sie in einer Tabelle gleichzeitig auf unterschiedliche Tupel zugreifen müssen, wie beispielsweise bei einem Flugplan mit den beiden Tabellen

Flughafen(<u>Abkürzung</u>, Name, Ort)

Verbindung(<u>Flugnummer</u>, Von↑, Nach↑)

und der Frage, von welcher Stadt der Flug XY001 abfliegt und wo er ankommt:

```
SELECT Von.Ort, Nach.Ort
FROM Verbindung, Flughafen Von, Flughafen Nach
WHERE Flugnummer = 'XY001'
AND Verbindung.Von = Von.Ort
AND Verbindung.Nach = Nach.Ort;
```

Beispiele

Im letzten Abschnitt dieses Kapitels sollen anhand des ER-Diagramms von Abbildung 9.1 drei Beispiele für SELECT-Befehle mit mehreren Tabellen besprochen werden.

Bei der Erstellung von SQL-Abfragen mit mehreren Tabellen empfiehlt sich folgendes Vorgehen:

1. Welche Attribute sollen ausgegeben werden und welche Attribute kommen in der WHERE-Klausel vor?
2. Welche Entitätstypen kommen in der Fragestellung vor?
3. Gibt es Foreign-Key-Beziehungen dazwischen? Wenn nicht, haben Sie ein Problem.
4. Wie lauten die genauen Tabellen- und Attributbezeichnungen? Das können Sie dem Relationenschema entnehmen oder letztendlich den CREATE-TABLE-Befehlen.

Beispiel 1

Frage: Welche Personen nehmen im Sommersemester 2024 an einem (beliebigen) Kurs teil?

Man erkennt, dass folgender Ausschnitt (Abbildung 14.1) aus dem ER-Diagramm relevant ist.

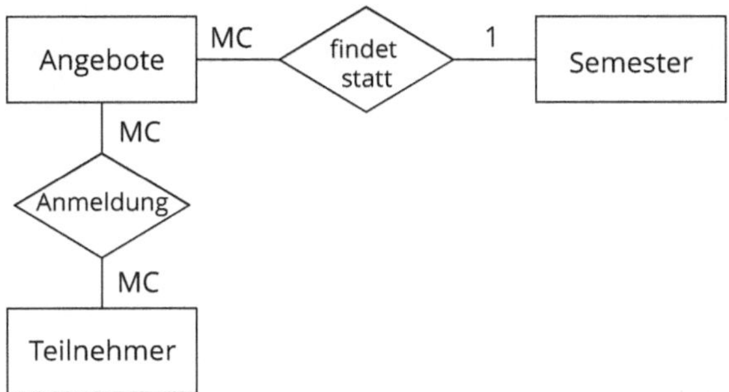

Abbildung 14.1: Ausschnitt des ER-Diagramms für Beispiel 1

Die notwendigen Tabellen sind

- ✔ Semester
- ✔ Angebote
- ✔ Anmeldungen (ergibt sich aus der MC:MC-Beziehung)
- ✔ Teilnehmer

FOREIGN_KEY-Beziehungen sind vorhanden. Dem Relationenschema können Sie die genauen Attributbezeichnungen entnehmen.

Semester(<u>Semesterkürzel</u>, Bezeichnung, Von, Bis)

Angebote(<u>KursNr↑</u>, <u>Semesterkürzel↑</u>, Dozent↑, Wochentag, Uhrzeit, Dauer, Normalpreis, ermäßigt)

Teilnehmer(TeilnehmerNr, Vorname, Name, Strasse, Plz, Ort, Telefon, E-Mail, Geburtstag, Ermäßigung)

Anmeldungen(AnmeldeNr, TeilnehmerNr↑, (KursNr, Semesterkürzel)↑, Anmeldedatum)

Daraus lässt sich der SELECT-Befehl ableiten.

```
SELECT Vorname, Name
FROM Teilnehmer, Anmeldungen, Angebote, Semester
WHERE Bezeichnung = 'Sommersemester 2024'
AND   Semester.Semesterkürzel = Angebote.Semesterkürzel
AND   Angebote.Semesterkürzel = Anmeldungen.Semesterkürzel
AND   Angebote.KursNr = Anmeldungen.KursNr
AND   Anmeldungen.TeilnehmerNr = Teilnehmer.TeilnehmerNr;
```

Beispiel 2

Frage: Welche Mitarbeiter bieten in welchem Semester welche Kurse an?

Das betrifft den in Abbildung 14.2 dargestellten Ausschnitt des ER-Diagramms für Beispiel 2.

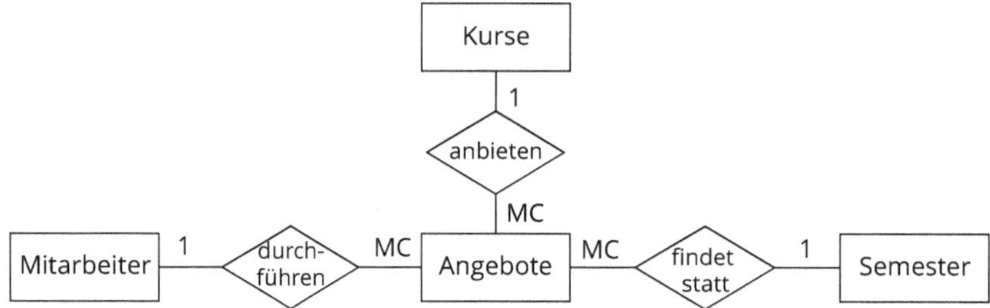

Abbildung 14.2: Ausschnitt des ER-Diagramms für Beispiel 2

Die notwendigen Foreign-Key-Beziehungen sind vorhanden. Die erforderlichen Relationen sind

Kurse(KursNr, Bezeichnung, Sparte↑)

Mitarbeiter(PersonalNr, Vorname, Name, Status, Telefon, E-Mail)

Semester(Semesterkürzel, Bezeichnung, Von, Bis)

Angebote(KursNr↑, Semesterkürzel↑, Dozent↑, Wochentag, Uhrzeit, Dauer, Normalpreis, ermäßigt)

Daraus lässt sich der SELECT-Befehl ableiten:

```
SELECT PersonalNr, Vorname, Name, Kurse.KursNr, Kurse.Bezeichnung, Semester
.Bezeichnung
FROM Mitarbeiter, Semester, Angebote, Kurse
```

```
WHERE Mitarbeiter.PersonalNr = Angebote.Dozent
AND   Angebote.Semesterkürzel = Semester. Semesterkürzel
AND   Angebote.KursNr = Kurse.KursNr;
```

Beispiel 3

Frage: Aus welchen Sparten hat der Teilnehmer Volker Viellern in welchem Semester Kurse belegt?

Auch hier wieder in Abbildung 14.3 zuerst der relevante Ausschnitt aus dem gesamten ER-Diagramm.

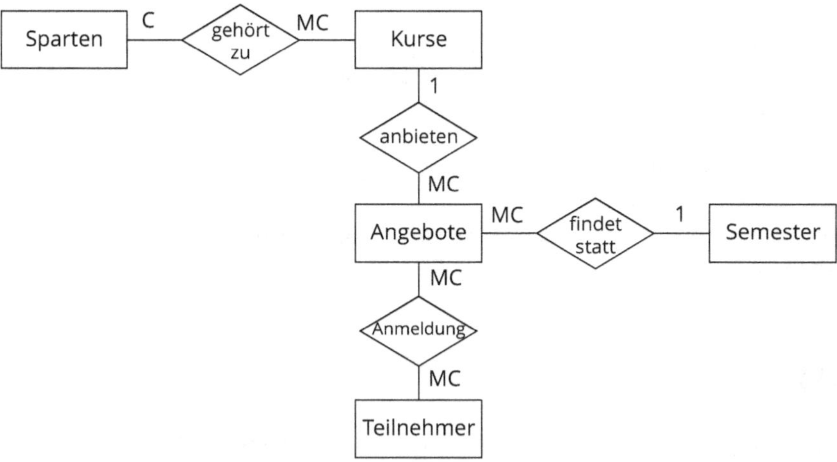

Abbildung 14.3: Ausschnitt des ER-Diagramms für Beispiel 3

Das erforderliche Relationenschema enthält die sechs Tabellen

Sparten(Kürzel, Bezeichnung, Leiter↑)

Kurse(KursNr, Bezeichnung, Sparte↑)

Semester(Semesterkürzel, Bezeichnung, Von, Bis)

Angebote(KursNr↑, Semesterkürzel↑, Dozent↑, Wochentag, Uhrzeit, Dauer, Normalpreis, ermäßigt)

Teilnehmer(TeilnehmerNr, Vorname, Name, Strasse, Plz, Ort, Telefon, E-Mail, Geburtstag, Ermäßigung)

Anmeldungen(AnmeldeNr, TeilnehmerNr↑, (KursNr, Semesterkürzel)↑, Anmeldedatum)

Der SELECT-Befehl ist jetzt schon etwas komplexer.

```
SELECT Sparten.Bezeichnung, Semester.Bezeichnung
FROM Sparten, Kurse, Semester, Angebote, Teilnehmer, Anmeldungen
```

```
WHERE Vorname = 'Volker'
AND   Name = 'Viellern'
AND   Teilnehmer.TeilnehmerNr = Anmeldungen.TeilnehmerNr
AND   Anmeldungen.KursNr = Angebote.KursNr
AND   Anmeldungen.Semesterkürzel = Angebote.Semesterkürzel
AND   Angebote.Semesterkürzel = Semester.Semesterkürzel
AND   Angebote.KursNr = Kurse.KursNr
AND   Kurse.Sparte = Sparten.Kürzel;
```

Diese schematische Umsetzung der Abfrage ließe sich etwas vereinfachen, weil die Angebotstabelle gestrichen werden kann. Die KursNr und das Semesterkürzel sind bereits in der Anmeldung enthalten.

```
SELECT Sparten.Bezeichnung, Semester.Bezeichnung
FROM Sparten, Kurse, Semester, Teilnehmer, Anmeldungen
WHERE Vorname = 'Volker'
AND   Name = 'Viellern'
AND   Teilnehmer.TeilnehmerNr = Anmeldungen.TeilnehmerNr
AND   Anmeldungen.KursNr = Kurse.KursNr
AND   Anmeldungen.Semesterkürzel = Semester.Semesterkürzel
AND   Kurse.Sparte = Sparten.Kürzel;
```

Aufgaben

Die folgenden beiden Aufgaben beziehen sich auf Tabelle 14.3 und Tabelle 14.4 mit Artikelgruppen und den zugehörigen Artikeln.

1. Wie viele Artikel umfasst die Gruppe »Süssigkeiten«?
2. In welchen Artikelgruppen sind Artikel enthalten, die mehr als zwei Euro kosten?

Teil IV
SQL-Abfragen für Fortgeschrittene

IN DIESEM TEIL ...

- ✔ können Sie Ihr Wissen über Datenbankabfragen mit dem SELECT-Befehl vertiefen.
- ✔ erfahren Sie, wie man Daten bei Abfragen gruppieren kann.
- ✔ lernen Sie, Unterabfragen sinnvoll einzusetzen.
- ✔ erfahren Sie, wie man Funktionen bei Abfragen einsetzt oder semistrukturierte Daten abfragt.
- ✔ lernen Sie, wie man Tabellen mit dem JOIN-Operator verknüpfen kann.
- ✔ werden die Namen SQL Server®, IBM DB2®, PostgreSQL®, Oracle® und MySQL® für Datenbank-Managementsysteme verwendet, deren Rechteinhaber die Firmen Microsoft Corp., IBM Corp., die PostgreSQL Community Association of Canada beziehungsweise die Oracle Corp. sind. Die Rechte des jeweiligen Zeicheninhabers sind zu beachten.

IN DIESEM KAPITEL

Die Option GROUP BY

Die HAVING-Klausel

Beispiele für das Gruppieren von Abfrageergebnissen

Kapitel 15
Gruppieren von Daten

Gelegentlich wollen Sie Daten zu Gruppen zusammenfassen und dann diese Gruppen mit Aggregatfunktionen wie COUNT oder SUM auswerten und vergleichen. Wenn das ein Thema für Sie ist, sollten Sie bei diesem Kapitel besonders aufpassen.

Eine Aufgabenstellung als einführendes Beispiel

Gegeben sind die zwei Tabellen mit Daten über Kunden (Tabelle 15.1) und deren Bestellungen (Tabelle 15.2).

KundenNr	Vorname	Name	Ort
100	Ben	Schulz	Hamburg
101	Julia	Meier	Berlin
102	Tom	Adams	Berlin
103	Britta	König	Dortmund
104	Isabell	Lustig	Berlin
105	Piet	Lustig	Hamburg

Tabelle 15.1: Tabelle Kunden

BestellNr	KundenNr↑	Bestelldatum	Artikel	Menge
1	100	21.10.2024	1001	1
2	100	12.12.2024	1003	2
3	101	17.11.2024	1001	1
4	101	29.12.2024	1005	1
5	102	03.01.2025	1001	4
6	103	03.01.2025	1003	2
7	103	17.04.2025	1006	1
8	104	18.04.2025	1002	1
9	105	19.04.2025	1005	2
10	101	22.05.2025	1001	1

Tabelle 15.2: Tabelle Bestellungen

Wenn Sie wissen wollen, wie viele Bestellungen die Kundin 101 aufgegeben hat, ist das sehr einfach.

```
SELECT COUNT(*) FROM Bestellungen
WHERE KundenNr = 101;
```

Ähnlich verhält es sich bei der Frage, wie viele Bestellungen die Kundin Julia Meier hat. Hier ist nur noch zusätzlich ein Join mit der Kundentabelle notwendig.

```
SELECT COUNT(*) FROM Bestellungen, Kunden
WHERE Bestellungen.KundenNr = Kunden.KundenNr
AND   Vorname = 'Julia'
AND   Name = 'Meier';
```

Jetzt ändern wir die Fragestellung dahingehend, dass wir die Anzahl der Bestellungen *pro Kunde* wissen wollen. Bei unseren kleinen Tabellen könnten Sie auf die Idee kommen, Folgendes zu schreiben:

```
SELECT 101, COUNT(*) FROM Bestellungen WHERE KundenNr = 101
UNION
SELECT 102, COUNT(*) FROM Bestellungen WHERE KundenNr = 102
UNION
...
```

Sie sehen schon, das ist keine praktikable Lösung.

- ✔ Zum einen wird die Abfrage sehr lang.
- ✔ Und was machen Sie, wenn Sie die Kundennummern nicht alle kennen?

Hier kommt die Option GROUP BY ins Spiel. Sie wird an den SELECT-Befehl angehängt, gruppiert die Daten und führt die geforderte Aggregation – zum Beispiel Zählen – mit jeder durch das GROUP-BY-Attribut definierten Datengruppe durch.

Die Option GROUP BY

Die GROUP-BY-Option ermöglicht es, Aggregationen in einer Tabelle für Datengruppen durchzuführen.

```
SELECT <Group-By-Attribute>, <Aggregatfunktion> FROM <Tabelle>
[WHERE-Klausel] GROUP BY <Group-By-Attribute>;
```

In den meisten Fällen werden Sie die Tupel nur nach einem Attribut gruppieren. Aber GROUP BY ist auch auf mehrere anwendbar; deshalb der Plural in der Definition.

Sie wollen für jeden Kunden die Anzahl seiner Bestellungen ausgeben. Das sieht so aus:

```
SELECT KundenNr, COUNT(*) FROM Bestellungen GROUP BY KundenNr;
```

Die Kundennummer ist das Attribut, für das die Aggregation – in diesem Fall Zählen mit COUNT(*) – durchgeführt werden soll.

Sie können sich das so vorstellen, dass (wie in Tabelle 15.3 zu sehen) vom Datenbank-Managementsystem die Tupel für die einzelnen Werte des Aggregationsattributs zusammengefasst werden und dann für jede Gruppe die geforderte Funktion ausgeführt wird.

BestellNr	KundenNr	Bestelldatum	Artikel	Menge
1	100	21.10.2024	1001	1
2	100	12.12.2024	1003	2
3	101	17.11.2024	1001	1
4	101	29.12.2024	1005	1
10	101	22.05.2025	1001	1
5	102	03.01.2025	1001	4
6	103	03.01.2025	1003	2
7	103	17.04.2025	1006	1
8	104	18.04.2025	1002	1
9	105	19.04.2025	1005	2

Tabelle 15.3: Umgruppierte Tabelle Bestellungen

Das Ergebnis dieses SELECT-Befehls mit GROUP BY lautet

```
KundenNr        COUNT(*)
100             2
101             3
102             1
103             2
104             1
105             1
```

Neben dem Gruppierungsattribut und der Aggregatfunktion sind keine weiteren Attribute in der Ausgabeliste des SELECT-Befehls erlaubt.

Es sollen beispielsweise nicht nur die Kundennummer, sondern auch die Vornamen und Namen angezeigt werden. Naheliegend wäre

```
SELECT Bestellungen.KundenNr, Vorname, Name, COUNT(*)
FROM Bestellungen, Kunden
WHERE Bestellungen.KundenNr = Kunden.KundenNr
GROUP BY Bestellungen.KundenNr;
```

Das führt aber zumindest bei Oracle oder PostgreSQL zu einer Fehlermeldung wie etwa »`Spalte … muss in der GROUP-BY-Klausel erscheinen oder in einer Aggregatfunktion verwendet werden`«! Richtig muss es wie folgt heißen:

```
SELECT Bestellungen.KundenNr, Vorname, Name, COUNT(*)
FROM Bestellungen, Kunden
WHERE Bestellungen.KundenNr = Kunden.KundenNr
GROUP BY Bestellungen.KundenNr, Vorname, Name;
```

Es ist durch die SQL-Norm nicht definiert, wie ein DBMS die GROUP-BY-Option implementiert hat und ausführt. Beispielsweise wurden von Oracle bis zur Version 12 die Ergebnisse nach dem Gruppierungsattribut sortiert ausgegeben, danach nicht mehr.

Seit SQL:2023 ist es allerdings möglich, die Ausgabe nach einem Attribut zu sortieren, das nicht in der Liste der Gruppierungsattribute vorkommt. Etwa:

```
SELECT Bestellungen.KundenNr, COUNT(*)
FROM Bestellungen, Kunden
WHERE Bestellungen.KundenNr = Kunden.KundenNr
GROUP BY Bestellungen.KundenNr
ORDER BY Name, Vorname;
```

Ob Derartiges aber sinnvoll ist, sei dahingestellt.

Die HAVING-Klausel

Es ist natürlich möglich, die Gruppierung nicht auf alle Tupel einer Tabelle, sondern nur auf eine über die WHERE-Klausel vorher eingeschränkte Teilmenge davon anzuwenden.

Sie wollen für jeden Kunden die Anzahl seiner Bestellungen im Jahr 2024 ausgeben.

```
SELECT KundenNr, COUNT(*) FROM Bestellungen
WHERE EXTRACT(YEAR FROM Bestelldatum) = 2024
GROUP BY KundenNr;
```

KundenNr	COUNT(*)
100	2
101	2

Beachten Sie hierbei, dass die Kunden, die keine Bestellungen im Jahr 2024 haben, nicht mit angezeigt werden.

Wie Sie das erreichen, erfahren Sie im nächsten Kapitel.

Etwas anders ist die Situation, wenn Sie nicht alle Datengruppen haben möchten, sondern nur bestimmte; beispielsweise die, bei denen die mit COUNT(*) ermittelte Anzahl der Bestellungen größer als eins ist. In diesem Fall hilft die HAVING-Option.

Mit dem optionalen HAVING erreichen Sie eine Einschränkung der mit der angegebenen Aggregatfunktion ermittelten Werte.

```
SELECT <Group-By-Attribute>, <Aggregatfunktion> FROM <Tabelle>
[WHERE-Klausel] GROUP BY <Group-By-Attribute> [HAVING-Klausel];
```

Um die Kunden mit mehr als einer Bestellung zu bekommen, heißt es:

```
SELECT KundenNr, COUNT(*) FROM Bestellungen
GROUP BY KundenNr HAVING COUNT(*) > 1;
```

Das Ergebnis dazu lautet:

KundenNr	COUNT(*)
100	2
101	3
103	2

Vielleicht fragen Sie sich jetzt, woran man erkennen kann, wann die GROUP-BY-Option anzuwenden ist? Immer wenn es in der Fragestellung heißt:

- *Für jeden* Kunden, *jeden* Artikel, …
- *Pro* Kunde, Artikel, …

sollten Sie eine Gruppierung ins Auge fassen.

Und beachten Sie gegebenenfalls die Regeln für die Attribute in der Ausgabeliste, die Anwendung der richtigen Aggregatfunktion und eine eventuell erforderliche HAVING-Klausel.

GROUP BY CUBE

Eine interessante Variante von GROUP BY ist GROUP BY CUBE. Sie kommt ins Spiel, wenn Sie nach mehreren Kriterien gruppieren wollen, etwa Kunde, Artikel und Jahr der Bestellung. Ein »normales«

```
GROUP BY KundenNr, Artikel, EXTRACT(YEAR FROM Bestelldatum)
```

gibt nur die Absatzsummen pro Kunde, Artikel und Jahr aus (die Sortierreihenfolge können Sie mit ORDER BY festlegen).

```
SELECT KundenNr Kunde, Artikel,
EXTRACT(YEAR FROM Bestelldatum) Jahr, SUM(Menge)
FROM Bestellungen
GROUP BY KundenNr, Artikel, EXTRACT(YEAR FROM Bestelldatum)
ORDER BY Kunde, Artikel, Jahr;
```

Kunde	Artikel	Jahr	SUM(Menge)
100	1001	2024	1
100	1003	2024	2
101	1001	2024	1
101	1001	2025	1
101	1005	2024	1
102	1001	2025	4
103	1003	2025	2
103	1006	2025	1
104	1002	2025	1
105	1005	2025	2

Wenn Sie aber flexibler sein wollen, schreiben Sie

```
GROUP BY CUBE (KundenNr, Artikel, EXTRACT(YEAR FROM Bestelldatum))
```

Dann wird für alle $2^3 = 8$ Teilmengen der drei Gruppierungsattribute ein GROUP BY durchgeführt:

- ✔ Kunde Artikel, Jahr der Bestellung
- ✔ Kunde, Artikel
- ✔ Kunde, Jahr der Bestellung
- ✔ Artikel, Jahr der Bestellung
- ✔ Kunde
- ✔ Artikel
- ✔ Jahr der Bestellung
- ✔ Leere Menge

```
SELECT KundenNr Kunde, Artikel,
EXTRACT(YEAR FROM Bestelldatum) Jahr, SUM(Menge)
FROM Bestellungen
GROUP BY CUBE (KundenNr, Artikel, EXTRACT(YEAR FROM Bestelldatum));
```

Kunde	Artikel	Jahr	SUM(Menge)
			16
		2024	5
		2025	11
	1001		7
	1001	2024	2
	1001	2025	5
	1002		1
	1002	2025	1
	1003		4
	1003	2024	2
	1003	2025	2
	1005		3
	1005	2024	1
	1005	2025	2
	1006		1
	1006	2025	1
100			3
100		2024	3
100	1001		1
100	1001	2024	1
100	1003		2
100	1003	2024	2
101			3
101		2024	2
101		2025	1
101	1001		2
101	1001	2024	1
101	1001	2025	1
101	1005		1
101	1005	2024	1
102			4
102		2025	4
102	1001		4
102	1001	2025	4
103			3
103		2025	3
103	1003		2
103	1003	2025	2
103	1006		1
103	1006	2025	1
104			1
104		2025	1
104	1002		1
104	1002	2025	1
105			2
105		2025	2
105	1005		2
105	1005	2025	2

Das sind schon ziemlich viele Ausgabezeilen, aber vielleicht können Sie damit etwas anfangen.

Ein gutes Mittelding zwischen GROUP BY und GROUP BY CUBE sind die GROUPING SETS. Sie können das ja mal in der Dokumentation Ihres DBMS nachlesen. Da finden Sie auch einen Hinweis, ob es GROUP BY CUBE überhaupt unterstützt (Oracle, PostgreSQL und SQL Server tun das beispielsweise).

Aufgaben

1. Wie viele Bestellungen gibt es in den einzelnen Orten? Ausgabe sortiert nach Ort. Siehe dazu Tabelle 15.1 Tabelle 15.2.
2. Wie groß ist die Bestellmenge der im Jahr 2025 bestellten Artikel?
3. Wie groß ist die durchschnittliche Bestellmenge der im Jahr 2025 bestellten Artikel für diejenigen Artikel, die 2025 mehr als einmal bestellt worden sind?

IN DIESEM KAPITEL

Was sind Unterabfragen?

Korrelierte und unkorrelierte Unterabfragen

Wo können sie eingesetzt werden?

Beispiele

Kapitel 16
Mit Unterabfragen arbeiten

SELECT-Befehle sind schachtelbar, was bedeutet, dass Sie innerhalb eines solchen Befehls einen weiteren SELECT-Befehl einsetzen können. Man nennt das Unterabfrage oder Subquery. Manchmal ist es hilfreich, eine Unterabfrage zu verwenden, obwohl Sie die Abfrage auch anders formulieren könnten; manchmal ist es notwendig, Unterabfragen einzusetzen. In diesem Kapitel erfahren Sie, was Unterabfragen sind, welche Arten es gibt und wo sie sinnvoll eingesetzt werden können.

Was sind Unterabfragen?

Mit einer Unterabfrage (Subquery) können Sie für einen SELECT-Befehl Zwischenergebnisse berechnen und dort verwenden. Wie die Abbildung 16.1 zeigt, ist das an drei Stellen möglich:

- In der Liste der Ausgabeattribute des SELECT-Befehls
- In der Liste der verwendeten Relationen
- In der WHERE-Klausel

Abbildung 16.1: Mögliche Positionen für eine Subquery

In Kapitel 13, in dem Sie die SQL-Funktionen kennengelernt haben, wurde erwähnt, dass Sie mit dem SQL-Befehl `SELECT Bezeichnung, MIN(Preis) FROM Artikel;` nicht den beziehungsweise die Artikel mit dem kleinsten Preis erhalten, sondern eine Fehlermeldung. Aber mit einer Unterabfrage geht das:

```
SELECT Bezeichnung, Preis FROM Artikel
WHERE Preis = (SELECT MIN(Preis) FROM Artikel);
```

Für die Artikel aus Tabelle 13.1 lautet das (richtige) Ergebnis:

```
Bezeichnung    Preis
Milch          1.20
```

Mit der Unterabfrage `SELECT MIN(Preis) FROM Artikel` wird zunächst der minimale Preis der Tabelle ermittelt. Anschließend wird für jeden Artikel überprüft, ob sein Preis dem kleinsten entspricht. Wenn ja, werden dessen Bezeichnung und der Preis ausgegeben.

Korrelierte und unkorrelierte Unterabfragen

Bei dem obigen Beispiel handelt es sich um eine unkorrelierte Unterabfrage. Mit der Subquery wird dabei einmalig ein Wert berechnet, der dann in dem umschließenden SELECT-Befehl verwendet wird. Zwischen der inneren und der äußeren Query besteht keine weitere Beziehung.

Bei einer korrelierten Unterabfrage ist das anders. Dort muss die innere Query für jedes Tupel der äußeren Query erneut ausgeführt werden, siehe dazu die folgende Abbildung 16.2.

```
SELECT ... FROM Tabelle1
WHERE ... op SELECT ... FROM Tabelle2
             WHERE ... = Tabelle1.Attribut
```

Hinweis: op ist ein Vergleichsoperator wie etwa =, >, in

Abbildung 16.2: Korrelierte Unterabfrage

Der Unterschied wird an folgenden zwei Beispielen deutlich. Ausgehend von den drei Relationen

Studierende(<u>MatrikelNr</u>, Vorname, Name, Studiengang, Studienbeginn)

Fächer(<u>Fach</u>, Bezeichnung, Studiengang,) und

Klausuren(<u>MatrikelNr↑</u>, <u>Fach↑</u>, Punkte, Klausurdatum)

wollen wir zunächst wissen, welche Studierenden schon mehrmals an einer Klausur des Fachs »DB« teilgenommen haben.

```
SELECT Vorname, Name FROM Studierende
WHERE    (SELECT COUNT(*) FROM Klausuren
          WHERE MatrikelNr = Studierende.MatrikelNr
          AND   Fach = 'DB') > 1;
```

Hierbei handelt es sich um eine *korrelierte* Subquery. Das Attribut Studierende.MatrikelNr in der inneren Query bezieht sich auf ein Tupel der äußeren Query. Es wird jedes Tupel der Tabelle Studierende gelesen und daraufhin überprüft, ob es mehr als ein Tupel in der Tabelle Klausuren mit dieser Matrikelnummer für das gewünschte Fach gibt.

Für das obige Relationenschema wollen wir nun wissen, welche Studierenden bereits an einer Klausur für das Fach »DB« teilgenommen haben (egal, wie oft).

```
SELECT Vorname, Name FROM Studierende
WHERE    MatrikelNr IN
         (SELECT DISTINCT MatrikelNr FROM Klausuren
          WHERE Fach = 'DB');
```

Diese Abfrage ist *unkorreliert*. Das Ergebnis der inneren Query lässt sich unabhängig von der äußeren Query ermitteln, was geschieht, bevor die Tupel der Tabelle Studierende gelesen werden.

Sie werden jetzt vielleicht denken, dass diese Abfrage auch ohne Unterabfrage beantwortet werden könnte, was auch stimmt:

```
SELECT Vorname, Name FROM Studierende, Klausuren
WHERE    Studierende.MatrikelNr = Klausuren.MatrikelNr
AND      Fach = 'DB';
```

Allerdings stimmen die Ergebnisse nicht hundertprozentig überein, weil Studierende, die mehrmals an der Klausur teilgenommen haben, auch mehrfach angezeigt werden. Aber das lässt sich ändern.

```
SELECT DISTRINCT Vorname, Name FROM Studiernde, Klausuren
WHERE    Studierende.MatrikelNr = Klausuren.MatrikelNr
AND      FachNr = 'DB';
```

Wenn wir die Abfrage aber leicht modifizieren und wissen wollen, welche Studierenden bisher an *keiner* Klausur für das Fach »DB« teilgenommen haben, sieht es schon anders aus. Die Lösung lautet:

```
SELECT Vorname, Name FROM Studierende
WHERE    MatrikelNr NOT IN
         (SELECT DISTINCT MatrikelNr FROM Klausuren
          WHERE Fach = 'DB');
```

Und das ist mit einem einfachen Join in der WHERE-Klausel nicht zu erreichen!

Jetzt können Sie auch die Aufgabe aus Kapitel 15 lösen, bei der für jeden Kunden die Anzahl seiner Bestellungen im Jahr 2024 ausgegeben werden sollte, wobei auch Kunden, die in dem Jahr nichts bestellt hatten, mit Anzahl 0 angezeigt werden sollen.

```
SELECT KundenNr, COUNT(*) FROM Bestellungen
WHERE EXTRACT(YEAR FROM Bestelldatum) = 2024
GROUP BY KundenNr
UNION
SELECT KundenNr, 0 FROM Kunden
WHERE KundenNr NOT IN
    (SELECT DISTINCT KundenNr FROM Bestellungen
     WHERE EXTRACT(YEAR FROM Bestelldatum) = 2024
    );
```

Dies ist *eine* Lösungsmöglichkeit, es gibt noch andere.

Wo können Unterabfragen stehen

Der Abbildung 16.1 konnten Sie entnehmen, dass eine Unterabfrage quasi überall stehen kann; in der Liste der Ausgabeattribute nach dem Schlüsselwort SELECT, in der FROM-Klausel und in der WHERE-Klausel.

Am häufigsten werden Sie eine Unterabfrage in der WHERE-Klausel benutzen.

Subselect in der FROM-Klausel

Wenn ein Subselect eine Menge von Werten zurückliefert, können Sie das Ergebnis als Tabelle betrachten und die Unterabfrage hinter FROM einfügen.

Gesucht sind die Studierenden, die an mehr als einer Klausur teilgenommen haben.

```
SELECT Vorname, Name FROM Studierende,
         (SELECT MatrikelNr, COUNT(*) AS Anzahl
          FROM Klausuren GROUP BY MatrikelNr) AS Anzahl_Teilnahmen
WHERE    Studierende.MatrikelNr = Anzahl_Teilnahmen.MatrikelNr
AND      Anzahl > 1;
```

Das Ergebnis des SELECT-Befehls mit der GROUP-BY-Option wird unter dem Alias »Anzahl_Teilnahmen« als Tabelle betrachtet, neben den Studierenden.

Diese Option bietet sich an, um Zwischenergebnisse bei sehr komplexen Abfragen zu berechnen.

Subselect in der Liste der Ausgabeattribute

Wenn ein Subselect nur einen Wert zurückliefert, kann er in der Liste der Ausgabeattribute nach SELECT angegeben werden. Als Beispiel soll für alle Studierende der Name und die Anzahl ihrer Klausuren ausgegeben werden.

```
SELECT Vorname, Name,
        (SELECT COUNT(*) FROM Klausuren
         WHERE MatrikelNr = Studierende.MatrikelNr) AS Anzahl
FROM Studierende;
```

Diese Variante werden Sie eher weniger benutzen. Sie ist auch nicht so intuitiv.

Subselect in der WHERE-Klausel

In einzelnen Fällen ist das das Mittel der Wahl. Diese Variante kennen Sie ja schon vom einführenden Beispiel. Hier möchte ich ein Beispiel für eine zweifache Unterabfrage präsentieren.

Wir wollen dazu die Namen der Studierenden anzeigen, die bisher nicht an einer Klausur im Fach Datenbanken teilgenommen haben. Dazu benötigen wir alle drei Tabellen: die Studierendentabelle, die Klausuren und die Fächer.

```
SELECT Vorname, Name FROM Studierende
WHERE   MatrikelNr NOT IN
        (SELECT DISTINCT MatrikelNr FROM Klausuren
         WHERE Fach = (SELECT Fach FROM Fächer
                       WHERE Bezeichnung = 'Datenbanken')
        );
```

Da es nur ein Fach namens »Datenbanken« gibt, liefert der innerste Subselect nur einen Wert zurück; deshalb ist das Gleichheitszeichen als Operator zulässig. Bei dem umschließenden Subselect `SELECT DISTINCT MatrikelNr ...` geht das nicht.

Generell gibt es fast immer mehrere Möglichkeiten, eine SELECT-Abfrage zu beantworten; insbesondere, wenn sie etwas komplexer ist und mehrere Tabellen beinhaltet. Dann sollten Sie auch immer Unterabfragen berücksichtigen.

Ein weiterer Vorteil von Unterabfragen ist, dass Sie diese leicht unabhängig von dem Rest des SELECT-Befehls testen können. Zum Beispiel testen Sie erst

```
SELECT Fach FROM Fächer
WHERE Bezeichnung = 'Datenbanken';
```

Danach testen Sie

```
SELECT DISTINCT MatrikelNr FROM Klausuren
WHERE Fach = ...
```

Wobei Sie für »...« die Fachabkürzung von Datenbanken einsetzen sollten (auch ein beliebiges anderes Fach wäre möglich).

Bevor Sie den gesamten SELECT-Befehl ausführen, können Sie beide Subqueries zusammen testen.

```
SELECT DISTINCT MatrikelNr FROM Klausuren
WHERE Fach =    (SELECT Fach FROM Fächer
                 WHERE Bezeichnung = 'Datenbanken');
```

Dieses Vorgehen mag bei dieser Abfrage etwas übertrieben wirken. Das Prinzip sollte aber klar sein. Vielleicht erinnern Sie sich daran, wenn Sie komplexe Abfragen programmieren müssen.

Manchmal müssen Sie nur wissen, ob die Ergebnismenge einer Abfrage existiert, also nicht leer ist. Dann hilft eine Subquery zusammen mit dem EXIST-Quantor, aber das kommt später noch.

Aufgaben

Die folgenden drei Aufgaben beziehen sich auf die Fallstudie aus Kapitel 9.

1. Welche Kurse finden im Wintersemester 2024 (WS2024) am selben Wochentag statt wie der Kurs »Rückenschule«?
2. Welche Teilnehmer, die im WS2024 am Kurs »Rückenschule« teilgenommen haben, haben auch im Semester davor (SS2024) daran teilgenommen?
3. Geben Sie für jeden Kurs im WS2024 die Anzahl der Teilnehmer aus.

IN DIESEM KAPITEL

Relationale Operatoren

Inner Join und outer Join

Left Join und right Join

Kapitel 17
Der Join-Operator

In diesem Kapitel lernen Sie den Join-Operator kennen. Dabei handelt es sich um eine andere Möglichkeit, um Tabellen zu verknüpfen, als bereits in Kapitel 16 beschrieben.

Relationale Operatoren

Die Relationenalgebra ist eine formale Sprache, um mit den dort definierten Operatoren Abfragen an relationale Datenbanken stellen und Daten daraus extrahieren zu können. Dazu gehören die bereits besprochenen Mengenoperationen und weitere spezielle Operationen.

Dabei handelt es sich um

- ✔ die Projektion (Auswahl von Spalten),
- ✔ die Selektion (Auswahl von Zeilen), auch als Restriktion bezeichnet,
- ✔ den Join (Verknüpfung von Tabellen),
- ✔ die Division (Verknüpfung von Tabellen).

Wenn Sie mehr darüber wissen wollen, können Sie das im Buch »Datenbanksysteme für Dummies« nachlesen.

Bis auf die Division finden Sie diese Operationen auch in SQL, denn SQL basiert in seiner Ausdrucksmächtigkeit auf der Relationenalgebra. Siehe dazu auch die Abbildung 17.1.

In der Ausgabeliste hinter dem Schlüsselwort SELECT geben Sie an, welche Attribute angezeigt werden sollen; das entspricht der Projektion. In der WHERE-Klausel schränken Sie die auszugebenden Tupel ein, das entspricht der Restriktion. Und wenn Sie mehrere Tabellen verknüpfen, haben Sie einen Join.

Abbildung 17.1: Relationale Operatoren

Join als Operator

Gehen wir von zwei Tabellen Personen und Vereine aus, die über eine C:MC-Beziehung verknüpft sind, wie die Abbildung 17.2 zeigt.

Abbildung 17.2: ER-Diagramm für Vereine und Personen als Sponsoren

Vereine können eine Person als Sponsor haben. Personen wiederum können Sponsor mehrerer Vereine sein. Die beiden folgenden Tabellen (Tabelle 17.1: Personentabelle und Tabelle 17.2: Vereinstabelle) zeigen beispielhaft Einträge.

PersonenNr	Name	Vorname	Wohnort
101	Müller	Gerd	Düsseldorf
102	Adams	Kai	Hamburg
103	Zuber	Vera	Hamburg
104	Gerlach	Amelie	Berlin

Tabelle 17.1: Personentabelle

VereinsNr	Bezeichnung	Ort	Sponsor↑
1	FC Sandhausen	Büsum	NULL
2	Kickers Lemgo	Lemgo	101
3	Bikerclub Horst	Horst	101
4	HC Hamburg	Hamburg	102
5	1. FC Berlin	Berlin	104

Tabelle 17.2: Vereinstabelle

Wenn Sie wissen wollen, wer die Sponsoren der einzelnen Vereine sind, schreiben Sie:

```
SELECT Bezeichnung, Name, Vorname
FROM Personen, Vereine
WHERE PersonenNr = Sponsor;
```

So haben Sie es in Kapitel 14 gelernt. Mit dem Join-Operator, den Sie hier kennenlernen, geht es auch und sieht folgendermaßen aus:

```
SELECT Name, Vorname, BestellNr, Bestelldatum
FROM Personen JOIN Vereine
ON PersonenNr = Sponsor;
```

In beiden Fällen lautet das Ergebnis:

Bezeichnung	Name	Vorname
Kickers Lemgo	Müller	Gerd
Bikerclub Horst	Müller	Gerd
HC Hamburg	Adams	Kai
1. FC Berlin	Gerlach	Amelie

Statt des Joins in der WHERE-Klausel gibt es also alternativ einen expliziten Join-Operator.

Beachten Sie dabei, dass sowohl die Personen, die kein Sponsor sind, als auch die Vereine, die keinen Sponsor haben, nicht mit ausgegeben werden.

Die Syntax dieses mit SQL-92 eingeführten Befehls lautet:

```
SELECT <Attributliste> FROM
<Tabelle_1>
[CROSS |LEFT |RIGHT |FULL OUTER |NATURAL | INNER] JOIN
<Tabelle_2>
ON <Join-Ausdruck>
```

CROSS JOIN

Mit dem Cross-Join verknüpfen Sie jedes Tupel der einen Tabelle mit jedem der anderen.

```
SELECT Bezeichnung, Name, Vorname
FROM Personen CROSS JOIN Vereine;
```

Als Ergebnis werden dann insgesamt 4 * 5 = 20 Tupel ausgegeben.

Bezeichnung	Name	Vorname
FC Sandhausen	Müller	Gerd
FC Sandhausen	Adams	Kai
FC Sandhausen	Zuber	Vera
FC Sandhausen	Gerlach	Amelie
Kickers Lemgo	Müller	Gerd
Kickers Lemgo	Adams	Kai
…	…	…

Eine alternative Lösung dafür wäre:

```
SELECT Bezeichnung, Name, Vorname
FROM Personen, Vereine;
```

INNER JOIN

Der Inner-Join oder kurz Join verknüpft die Tupel, die (üblicherweise über eine Fremdschlüsselbeziehung) miteinander verbunden sind.

```
SELECT Name, Vorname, Bezeichnung
FROM Personen [INNER] JOIN Vereine
ON PersonenNr = Sponsor;
```

Hinter dem Schlüsselwort ON stehen dabei die Attribute, die miteinander verglichen werden. Das Schlüsselwort INNER kann weggelassen werden. Sie erhalten dann das Beispiel von oben.

NATURAL JOIN

Es kommt oftmals vor, dass der Fremdschlüssel gleich benannt ist wie der Primärschlüssel der referenzierten Tabelle. Also nicht

Personen(<u>PersonenNr</u>, Name, Vorname, Wohnort) und

Vereine(<u>VereinsNr</u>, Bezeichnung, Ort, Sponsor↑)

sondern

Personen(<u>PersonenNr</u>, Name, Vorname, Wohnort) und

Vereine(<u>VereinsNr</u>, Bezeichnung, Ort, PersonenNr↑)

In solchen Fällen können Sie für den Inner Join eine abgekürzte Schreibweise verwenden, die als Natural Join bezeichnet wird.

```
SELECT Name, Vorname, Bezeichnung
FROM Personen NATURAL JOIN Vereine;
```

LEFT JOIN

Vielleicht wollen Sie von allen Personen wissen, ob und wenn ja, welche Vereine sie als Sponsor unterstützen. Dafür gibt es den Left Join.

```
SELECT Name, Vorname, Bezeichnung
FROM Personen LEFT JOIN Vereine
ON PersonenNr = Sponsor;
```

Name	Vorname	Bezeichnung
Müller	Gerd	Kickers Lemgo
Müller	Gerd	Bikerclub Horst
Zuber	Vera	NULL
Adams	Kai	HC Hamburg
Gerlach	Amelie	1. FC Berlin

Bei Vera Zuber steht dabei in der Spalte Bezeichnung ein NULL-Wert, weil sie bei keinem Verein Sponsor ist.

Und wenn Sie nur die Personen haben wollen, die bei keinem Verein Sponsor sind? Das geht natürlich auch.

```
SELECT Name, Vorname, Bezeichnung
FROM Personen LEFT JOIN Vereine
ON PersonenNr = Sponsor
WHERE Bezeichnung IS NULL;
```

Name	Vorname	Bezeichnung
Zuber	Vera	NULL

RIGHT JOIN

Entsprechend gibt es natürlich auch einen Right Join.

```
SELECT Name, Vorname, Bezeichnung
FROM Personen RIGHT JOIN Vereine
ON PersonenNr = Sponsor;
```

Sie erhalten damit alle Vereine mit ihrem jeweilen Sponsor und bei den Vereinen, die keinen Sponsor haben, einen NULL-Eintrag.

Name	Vorname	Bezeichnung
Müller	Gerd	Kickers Lemgo
Müller	Gerd	Bikerclub Horst
Adams	Kai	HC Hamburg
Gerlach	Amelie	1. FC Berlin
NULL	NULL	FC Sandhausen

Auch hier ist es möglich, sich nur die Vereine anzeigen zu lassen, die keinen Sponsor haben.

```
SELECT Name, Vorname, Bezeichnung
FROM Personen LEFT JOIN Vereine
ON PersonenNr = Sponsor
WHERE Name IS NULL AND Vorname IS NULL;
```

Name	Vorname	Bezeichnung
NULL	NULL	FC Sandhausen

FULL OUTER JOIN

Wenn Sie den Left Join und den Right Join kombinieren wollen, steht dafür der Full Outer Join zur Verfügung. Bei unserem Beispiel mit Vereinen und ihren Sponsoren gibt er Folgendes aus:

- ✔ Für jeden Verein, der einen Sponsor hat, den Namen, den Vornamen und die Vereinsbezeichnung
- ✔ Für jeden Verein, der keinen Sponsor hat, die Vereinsbezeichnung und bei Name und Vorname NULL
- ✔ Für jede Person, die kein Sponsor eines Vereins ist, den Namen, Vornamen und bei der Vereinsbezeichnung NULL

```
SELECT Name, Vorname, Bezeichnung
FROM Personen FULL OUTER JOIN Vereine
ON PersonenNr = Sponsor;
```

Name	Vorname	Bezeichnung
Müller	Gerd	Kickers Lemgo
Müller	Gerd	Bikerclub Horst
Zuber	Vera	NULL
Adams	Kai	HC Hamburg
Gerlach	Amelie	1. FC Berlin
NULL	NULL	FC Sandhausen

Sie sehen, der explizite Join-Operator ist ein sehr mächtiges Werkzeug. Allerdings tritt die besondere Eigenschaft von SQL, dass es sich dabei um eine deskriptive Sprache handelt, etwas in den Hintergrund.

Letztendlich ist es Erfahrungssache, was Sie bevorzugen (werden); den Join-Operator oder den in Kapitel 14 vorgestellten Join in der WHERE-Klausel.

Ein Beispiel

Gehen wir für das folgende Beispiel und die Aufgaben im nächsten Abschnitt dieses Kapitels von den vier Tabellen Tabelle 17.3 bis Tabelle 17.6 mit Kunden, Bestellungen, Bestellpositionen der einzelnen Bestellungen und Artikel aus.

KundenNr	Name	Vorname	Wohnort
100	Müller	Yasmin	Köln
101	Müller	Isabell	Düsseldorf
102	Adams	Kai	Hamburg
103	Zuber	Vera	Hamburg
104	Gerlach	Amelie	Berlin

Tabelle 17.3: Kundentabelle

BestellNr	KundenNr↑	Bestelldatum
24001	100	19.01.2024
24002	102	23.01.2024
24003	103	19.10.2024
25001	100	26.01.2025
25002	104	27.02.2025

Tabelle 17.4: Tabelle Bestellungen

BestellNr↑	Position	Artikel↑	Menge
24001	1	2001	2
24001	2	2005	1
24002	1	2001	4
24003	1	2004	1
24003	2	2005	1
25001	1	2002	1
25002	1	2002	3

Tabelle 17.5: Bestellpositionen

ArtikelNr	Bezeichnung	Preis
2001	T-Shirt	18.00
2002	Wanderstöcke	30.00
2003	Trinkflasche	15.00
2004	Sonnencreme	4.00
2005	Badehandtuch	12.00

Tabelle 17.6: Tabelle Artikel

Wenn Sie wissen wollen, wann die einzelnen Kunden eine Bestellung aufgegeben haben, schreiben Sie:

```
SELECT Kunden.KundenNr, Name, Vorname, BestellNr, Bestelldatum
FROM Kunden, Bestellungen
WHERE Kunden.KundenNr = Bestellungen.KundenNr;
```

So haben Sie es in Kapitel 14 gelernt. Mit dem Join-Operator, den Sie hier kennenlernen, geht es auch und sieht folgendermaßen aus:

```
SELECT Kunden.KundenNr, Name, Vorname, BestellNr, Bestelldatum
FROM Kunden JOIN Bestellungen
ON Kunden.KundenNr = Bestellungen.KundenNr;
```

In beiden Fällen lautet das Ergebnis:

Kunden.KundenNr	Name	Vorname	BestellNr	Bestelldatum
100	Müller	Yasmin	24001	19.01.2024
102	Adams	Kai	24002	23.01.2024
103	Zuber	Vera	24003	19.10.2024
100	Müller	Yasmin	25001	26.01.2025
104	Gerlach	Amelie	25002	27.02.2025

Wie Joins abgearbeitet werden

Dem DBMS stehen mehrere Algorithmen zur Verfügung, wie Joins abgearbeitet werden können; das gilt sowohl für den Join-Operator als auch für den Join in der WHERE-Klausel wie im Beispiel oben. Welcher gewählt wird, legt der Optimizer fest, der den Ausführungsplan erstellt. Er berücksichtigt dabei insbesondere, ob Indizes vorhanden sind, die ein sortiertes Lesen der Tupel ermöglichen. Die drei Möglichkeiten sind:

- ✔ Nested Loop Join
- ✔ Sort-Merge Join
- ✔ Hash Join

Nested Loop Join

Hier werden die Tupel der einen Tabelle nacheinander gelesen. Für jedes Tupel wird dann überprüft, ob dessen Wert im Join-Attribut in der anderen Tabelle vorkommt.

Wir gehen von zwei Tabellen R(a, …) und S(b, …) mit den Join-Attributen a beziehungsweise b aus. Dann sieht der Pseudocode dazu folgendermaßen aus:

```
Für jedes Tupel r aus R
   Für jedes Tupel s aus S
        Wenn r.a = s.b
        Dann schreibe (r, s) in die Ergebnistabelle
   Bis kein Tupel in S mehr vorhanden
Bis kein Tupel in R mehr vorhanden
```

Der Aufwand dafür ist $B_R + T_R * B_S$.

B_R respektive B_S stehen dabei für die Anzahl der Dateiblöcke, die von den Tupeln von R und S belegt werden. T_R ist die Anzahl der Tupel von R.

Sort-Merge Join

In Abbildung 17.3 sehen Sie, dass hier zunächst beide Tabellen nach dem Join-Attribut sortiert werden. Dann wird durch sequenzielles Lesen der beiden sortierten Tabellen überprüft, ob ein Wert des Join-Attributs in beiden Tabellen vorkommt.

Tabelle R

17	33	71	14	91

Tabelle S

71	34	14	88	12

Sort

Tabelle R sortiert

14	17	33	71	91

Tabelle S sortiert

12	14	34	71	88

Merge

R JOIN S

14	71

Abbildung 17.3: Sort-Merge Join

Der Aufwand dieses Verfahrens wird im Wesentlichen vom Sort-Algorithmus bestimmt. Deshalb ist es vorteilhaft, wenn zumindest eine der beiden Tabellen mithilfe eines Index sortiert gelesen werden kann.

Auf die gleiche Art können Sie sehr effizient einen unsortierten Kartenstapel sortieren.

Hash Join

Beide Relationen R und S werden mithilfe einer Hash-Funktion (im folgenden Beispiel Modulo 3) in sogenannte Buckets aufgeteilt, die den Restklassen der Hash-Funktion (hier 0, 1 und 2) entsprechen.

Gleiche Werte des Join-Attributs von R und S werden deshalb in gleichen Buckets gespeichert und anschließend nach einem erneuten Durchlauf durch die Buckets herausgefiltert. Die folgende Abbildung 17.4 zeigt ein Beispiel.

Tabelle R

17	33	71	14	91

Tabelle S

71	34	14	88	12

Restklassen von R Modulo 3

33	91	17 71 14

Restklassen von S Modulo 3

12	34	71 14 88

R Join S

71	14

Abbildung 17.4: Hash Join

Der Hash Join ist der Algorithmus der Wahl, wenn keine Indexe für sortiertes Lesen zur Verfügung stehen und die Join-Bedingung auf Gleichheit bei den Join-Attributen prüft, was aber in der Regel der Fall sein dürfte. Der Aufwand wächst linear mit der Tupelanzahl der beiden Tabellen. Allerdings ist die Ergebnistabelle nicht automatisch sortiert.

Aufgaben

Erstellen Sie für die folgenden Fragestellungen die SELECT-Befehle und verwenden Sie dabei den Join-Operator.

1. Sie wollen für die einzelnen Kunden wissen, ob es für sie Bestellungen gibt.
2. Sie wollen für die Kunden die von ihnen bestellten Artikel wissen.
3. Welche Artikel sind wie oft bestellt worden?

IN DIESEM KAPITEL

Wozu braucht man semistrukturierte Daten?

Mit XML-Daten arbeiten

Mit JSON-Daten arbeiten

Kapitel 18
Semistrukturierte Daten abfragen

In diesem Kapitel wenden wir uns einer besonderen Klasse von Daten zu, den semistrukturierten Daten. In Kapitel 6 wurden zwei Vertreter davon vorgestellt:

- ✔ XML
- ✔ JSON

In diesem Kapitel erfahren Sie, wie man diese beiden Typen semistrukturierter Daten in einer relationalen Datenbank speichern und verarbeiten kann.

Einsatzfelder von XML und JSON

Sie können damit Dokumente speichern, die mit einer Struktur versehen sind, die selbst Teil des Dokuments ist. Der Hintergrund für die Entwicklung von XML, aber auch JSON war der Wunsch, allgemeingültige Standards für den flexiblen Datenaustausch zwischen Anwendungen beziehungsweise Computern zu haben. Es geht dabei primär nicht darum, Daten als Tabellen zu speichern und Zeilen und Spalten davon abzufragen oder Berechnungen damit auszuführen, sondern Dokumente als Ganzes zu verwalten und – eventuell nur temporär – zu speichern.

Der Abbildung 18.1 können Sie mehrere Anwendungsmöglichkeiten für XML und JSON entnehmen:

- ✔ Datenaustausch zwischen Anwendungsprogrammen
- ✔ Datenübertragung von Sensoren oder Messgeräten
- ✔ Speicherung von Dokumenten in einer relationalen Datenbank

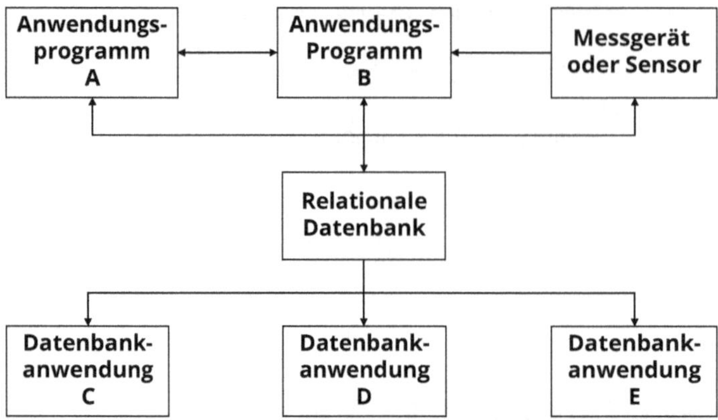

Abbildung 18.1: Anwendungsmöglichkeiten für XML und JSON

Insbesondere das dritte Einsatzszenario ist im Kontext dieses Buches von Bedeutung und wird näher besprochen.

XML

XML wurde bereits 2003 in den SQL-Sprachstandard eingeführt. Diejenigen DBMS, die diese Erweiterung implementiert haben – dazu zählen Oracle, PostgreSQL und SQL Server – können XML-Dokumente direkt speichern und verarbeiten.

In den folgenden beiden Abschnitten erfahren Sie, wie Sie eine Tabelle mit XML-Daten definieren können und welche wesentlichen Funktionen es gibt, um darauf zuzugreifen.

Eine Tabelle mit einer XML-Spalte definieren

Der CREATE-TABLE-Befehl zum Erzeugen einer Tabelle mit einer Spalte vom Typ XML sieht so aus:

```
CREATE TABLE Personen
( Vorname      VARCHAR(30),
  Name         VARCHAR(30),
  Ort          VARCHAR(30),
  Kontakte     XML,
PRIMARY KEY (Name, Vorname)
);
```

Die ersten drei Attribute sind selbsterklärend. Im vierten Attribut werden die Kontakte zu einer Person im XML-Format dokumentiert, etwa wann er stattgefunden hat (Format JJJJMMTT), wie er erfolgte (telefonisch, per Mail…) und welchen Inhalt oder Zweck er hatte. Das könnte so aussehen:

```
<Kontakte>
  <Kontakt>
    <Datum>20240325</Datum>
    <Kanal>Anruf</Kanal>
    <Nachricht>Termin für nächsten Besuch abmachen</Nachricht>
  </Kontakt>
  <Kontakt>
    <Datum>20240419</Datum>
    <Kanal>WhatsApp</Kanal>
    <Nachricht>Glückwünsche zum Geburtstag</Nachricht>
  </Kontakt>
</Kontakte>
```

Ein INSERT-Befehl für die Tabelle sieht dann etwa so aus:

```
INSERT INTO Personen VALUES
('Olaf', 'Mustermann', 'Berlin', XMLPARSE(CONTENT
  '<Kontakte>
    <Kontakt>
      <Datum>20240325</Datum>
      <Kanal>Anruf</Kanal>
      <Nachricht>Termin für nächsten Besuch abmachen</Nachricht>
    </Kontakt>
    <Kontakt>
      <Datum>20240419</Datum>
      <Kanal>WhatsApp</Kanal>
      <Nachricht>Glückwünsche zum Geburtstag</Nachricht>
    </Kontakt>
   </Kontakte> ')
);
```

Für das Einfügen der XML-Daten wird hier die im Standard definierte Funktion XMLPARSE verwendet. Überprüfen Sie, ob Ihr DBMS diese und/oder eine andere Möglichkeit für das Speichern von XML-Daten unterstützt, etwa XML › … ‹.

Für die folgenden Beispiele sollen zwei weitere Tupel in der Tabelle Personen gespeichert werden.

```
INSERT INTO Personen VALUES
('Anna', 'Scholz', 'Berlin', XMLPARSE (CONTENT
  '<Kontakte>
    <Kontakt>
      <Datum>20240730</Datum>
      <Kanal>Anruf</Kanal>
      <Nachricht>Termin für nächsten Besuch abgesagt</Nachricht>
    </Kontakt>
  </Kontakte> ')
);
```

```
INSERT INTO Personen VALUES
('Anna', 'Lausen', 'Stuttgart', XMLPARSE (CONTENT
  '<Kontakte>
    <Kontakt>
      <Datum>20240730</Datum>
      <Kanal>Anruf</Kanal>
      <Nachricht>Bestätigung Termin für nächsten Besuch</Nachricht>
    </Kontakt>
      <Kontakt>
      <Datum>20240730</Datum>
      <Kanal>Teams</Kanal>
      <Nachricht>Support. Fehlersuche erfolgreich</Nachricht>
    </Kontakt>
  </Kontakte> ')
);
```

Mit einem `SELECT * FROM Personen` werden die drei eingegebenen Tupel angezeigt.

Vorname	Name	Ort	Kontakte
Olaf	Mustermann	Berlin	<Kontakte>
Anna	Scholz	Berlin	<Kontakte>
Anna	Lausen	Stuttgart	<Kontakte>

Den genauen Inhalt der XML-Dokumente erhalten Sie dann (je nach Tool) mit einem Mausklick darauf.

Ausgewählte XML-Funktionen

Es gibt eine ganze Reihe von SQL-Funktionen, um Daten vom Typ XML zu bearbeiten. Damit Sie einen Eindruck von der Komplexität der Speicherung und Verarbeitung von XML-Daten in SQL erhalten, sind sie hier alle aufgelistet:

- ✔ XMLDOCUMENT
- ✔ XMLELEMENT
- ✔ XMLFOREST
- ✔ XMLCONCAT
- ✔ XMLAGG
- ✔ XMLCOMMENT
- ✔ XMLPARSE
- ✔ XMPPI

- XMLQUERY
- EXTRACTVALUE
- XMLCAST
- XMLTABLE
- XPATH

Hinzu kommen die Prädikate

- DOCUMENT
- CONTENT
- XMLEXISTS
- VALID

Diese alle hier vorzustellen, würde den Rahmen dieses Buches sprengen. Wir beschränken uns deshalb auf einige wenige.

Eine detaillierte Beschreibung der SQL-Funktionen bezüglich XML finden Sie in »SQL. Alles-in-einem-Band für Dummies« von Allan G. Taylor.

XPATH

Mit der Funktion XPATH(*xpath, xml*) erhalten Sie die durch den Pfad xpath angegebenen XML-Knoten des Attributs xml. Sie möchten die Namen und die zugehörigen Daten der Kontakte mit den Personen aus Berlin haben:

```
SELECT Name, XPATH('/Kontakte/Kontakt/Datum', Kontakte) Datum
FROM Personen WHERE Ort = 'Berlin';
```

Das Ergebnis dieser Abfrage lautet:

```
Name       Datum
Mustermann {<Datum>20240325</Datum>,<Datum>20240419</Datum>}
Scholz     {<Datum>20240730</Datum>}
```

Diese Funktion wird unter anderem von PostgreSQL bereitgestellt.

EXTRACTVALUE

Eine Alternative dazu ist die Funktion EXTRACTVALUE(*xml, pfad*).

```
SELECT Name, EXTRACT(Kontakte,'/Kontakte/Kontakt/Datum')
FROM Personen WHERE Name = 'Scholz';
```

Diese Funktion ist etwa bei dem DBMS Oracle und MySQL implementiert.

Sie liefert allerdings die XML-Werte ohne die umschließenden Tags zurück.

Allerdings darf der Pfadausdruck nur zu höchstens einem Knoten führen, wie bei Anna Scholz. Oder Sie beschränken das Datum auf nur einen Kontakt, etwa den ersten:

```
SELECT Name, EXTRACT(Kontakte,'/Kontakte/Kontakt[1]/Datum')
FROM Personen WHERE Ort = 'Berlin';
```

XMLTABLE

Mit dieser Funktion kann man XML-Daten als Zeilen einer Tabelle – wenn gewünscht auch mit anderen Attributen – ausgeben. Diese Funktion darf nur in der FROM-Klausel eines SELECT-Befehls verwendet werden, weil eine Konvertierung der anzuzeigenden XML-Daten in einer interne Zwischentabelle stattfindet. Als ersten Parameter von XMLTABLE( ) definieren Sie mithilfe einer Pfadangabe die Zuordnung der XML-Daten zum XML-Attribut der Ausgangstabelle. Mithilfe der COLUMNS-Angaben legen Sie die Spalten der Zwischentabelle fest, die man dann anzeigen kann; mit PATH erfolgt die Zuordnung dieser Spalten zu den Tags des XML-Attributs, wie für die Tabelle Personen und ihr XML-Attribut Kontakte in der Abbildung 18.2 visualisiert.

CREATE TABLE Personen (... , **Kontakte**XML, ...)

SELECT ... , **k.Kontaktdatum**, **k.Kanal**
FROM Personen p,
XMLTABLE ('**/Kontakte/Kontakt**' PASSING **p.Kontakte**
COLUMNS **Kontaktdatum** VARCHAR(8) PATH '**Datum**',
Kanal VARCHAR(10) PATH '**Kanal**'
) k
WHERE ... ;

(..., '**<Kontakte>** **<Kontakt>** <**Datum**>20240730<**/Datum**> <**Kanal**>Anruf<**/Kanal**> ... </Kontakt> </Kontakte> ')

Abbildung 18.2: Visualisierung der XMLTABLE-Parameter

Als Beispiel für XMLTABLE( ) sollen die Vornamen, Namen und die Werte der XML-Tags für die Kontaktdaten und den Kanal in Tabellenform ausgegeben werden.

```
SELECT p.Vorname, p.Name, k.Kontaktdatum, k.Kanal
FROM Personen p,
        XMLTABLE ('/Kontakte/Kontakt' PASSING p.Kontakte
                COLUMNS  Kontaktdatum VARCHAR(8) PATH 'Datum',
                         Kanal VARCHAR(10) PATH 'Kanal'
        ) k
WHERE Ort = 'Berlin';
```

```
Vorname  Name          Kontaktdatum   Kanal
Olaf     Mustermann    20240325       Anruf
Olaf     Mustermann    20240419       WhatsApp
Anna     Scholz        20240730       Anruf
```

Es ginge auch, nur einen Kontakt auszugeben, beispielsweise den ersten. Außerdem können Sie das Synonym für die Tabelle Personen weglassen. Das Synonym für XMLTABLE( ) ist allerdings notwendig, weil die Attribute der COLUMNS-Parameter in der Ausgabeliste hinter SELECT referenziert werden.

```
SELECT Vorname, Name, k.Kontaktdatum, k.Kanal
FROM Personen,
         XMLTABLE ('/Kontakte/Kontakt[1)' PASSING Kontakte
                 COLUMNS  Kontaktdatum VARCHAR(8) PATH 'Datum',
                          Kanal VARCHAR(10) PATH 'Kanal'
         ) k
WHERE Ort = 'Berlin';
```

XMLELEMENT

Der Operator XMLELEMENT(*tag, attribut*) transformiert einen Wert eines relationalen Standarddatentyps in ein XML-Element. Als Beispiel wird der Wohnort der Kundin Anna Scholz im XML-Format ausgegeben.

```
SELECT Name, XMLELEMENT(NAME "Wohnort", Ort) WohnortXML
FROM Personen
WHERE Name = 'Scholz';
```

```
Name              WohnortXML
Scholz            <Wohnort>Berlin</Wohnort>
```

Beachten Sie dabei, dass der Tag <Wohnort> ... </Wohnort>, von dem der Ort eingeschlossen ist, mit Doppelhochkommata eingeschlossen ist.

XMLFOREST

Diese Funktion transformiert eine Liste relationaler Attributwerte in einen »Wald« (Englisch Forest) von XML-Elementen. Im Beispiel werden für die Vornamen und Orte entsprechende XML-Elemente <Vorname> ... >/Vorname> und <Ort> ... </Ort> erstellt.

```
SELECT Name, XMLFOREST(Vorname, Ort) AS "Forest"
FROM Personen
WHERE Name = 'Mustermann' OR Name = 'Scholz';
```

```
Name              Forest
Mustermann        <VORNAME>Olaf</VORNAME><ORT>Berlin</ORT>
Scholz            <VORNAME>Anna</VORNAME><ORT>Berlin</ORT>
```

XMLAGG

Die XML-Funktion XMLAGG(*zu_aggregierende_Elemente*) aggregiert mehrere XML-Elemente – etwa die mit XMLELEMENT( ) transformierten Werte mehrerer Tupel einer Tabellenspalte – zu einem einzelnen XML-Element.

```
SELECT XMLAGG(XMLELEMENT( Name "Name", Name)) AS "Ergebnis"
FROM Personen;
```

```
Ergebnis
<Name>Scholz</Name> <Name>Mustermann</Name> <Name>Lausen</Name>
```

Eine schöne Anwendung ist die Kombination von XMLAGG mit GROUP BY. Dazu benötigen Sie:

1. Das XML-Element, für das die XML-Elemente zu aggregieren sind

2. Das XML-Element, das aggregiert werden soll

   ```
   SELECT XMLELEMENT (Name "Ort", Ort),
   XMLAGG(XMLELEMENT( Name "Name", Name))
   FROM Personen
   GROUP BY Ort;
   ```

   ```
   XMLELEMENT               XMLAGG
   <Ort>Stuttgart</Ort>     <Name>Lausen>/Name>
   <Ort>Berlin</Ort>        <Name>Mustermann/Name>
                            <Name>Scholz</Name>
   ```

JSON

JSON ist – genau wie XML – ein genormtes dokumentenbasiertes Format zur Speicherung und Übertragung semistrukturierter Daten, wie etwa

```
{ "Name" : "Mustermann", "Vorname" : "Olaf", "Ort" : "Berlin" }
```

Insbesondere durch die Entwicklungen auf dem Gebiet der NoSQL-Datenbanken, die Verbreitung der Programmiersprache Java und den Wunsch, NoSQL- und SQL-Datenbanken zu koppeln, erfreut sich JSON einer großen Beliebtheit. Das zeigt sich zum Beispiel daran, dass es sowohl im SQL-Standard 2016 als auch im Standard aus dem Jahr 2023 Erweiterungen bei der Speicherung und Verarbeitung von JSON-Objekten in relationalen Datenbanken gab.

Siehe dazu auch

Michels, Jan u.a.: The New and Improved SQL:2016 Standard, in: SIGMOD Record, June 2018 (Vol. 47, No. 2)

Eisentraut, Peter: SQL:2023 is finished: Here is what's new, `http://peter.eisentraut.org/blog/2023/04/04/sql-2023-is-finished-here-is-whats-new`

Eine Tabelle mit einer JSON-Spalte definieren

Alle verbreiteten und bekannten relationalen DBMS bieten für JSON-Dokumente einen nativen Datentyp an, wie es im SQL-Standard vorgesehen ist. Wir werden die in SQL zur Verfügung stehenden Funktionen zur Verarbeitung von JSON – wie für XML – anhand einer Tabelle Personen erläutern. Wenn Sie diese für XML testhalber angelegt haben sollten, empfehle ich, sie umzubenennen, damit es keine Konflikte gibt.

```
CREATE TABLE Personen
( Vorname      VARCHAR(30),
  Name         VARCHAR(30),
  Ort          VARCHAR(30),
  Kontakte     JSON,
PRIMARY KEY (Name, Vorname)
);
```

Anschließend fügen wir einige Tupel in die Tabelle Personen ein.

```
INSERT INTO Personen VALUES
('Olaf', 'Mustermann', 'Berlin', '{"Kontakte": [
  {"Datum": 20240325, "Kanal": "Anruf",
   "Nachricht": "Termin für nächsten Besuch abmachen"},
  {"Datum": 20240419, "Kanal": "WhatsApp",
   "Nachricht": "Glückwünsche zum Geburtstag"}
  ] }'
);
INSERT INTO Personen VALUES
('Anna', 'Scholz', 'Berlin', '{"Kontakte": [
  {"Datum": 20240730, "Kanal": "Anruf",
   "Nachricht": "Termin für nächsten Besuch abgesagt"}
  ] }'
);
INSERT INTO Personen VALUES
('Anna', 'Lausen', 'Stuttgart', '{"Kontakte": [
  {"Datum": 20240730, "Kanal": "Anruf",
   "Nachricht": "Bestätigung Termin für nächsten Besuch "},
  {"Datum": 20240730, "Kanal": "Teams",
   "Nachricht": "Support. Fehlersuche erfolgreich "}
  ] }'
);
```

Nach erfolgreichem INSERT liefert ein `SELECT * FROM Personen` dann folgendes Ergebnis.

Vorname	Name	Ort	Kontakte
Olaf	Mustermann	Berlin	{"Kontakte": [...
Anna	Scholz	Berlin	{"Kontakte": [...
Anna	Lausen	Stuttgart	{"Kontakte": [...

Ausgewählte JSON-Funktionen

Genau wie für XML gibt es in SQL eine ganze Reihe von Funktionen, um JSON-Dokumente zu verarbeiten. Denn was nützt ein Datentyp, wenn man nichts damit anfangen kann? Wenn Sie in Ihrer Datenbank den Datentyp JSON verwenden wollen, sollten Sie sich die folgenden Funktionen merken:

- ✔ JSON_VALUE
- ✔ JSON_QUERY
- ✔ JSON_EXTRACT
- ✔ JSON_TABLE
- ✔ JSON_EXISTS
- ✔ JSON_OBJECT
- ✔ JSON_ARRAY
- ✔ JSON_ARRAYAGG

Wir besprechen jeweils nur die Grundformen dieser Funktionen. Weitere optionale Klauseln oder auch Einschränkungen finden Sie gegebenenfalls in der Dokumentation Ihres DBMS (beispielsweise `https://docs.oracle.com/en/database/oracle/oracle-database/21/adjsn/json-developers-guide.pdf` oder `https://postgrespro.com/blog/pgsql/5969433`). Dort gibt es vielleicht auch noch weitere spezielle Funktionen für JSON zu entdecken. Wenn Sie JSON-Dokumente auch bearbeiten wollen, sollten Sie beispielsweise nach folgenden Funktionen suchen:

- ✔ JSON_INSERT
- ✔ JSON_MODIFY
- ✔ JSON_REPLACE
- ✔ JSON_REMOVE

Im SQL-Standard sind allerdings keine Funktionen zur Änderung von Teilen eines JSON-Dokuments enthalten (`https://modern-sql.com/blog/2017-06/whats-new-in-sql-2016` und `https://modern-sql.com/standard/2023`).

In den folgenden Abschnitten ist sehr oft von einem »Pfad« die Rede. Dabei handelt es sich um einen JSONPath-Ausdruck, der den Weg von der Wurzel des JSON-Dokuments zum gewünschten Element beschreibt. Der Pfad beginnt mit den Zeichen »$«, was für das gesamte JSON-Dokument steht.

Als Beispiel gehen wir von folgendem JSON-Dokument aus:

```
{"Nr":1, "Name": {"Vorname": "Paulchen", "Nachname": "Panther"},
"Lieblingsbücher":  ["Bretonischer Ruhm",  "Mission Erde"]  }
```

Wir erhalten:

`$`	Das gesamte JSON-Dokument
`$.Name`	`{"Vorname": "Paulchen", "Nachname": "Panther"}`
`$.Name.Vorname`	`"Paulchen"`
`$.Lieblingsbücher`	`["Bretonischer Ruhm",  "Mission Erde"]`
`$.Lieblingsbücher[0]`	`"Bretonischer Ruhm"`

JSON_VALUE

Die Funktion JSON_VALUE(*json-dokument, pfad*) liefert für das angegebene JSON-Dokument den mit *pfad* spezifizierten skalaren Wert zurück. Das JSON-Dokument wird in der Regel ein Attribut einer Tabelle sein, Sie können es aber auch direkt eintragen.

```
SELECT JSON_VALUE('{"a":1, "b":"hallo"}', '$.b') Ausgabe
FROM DUAL;    -- Oracle-Notation
```

```
Ausgabe
"hallo"
```

```
SELECT JSON_VALUE(Kontakte, '$.Kontakte[0].Nachricht') "Zweck"
FROM Personen
WHERE Vorname = 'Olaf' AND Name = 'Mustermann';
```

```
Zweck
"Termin für nächsten Besuch abmachen"
```

Bei PostgreSQL gibt es stattdessen den Operator »->«.

```
SELECT Vorname, Name,
Kontakte -> 'Kontakte'-> 0 "erster Kontakt"
FROM Personen;
```

Diese Abfrage liefert den jeweils ersten Kontakt zurück (die Zählung beginnt bei 0!), also:

```
Vorname         Name              erster Kontakt
Olaf            Mustermann        {"Datum": 20240325, "Kanal":
"Anruf", "Nachricht": "Termin für nächsten Besuch abmachen"}
Anna            Scholz            {"Datum": 20240730, "Kanal":
"Anruf", "Nachricht": "Termin für nächsten Besuch abgesagt"}
Anna            Lausen            {"Datum": 20240730, "Kanal":
"Anruf", "Nachricht": "Bestätigung Termin für nächsten Besuch "}
```

```
SELECT Vorname, Name,
Kontakte -> 'Kontakte'-> 0 -> 'Datum' "erstes Datum"
FROM Personen;
```

Dieser Befehl liefert das Datum des jeweils ersten Kontakts zurück:

Vorname	Name	erstes Datum
Olaf	Mustermann	20240325
Anna	Scholz	20240730
Anna	Lausen	20240730

Das ist die Grundform dieser Funktion. Weitere optionale Klauseln sind

- ✔ RETURNING
- ✔ WRAPPER
- ✔ ON_EMPTY
- ✔ ON_MISMATCH.

JSON_QUERY

Diese Funktion wird verwendet, wenn Sie nicht nur einen skalaren Wert, sondern ein ganzes JSON-Dokument oder einen Teil davon ausgeben wollen. Sie hat wie die Funktion JSON_VALUE ebenfalls zwei *Parameter json-dokument* und *pfad*, wobei der Pfad auf zumindest ein Key/Value-Paar verweist.

```
SELECT JSON_VALUE(Kontakte, '$.Kontakte[0]') "erster Kontakt mit Olaf"
FROM Personen
WHERE Vorname = 'Olaf' AND Name = 'Mustermann';
```

```
erster Kontakt mit Olaf
{"Datum": 20240325, "Kanal": "Anruf", "Nachricht": "Termin für nächsten
Besuch abmachen"}
```

JSON_EXTRACT

Die Funktion JSON_EXTRACT(*json-dokument, pfad*)) ist eine Alternative zu JSON_Value und JSON_Query und bei einigen DBMS wie beispielsweise MySQL implementiert.

```
SELECT JSON_EXTRACT('{"Nr":1, "Name": {"Vorname": "Paulchen", "Nachname":
"Panther"}}', '$.Name.Vorname') Ausgabe;
```

```
Ausgabe
"Paulchen"
```

Das gilt sowohl für skalare Werte als auch für ganze Fragmente eines JSON-Dokuments.

```
SELECT JSON_EXTRACT('{"Nr":1, "Name": {"Vorname": "Paulchen", "Nachname":
"Panther"}}', '$.Name') Ausgabe;
```

Ausgabe
```
{"Vorname": "Paulchen", "Nachname": "Panther"}
```

JSON_TABLE

Die Funktion JSON_TABLE(*json-dokumente, pfad attribute*) konvertiert JSON-Dokumente in Zeilen einer relationalen Tabelle. Damit erhalten Sie eine relationale, also tabellarische Sicht auf JSON-Dokumente.

- ✔ Der erste Parameter, *json-dokumente*, enthält die auszuwertenden JSON-Dokumente oder einen Verweis auf eine entsprechende JSON-Spalte einer Tabelle.
- ✔ Der erste Teil *pfad* des zweiten Parameters verweist auf denjenigen Teil des ersten Parameters, der tabellarisch ausgewertet werden soll.
- ✔ Der zweite Teil *attribute* des zweiten Parameters enthält eine Liste von Attributbezeichnern, denen die auszuwertenden JSON-Elemente zugewiesen werden sollen.
- ✔ Weil JSON_TABLE eine Tabellenfunktion ist, muss sie mit einem Alias-Namen versehen werden.

Im einfachsten Fall könnte das so aussehen:

```
SELECT * FROM
JSON_TABLE('{"Vorname": "Paulchen", "Nachname": "Panther"}',
           '$[*]'  COLUMNS(Vorname VARCHAR(10) PATH '$.Vorname',
                           Nachname VARCHAR(10) PATH '$.Nachname')
    ) jtab;
```

Vorname	Nachname
Paulchen	Panther

Und wenn Sie eine Liste von JSON-Werten haben, schreiben Sie »$[*]« statt »$«.

```
SELECT * FROM
JSON_TABLE('[{"Vorname": "Paulchen", "Nachname": "Panther"},
        {"Vorname": "Asterix}, "Nachname": "der Gallier"},
        {"Vorname": "Benjamin", "Nachname": "Blümchen"}]',
        '$[*]' COLUMNS(Vorname VARCHAR(10) PATH '$.Vorname',
                       Nachname VARCHAR(10) PATH '$.Nachname')
    ) jtab;
```

Vorname	Nachname
Paulchen	Panther
Asterix	der Gallier
Benjamin	Blümchen

Als erstes Beispiel für die Tabelle Personen sollen der Name sowie das Kontaktdatum und der Kanal für alle Personen aus Berlin ausgegeben werden.

```
SELECT Vorname, Name, jtab.Datum, jtab.Kontaktart
FROM Personen, JSON_TABLE(Kontakte, '$.Kontakte[*]'
        COLUMNS (Datum CHAR(8) PATH '$.Datum',
                 Kontaktart CHAR(10) PATH '$.Kanal')
) jtab
WHERE Ort = 'Berlin';
```

Für den ersten Parameter von JSON_TABLE wird implizit ein Join zur Personentabelle hergestellt, denn dort gibt es das Attribut Kontakte. Die Pfadangaben von COLUMNS(...) beziehen sich auf jeden Kontakteintrag »$.Kontakte[*]« des JSON-Dokuments Kontakte. Das Ergebnis ist wie erwartet.

Vorname	Name	Datum	Kontaktart
Olaf	Mustermann	20240325	Anruf
Olaf	Mustermann	20240419	WhatsApp
Anna	Scholz	20240730	Anruf

Auch die Verwendung von Aggregatfunktionen und GROUP BY ist möglich, wie das nächste Beispiel zeigt. Hier wird für jede Person die Anzahl der Kontakte ausgegeben.

```
SELECT Vorname, Name, count(*) "Anzahl Kontakte"
FROM Personen, JSON_TABLE(Kontakte, '$.Kontakte[*]'
       COLUMNS  (Datum CHAR(8) PATH '$.Datum',
                 Kontaktart CHAR(10) PATH '$.Kanal',
                 Nachricht VARCHAR(50) PATH '$.Nachricht')
) jtab
GROUP BY Vorname, Name;
```

Vorname	Name	Anzahl Kontakte
Anna	Lausen	2
Olaf	Mustermann	2
Anna	Scholz	1

JSON_EXISTS

Mit der Funktion JSON_EXISTS können Sie Folgendes überprüfen:

- Kommt ein JSON-Key im angegebenen Dokument vor?
- Kommt ein Key-Value-Paar vor?

Der erste Parameter ist der geforderte Key beziehungsweise das Key-Value-Paar und der zweite der Pfad zum JSON-Objekt. Diese Funktion kann in der WHERE-Klausel verwendet werden, denn Sie liefert TRUE oder FALSE zurück.

```
SELECT 'ja' FROM dual   -- Oracle-Notation
WHERE json_exists('{"a": 13}', '$.a') -- Oracle-Notation
```

```
SELECT Vorname, Name FROM Personen
WHERE JSON_EXISTS('{"Datum": 20240730}', '$.Kontakte[0]');
```

```
Vorname         Name
Anna            Scholz
Anna            Lausen
```

Anwender von MySQL oder PostgreSQL sollten sich die Funktionen `JSON_CONTAINS_PATH(…)` beziehungsweise `JSON_PATH_EXISTS(…)` ansehen (`https://www.jooq.org/doc/latest/manual/sql-building/conditional-expressions/json-exists-predicate/`).

JSON_OBJECT

Mit der Funktion JSON_OBJECT können Sie Attributwerte in ein JSON-Format, also Key-Value-Paare umwandeln. Als Parameter wählen Sie einen oder eine Liste von Schlüsselbegriffen, gefolgt vom jeweils zugeordneten Attribut.

```
SELECT JSON_OBJECT( KEY 'Vorname' IS p.Vorname, KEY 'Name' IS p.Name)
"Personen"
FROM Personen p;
```

```
Personen
{ "Vorname": "Anna", "Name": "Lausen"}
{ "Vorname": "Olaf", "Name": "Mustermann"}
{ "Vorname": "Anna", "Name": "Scholz"}
```

JSON_ARRAY

Die Funktion `JSON_ARRAY(<SQL-Ausdruck> [, <SQL-Ausdruck> …])` hat als Parameter einen Ausdruck oder eine kommaseparierte Liste von Ausdrücken, die im einfachsten Fall aus Attributen oder Konstanten beziehungsweise Literalen bestehen. Sie erzeugt aus den jeweiligen Werten ein mit eckigen Klammern eingeschlossenes JSON-Array.

```
SELECT JSON_ARRAY('hello', 'world', 2025) AS Ergebnis;
```

```
Ergebnis
["hello", "world", 2025]
```

Als zweites Beispiel sollen die Vornamen und Namen der Tabelle Personen jeweils als Array ausgegeben werden:

```
SELECT JSON_ARRAY(p.Vorname, p.Name) FROM Personen p;
```

```
JSON_ARRAY(p.Vorname, p.Name)
["Anna", "Lausen"]
["Olaf", "Mustermann"]
["Anna", "Scholz"]
```

JSON_ARRAYAGG

Vergleichbar mit JSON_ARRAY ist JSON_ARRAYAGG. Diese Aggregatfunktion hat als Parameter ein Attribut oder einen anderen Ausdruck und erzeugt aus den Attributwerten ebenfalls ein JSON-Array.

```
SELECT JSON_ARRAYAGG(p.Name)
PROM Personen p;
```

```
JSON_ARRAYAGG(p.Name)
["Lausen", "Mustermann", "Scholz"]
```

Das soll im Kontext dieses Buches zum Thema »XML und JSON in relationalen Datenbanken« genügen. Insbesondere bei JSON sollten Sie darauf achten, welche Version Ihres DBMS Sie verwenden und welche Funktionen davon unterstützt werden.

Aufgaben

1. Eine Tabelle Personen soll die beiden Attribute Name und Lieblingslieder vom Datentyp VARCHAR(3) und XML enthalten. Ein Beispiel für Lieblingslieder ist etwa

   ```
   <Lieblingslieder> <Lieblingslied>Fly me to the moon</Lieblingslied>
   <Lieblingslied>Stumblin'In</Lieblingslied> </Lieblingslieder>
   ```

   Ermitteln Sie mit XPATH die Lieblingslieder der Personen.

2. Jetzt sollen die Lieblingslieder statt als XML im JSON-Format vorliegen. Ermitteln Sie das erste Lieblingslied mit JSON_VALUE.

IN DIESEM KAPITEL

Die logischen Quantoren EXIST, ANY und ALL

Reguläre Ausdrücke zur Auswertung von Zeichenketten

Rekursive Abfragen

Fenster verbessern den Durchblick

Kapitel 19
SELECT bei komplexeren Fragestellungen

In diesem Kapitel wird es etwas mathematisch. Aber keine Angst, anhand der vielen Beispiele sollte es kein Problem sein, das zu verstehen und sinnvoll anzuwenden.

Keiner, irgendeiner oder alle

Gelegentlich stehen Sie vor der Aufgabe herauszufinden, ob es in einer Tabelle kein oder mindestens ein Tupel gibt, das eine bestimmte Bedingung erfüllt oder ob sogar alle Tupel dieses tun, beispielsweise:

- ✔ Welche Kunden haben keinen Artikel bestellt?
- ✔ Welche Kunden haben mindestens einen Artikel mehrfach bestellt?
- ✔ Welche Kunden haben alle Artikel bestellt?

Dann können folgende Quantoren weiterhelfen:

- ✔ EXIST
- ✔ ANY
- ✔ ALL

Für die Beispiele in diesem Abschnitt gehen wir von folgenden drei Tabellen mit Kunden (Tabelle 19.1), Artikeln (Tabelle 19.2) und den Bestellungen von Kunden für Artikel (Tabelle 19.3) aus:

KundenNr	Vorname	Name	Ort
100	Ben	Schulz	Hamburg
101	Julia	Meier	Berlin
102	Tom	Adams	Berlin

Tabelle 19.1: Beispieltabelle Kunden

ArtikelNr	Bezeichnung	Preis
1001	Tafel Schokolade	1.99
1002	Weingummi	1.20
1003	Müsli-Riegel	1.00

Tabelle 19.2: Beispieltabelle Artikel

BestellNr	KundenNr↑	Bestelldatum	Artikel↑	Menge
1	100	21.10.2024	1001	1
2	100	12.12.2024	1003	2
3	101	17.11.2024	1001	1
4	101	29.12.2024	1002	1
5	100	03.01.2025	1002	4

Tabelle 19.3: Beispieltabelle Bestellungen

Der EXIST-Operator

Der EXIST-Operator wird verwendet, um nachzuprüfen, ob in einer Subquery mindestens ein Tupel vorhanden ist. Wenn das der Fall ist, liefert er TRUE zurück, sonst FALSE. Es kommt dabei nicht auf die konkreten Werte der Tupel an, sondern nur auf ihre Existenz.

Der EXIST-Operator für Subqueries

```
SELECT … FROM …
WHERE EXISTS <Subquery>
```

In der Regel wird in der Subquery auf die Tupel des umschließenden SELECT-Befehls Bezug genommen. Das bezeichnet man ja, wie bereits in Kapitel 16 erwähnt, als *korrelierte Subquery*.

Sie wollen herausfinden, welche Kunden etwas bestellt haben:

```
SELECT Vorname, Name FROM Kunden
WHERE EXISTS   (SELECT * FROM Bestellungen
                WHERE KundenNr = Kunden.KundenNr);
```

In der Subquery beziehen wir uns mit dem Attribut »Kunden.KundenNr« auf den umschließenden SELECT-Befehl. Das Ergebnis lautet:

Vorname	Name
Ben	Schulz
Julia	Meier

Alternativ dazu können Sie aber auch Folgendes eingeben:

```
SELECT Vorname, Name FROM Kunden
WHERE KundenNr IN (SELECT KundenNr FROM Bestellungen);
```

Diese Lösung verwendet eine unkorrelierte Subquery, was grundsätzlich schneller sein sollte. Ein guter Optimizer wird aber für beide Varianten denselben Ausführungsplan erzeugen (das wurde exemplarisch mit PostgreSQL getestet). Sie sehen, es führen oftmals mehrere Wege zum Ziel.

Und mit der Negation davon, also NOT EXISTS, bestimmen Sie die Kunden, die nichts bestellt haben.

```
SELECT Vorname, Name FROM Kunden
WHERE NOT EXISTS (SELECT * FROM Bestellungen
                  WHERE KundenNr = Kunden.KundenNr);
```

Vorname	Name
Tom	Adams

Der ANY-Operator

Der ANY-Operator wird in Kombination mit einem Vergleichsoperator wie »=«, »<=« oder »!=« genutzt und führt einen Vergleich eines Attributs mit einer Menge anderer Werte durch. Er liefert TRUE zurück, wenn für den jeweiligen Attributwert die Subquery zumindest einen passenden Ergebniswert enthält, sonst FALSE. Statt ANY können Sie auch SOME schreiben, der Effekt bleibt gleich.

Welche Kunden haben zumindest einmal von einem Teil mehr als ein Stück bestellt?

```
SELECT Vorname, Name FROM Kunden
WHERE KundenNr = ANY (SELECT KundenNr FROM Bestellungen
                      WHERE Menge > 1);
```

Der Name wird ausgegeben, wenn es in der Tabelle Bestellungen irgendein Tupel mit der zugehörigen Kundennummer gibt, das eine Bestellmenge > 1 hat.

Vorname	Name
Ben	Schulz

Der ALL-Operator

Der ALL-Operator führt ebenfalls einen Vergleich eines Attributs mit einer Menge anderer Werte durch. Er liefert aber im Gegensatz zu ANY nur dann TRUE zurück, wenn für den jeweiligen Attributwert alle Ergebniswerte der Subquery die Bedingung erfüllen.

Es sollen die Kunden ausgegeben werden, die immer nur Teile mit der Menge eins bestellen. Ein erster Ansatz wäre

```
SELECT Vorname, Name FROM Kunden
WHERE 1  = ALL (SELECT Menge FROM Bestellungen
                WHERE KundenNr = Kunden.KundenNr);
```

Leider wird dabei Tom Adams mit ausgegeben, der aber nichts bestellt hat. Deshalb ziehen wir die Kunden wieder ab, die nichts bestellt haben.

```
SELECT Vorname, Name FROM Kunden
WHERE 1  = ALL (SELECT Menge FROM Bestellungen
                WHERE KundenNr = Kunden.KundenNr)

EXCEPT
SELECT Vorname, Name FROM Kunden
WHERE NOT EXISTS (SELECT * FROM Bestellungen
                  WHERE KundenNr = Kunden.KundenNr);
```

Vorname	Name
Julia	Meier

Hier ist eine korrelierte Subquery erforderlich, denn

```
SELECT Vorname, Name FROM Kunden
WHERE 1 = ALL (SELECT Menge FROM Bestellungen);
```

gibt keine Zeilen aus, sobald irgendeine Bestellung eine Menge > 1 hat, denn dann ist `1 = ALL (SELECT Menge FROM Bestellungen)` immer FALSE.

NOT EXISTS NOT

Sie wollen wissen, welche Kunden alle Teile bestellt haben. Der ALL-Operator führt hier nicht zum Ziel. Aber folgende logische Äquivalenz gemäß Aussagenlogik hilft weiter:

Ein Kunde hat alle Teile bestellt, wenn es kein Teil gibt, das er nicht bestellt hat.

```
SELECT Vorname, Name FROM Kunden
WHERE NOT EXISTS
       (SELECT * FROM Artikel
        WHERE NOT EXISTS
                (SELECT * FROM Bestellungen
                 WHERE Bestellungen.ArtikelNr = Artikel.ArtikelNr
                 AND Bestellungen.KundenNr = Kunden.KundenNr));
```

Eine alternative Lösung wäre:

```
SELECT Vorname, Name FROM Kunden
WHERE KundenNr IN
        (SELECT KundenNr FROM Bestellungen
         GROUP BY KundenNr
         HAVING COUNT(*) = (SELECT COUNT(*) FROM Artikel));
```

Das ist zwar kürzer und vielleicht verständlicher, aber mathematisch nicht so elegant.

Sie sehen, das war schon etwas komplizierter. Vielleicht ist jetzt ein guter Zeitpunkt für eine kleine Pause und eventuell einen Spaziergang.

Reguläre Ausdrücke

In Kapitel 12 haben Sie bereits den LIKE-Operator kennengelernt, mit dem Sie Zeichenketten nach bestimmten Mustern durchsuchen können. Dabei stehen zwei Metazeichen zur Verfügung:

- Der Unterstrich »_« für genau ein beliebiges Zeichen und
- das Prozentzeichen »%« für eine Folge beliebiger Zeichen.

Wenn es auf weitergehende und komplexe Muster ankommt, wie zum Beispiel bei einer E-Mail-Adresse, ist das damit nicht möglich. Hier helfen reguläre Ausdrücke (Englisch regular expressions) weiter (es gibt viele Beiträge dazu im Internet, etwa `https://www.freecodecamp.org/news/sql-contains-string-sql-regex-example-query/`).

Reguläre Ausdrücke sind Zeichenketten, die aus den normalen und zusätzlichen Metazeichen bestehen und mit denen man komplexe Textmuster beschreiben kann.

Beispiel:

Fris[ö|eu]r steht für »Frisör« oder »Friseur«,

Fris[ö|eu]r(in)? ist gendergerecht und

(bla){2} bedeutet »blabla«.

Metasymbole

Sie können zur Beschreibung einer Zeichenkette insbesondere folgende Metasymbole verwenden:

- ^ Anfang einer Zeichenkette
- $ Ende einer Zeichenkette
- . ein beliebiges Zeichen
- [abc] jedes der von den eckigen Klammern umschlossenen Zeichen
  - [0-9] eine Ziffer
  - [a-z] ein Kleinbuchstabe
  - [A-Z] ein Großbuchstabe
- [^abc] jedes Zeichen außer den Genannten, hier a, b, c
- ( ) runde Klammern zur Gruppierung
- a|b|c Auflistung von Alternativen, hier a *oder* b *oder* c
- * keinmal, einmal oder mehrmals das Vorhergehende
- + einmal oder mehrmals das Vorhergehende
- {n} genau n-mal das Vorhergehende
- {n,m} das Vorhergehende kommt mindestens n und maximal m-mal vor
- ? das Vorhergehende kommt keinmal oder einmal vor und ist damit optional, was {0,1} entspricht
- \ maskiert das folgende Zeichen, es wird dann als normales Zeichen und nicht als Metazeichen behandelt (beispielsweise \. für den Punkt)

Ein Datum ab dem Jahr 2000 sieht so aus:

((0[1-9]|[12][0-9]|3[01])[\.](0[1-9]|1[0-2])[\.]20[0-9][0-9].

Ein regulärer Ausdruck zur Validierung von E-Mail-Adressen der im Ausdruck genannten vier Domains com, de, org und net könnte vereinfacht so aussehen:

^[a-z|A-Z|0-9]+[\.[a-z|A-Z|0-9]+]?@[a-z|A-Z|0-9|]+[\-[a-z|A-Z|0-9]+]?\.(com|de|org|net)$

Funktionen für reguläre Ausdrücke

Die Auswertung regulärer Ausdrücke der obigen Form ist seit 2003 in SQL mit der Funktion `SIMILAR TO` definiert (siehe dazu auch Brass, Stefan: Mustervergleich mit regulären Ausdrücken, `https://users.informatik.uni-halle.de/~brass/dbp21/beamer/p4_regex.pdf`).

Fast alle relationalen Datenbankmanagementsysteme bieten Funktionen für die Verarbeitung regulärer Ausdrücke an (allerdings teilweise mit anderen Bezeichnern), beispielsweise:

- ✔ REGEXP_LIKE — Suchen von Mustern
- ✔ REGEXP_REPLACE — Ersetzen von Mustern
- ✔ REGEXP_INSTR — Ausgabe der Position eines Musters
- ✔ REGEXP_SUBSTR — Ausgabe des dem regulären Ausdruck genügenden Musters

Für die beiden Funktionen SIMILAR TO und REGEXP_LIKE folgen abschließend noch einige einfache Beispiele.

SIMILAR TO

SIMILAR TO können Sie unter anderem bei PostgreSQL benutzen.

```
CREATE TABLE Wohnorte (Ort VARCHAR(20));
INSERT INTO Wohnorte VALUES ('BERNBURG');
INSERT INTO Wohnorte VALUES ('BERN')
INSERT INTO Wohnorte VALUES ('BERBERAU');
INSERT INTO Wohnorte VALUES ('BERGBURG');

SELECT * FROM Wohnorte WHERE Ort SIMILAR TO 'BERN(BURG)?';

ORT
BERN
BERNBURG

SELECT * FROM Wohnorte WHERE Ort SIMILAR TO '(BER)+AU';

ORT
BERBERAU

SELECT * FROM Wohnorte WHERE Ort SIMILAR TO 'BER[G|N]BURG';

ORT
BERNBURG
BERGBURG
```

REGEXP_LIKE

Diese Funktion ist unter anderem bei Oracle, MySQL und SQL Server implementiert.

```
SELECT * FROM Wohnorte WHERE REGEXP_LIKE(Ort, 'BERN(BURG)?');
```

```
ORT
BERN
BERNBURG
```

```
SELECT * FROM Wohnorte WHERE REGEXP_LIKE(Ort, '(BER)+AU');
```

```
ORT
BERBERAU
```

```
SELECT * FROM Wohnorte WHERE REGEXP_LIKE(Ort,'BER[G|N]BURG');
```

```
ORT
BERNBURG
BERGBURG
```

Rekursive SELECT-Befehle

Die Rekursion ist in vielen Programmiersprachen implementiert. Es handelt sich dabei um eine Methode, bei der sich Funktionen selbst wiederholt aufrufen, bis ein Abbruchkriterium erfüllt ist. Die Rekursion ist eine Alternative zu einer iterativen Lösung.

Was bedeutet Rekursion?

Sie wollen die Fakultät n! einer natürlichen Zahl $n \geq 1$ errechnen, also das Produkt aller Zahlen von 1 bis zu dieser Zahl n.

Eine iterative Lösung sieht vereinfacht so aus (in Pseudocode):

```
Fakultät(n)
        x = 1,
        FOR i = 1 TO n
        DO x = x * i,
        RETURN x.
```

Eine rekursive Lösung ist:

```
Fakultät(n)
        IF n = 1
        THEN RETURN 1
        ELSE RETURN n * Fakultät(n-1).
```

Sie erkennen, dass sich die Funktion Fakultät( ) selbst wieder aufruft.

Rekursion in SQL

In SQL gibt es bei SELECT-Befehlen die Option WITH RECURSIVE. Damit kann eine Abfrage auf das eigene Ergebnis zugreifen und rekursiv aufgerufen werden. WITH RECURSIVE ist optional, aber in vielen DBMS wie beispielsweise PostgreSQL oder MySQL implementiert.

Beispiel

Die Anwendungsbeispiele für ein SELECT mit Rekursion sind generell durch einen Baum oder ein Netzwerk darstellbar. Gefragt sind dann alle Punkte, die von einem Ausgangspunkt erreichbar sind, wie es beispielsweise bei Stücklisten, Firmenhierarchien oder Flugplänen der Fall ist.

Wir gehen von folgender Tabelle 19.4 mit dem Streckennetz einer fiktiven Fluggesellschaft HansaAir aus.

Flugnummer	Start	Ziel
HA001	Knuffingen	Westerland
HA002	Knuffingen	Blankensee
HA003	Blankensee	Cuxhaven
HA004	Cuxhaven	Blankensee
HA005	Cuxhaven	Helgoland
HA006	Bremen	Groningen
HA007	Groningen	Bremen

Tabelle 19.4: Tabelle Flugplan

Der CREATE TABLE dazu sieht – nicht überraschend – so aus:

```
CREATE TABLE Flugplan
( Flugnummer   CHAR(5) NOT NULL,
  Start        VARCHAR(15),
  Ziel         VARCHAR(15)
);
```

Welche Orte sind von Knuffingen erreichbar?

```
SELECT Ziel FROM Flugplan
WHERE Start = 'Knuffingen';
```

Das Ergebnis ist Westerland und Blankensee, wie ein Blick auf die Tabelle 19.4 zeigt. Und welche Flughäfen sind zusätzlich mit einmaligem Umsteigen zu erreichen? Sie könnten das natürlich so lösen, dass Sie statt Knuffingen Westerland und Blankensee in die SQL-Abfrage als Startflughafen eintragen und sehen, wo sie dann landen. Aber schön ist dieser Vorschlag nicht. Besser ist die folgende Lösung:

```
SELECT Flug1.Ziel FROM Flugplan Flug1
WHERE Flug1.Start = 'Knuffingen'
UNION
SELECT Flug2.Ziel FROM Flugplan Flug1, Flugplan Flug2
WHERE Flug1.Start = 'Knuffingen'
AND Flug2.Start = Flug1.Ziel;
```

Das geht noch. Aber was ist, wenn Sie bereit sind, auch zweimal oder dreimal oder gar beliebig oft umzusteigen und es sich statt um HansaAir um den Flugplan der Lufthansa handelt? Dann hilft eine rekursive Abfrage.

COMMON TABLE EXPRESSION »WITH RECURSIVE«

Bei einer »Common Table Expression« (CTE), die mit dem Schlüsselwort WITH eingeleitet wird, handelt es sich um eine temporäre benannte Ergebnismenge, die aus einer SQL-Anweisung erstellt und im nachfolgenden SELECT verwendet wird. Ganz simpel etwa

```
WITH CTE AS (SELECT …) SELECT … FROM CTE;
```

Dies benutzen wir zur rekursiven Ermittlung der von Knuffingen aus erreichbaren Flughäfen.

```
WITH RECURSIVE
         Erreichbar (Start, Ziel) AS
         ( SELECT Start, Ziel FROM Flugplan
           UNION
           SELECT Von.Start, Nach:Ziel
           FROM Erreichbar Von, Flugplan Nach
           WHERE Von.Ziel = Nach.Start
         ) SELECT Ziel FROM Erreichbar
           WHERE Start = 'Knuffingen';
```

```
Ziel
Westerland
Blankensee
Cuxhafen
Helgoland
```

Mit dieser Abfrage können Sie quasi jeden Flugplan auswerten, wie groß er auch ist. Das ist nur eine Frage der Antwortzeit.

Versuchen wir, diesen rekursiven SELECT-Befehl zu verstehen. Es beginnt mit einer CTE Erreichbar(Start, Ziel). Dass diese rekursiv immer größer wird, erkennt man an dem Schlüsselwort RECURSIVE. Beim ersten Durchlauf enthält sie nur Einträge mit Knuffingen als Start und den direkt von dort erreichbaren Zielen. Bei jedem weiteren Durchlauf wird die temporäre Tabelle Erreichbar dann mit UNION um neue Ziele erweitert, die von Knuffingen aus über den jeweiligen Zielflughafen gemäß Flugplan neu erreichbar sind.

Dass diese Abfrage auch tatsächlich rekursiv abgearbeitet wird, können Sie dem folgenden Ausführungsplan von Abbildung 19.1 entnehmen, der von PostgreSQL dafür erzeugt worden ist. Ohne auf Details eingehen zu wollen (Ausführungspläne kommen später), erkennt man die temporäre Ergebnismenge (Work Table) und die rekursive Abarbeitung (Recursive Union).

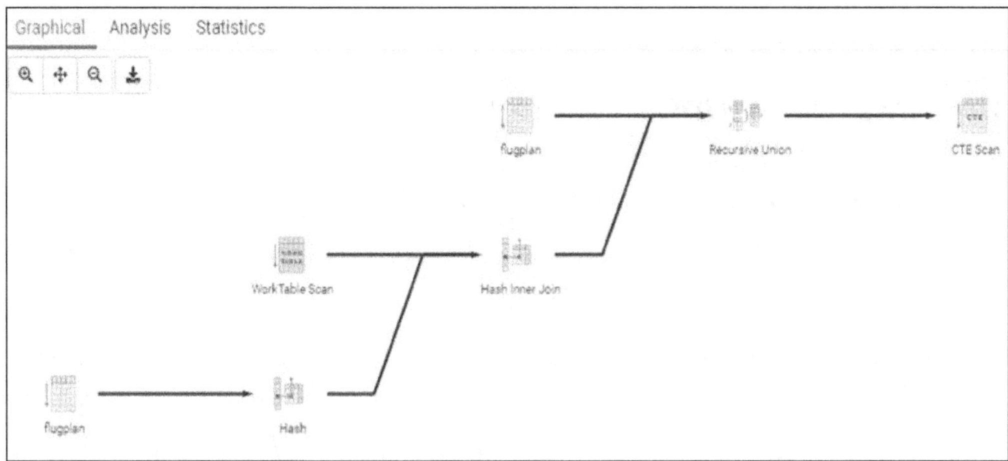

Abbildung 19.1: Ausführungsplan für rekursives SELECT, © PostgreSQL Global Dev. Group

Sie sehen, das ist alles nicht ganz einfach. Aber das Kapitel heißt ja auch »SELECT für Fortgeschrittene«. Und eine iterative Lösung – zum Beispiel mit maximal viermal Umsteigen – wäre auch nicht einfach.

Mit Fenstern arbeiten

In den Standards aus den Jahren 1999 und 2003 wurde SQL um Sprachkonstrukte erweitert, mit denen sich komplexe Abfragen mit Aggregatfunktionen durchführen lassen, die über die Möglichkeiten von GROUP BY weit hinausgehen. Dabei handelt es sich um die mit dem Schlüsselwort OVER eingeleitete WINDOW-Funktion mit den Optionen

- ✔ PARTITION BY
- ✔ ORDER BY

Damit lassen sich sogenannte OLAP-Abfragen (Online Analytical Processing) durchführen, wie sie vor allem im Data-Warehouse-Umfeld vorkommen (siehe dazu Gerken, Wolfgang: Data-Warehouse-Systeme für Dummies).

Hinzu kommt die RANK-Funktion, die wir am Schluss dieses Abschnitts besprechen.

Die WINDOW-Klausel

Eine WINDOW-Klausel führt mithilfe einer Aggregatfunktion wie beispielsweise SUM( ) Berechnungen für mehrere Tupel durch, wie es auch die GROUP-BY-Option macht. Die Ergebnisausgabe erfolgt aber nicht – wie bei GROUP BY – pro Datengruppe, sondern pro Tupel.

Die Syntax der WINDOW-Klausel

```
<Aggregatfunktion> OVER ([<PARTITION-Klausel>]
[<ORDER-BY-Klausel>])
```

Wir gehen zur Erläuterung von der folgenden Tabelle 19.5 aus, die die Umsätze von Artikeln enthält:

Kunde	Artikel	Kaufdatum	Umsatz
Ben	Tafel Schokolade	21.10.2024	1.99
Ben	Müsli-Riegel	12.12.2024	2.00
Julia	Tafel Schokolade	17.11.2024	1.99
Julia	Weingummi	29.12.2024	1.20
Ben	Weingummi	03.01.2025	4.80

Tabelle 19.5: Umsatztabelle

Sie wollen jetzt bei dem Umsatz zusätzlich den Gesamtumsatz aller Verkäufe anzeigen lassen.

```
SELECT Kunde, Artikel, Umsatz, SUM(Umsatz) OVER ( )
AS Gesamtumsatz
FROM Umsatztabelle;
```

```
Kunde    Artikel              Umsatz   Gesamtumsatz
Ben      Tafel Schokolade     1.99     11.98
Ben      Müsli-Riegel         2        11,98
Julia    Tafel Schokolade     1.99     11.98
Julia    Weingummi            1.2      11.98
Ben      Weingummi            4.8      11.98
```

Sie können SUM(Umsatz) OVER ( ) verstehen als »Summe über alles«. Das sieht noch nicht so spannend aus.

... und wäre, nebenbei bemerkt, auch mit folgender Abfrage erreicht worden:

```
SELECT Kunde, Artikel, Umsatz,
(SELECT SUM(Umsatz) FROM Umsatztabelle) AS Gesamtumsatz
FROM Umsatztabelle;
```

Aber vielleicht interessiert Sie ja der Anteil jedes Umsatzes am Gesamtumsatz (in Prozent und mit einer Nachkommastelle)?

```
SELECT Kunde, Artikel, Umsatz,
ROUND(Umsatz / SUM(Umsatz) OVER ( ) , 3) * 100 AS Umsatzanteil
FROM Umsatztabelle;
```

Kunde	Artikel	Umsatz	Umsatzanteil
Ben	Tafel Schokolade	1.99	16.6
Ben	Müsli-Riegel	2	16.7
Julia	Tafel Schokolade	1.99	16.6
Julia	Weingummi	1.2	10
Ben	Weingummi	4.8	40.1

PARTITION BY

Mit dieser Option der WINDOW-Klausel können Sie festlegen, welche Datensätze für die Aggregatfunktion jeweils zusammengefasst werden sollen.

Wie hoch ist der Anteil jedes Umsatzes am Gesamtumsatz eines Kunden?

```
SELECT Kunde, Artikel, Umsatz,
ROUND(Umsatz / SUM(Umsatz) OVER (PARTITION BY Kunde) , 3) * 100
AS Umsatzanteil
FROM Umsatztabelle;
```

Während `SUM (...) OVER ( )` die Summierung über alle Tupel durchführt, macht das `SUM (...) OVER (PARTITION BY Kunde)` pro Kunde.

Kunde	Artikel	Umsatz	Umsatzanteil
Ben	Tafel Schokolade	1.99	22.6
Ben	Müsli-Riegel	2	22,8
Ben	Weingummi	4.8	54.6
Julia	Weingummi	1.2	37.6
Julia	Tafel Schokolade	1.99	62.4

ORDER BY

Mit dieser Option der WINDOW-Klausel wird die Ausgabe erwartungsgemäß nach dem dort angegebenen Attribut sortiert. Zusätzlich erfolgt die Aggregation aber jeweils nur bis zum ausgegebenen Sortierwert, was vor allem bei Datumssortierungen Sinn ergibt.

```
SELECT Kaufdatum, Kunde, Artikel, Umsatz,
SUM(Umsatz) OVER (ORDER BY Kaufdatum) AS Bisher
FROM Umsatztabelle;
```

Kaufdatum	Kunde	Artikel	Umsatz	Bisher
21.10.2024	Ben	Tafel Schokolade	1.99	1.99
17.11.2024	Julia	Tafel Schokolade	1.99	3.98
12.12.2024	Ben	Müsli-Riegel	2	5.98
29.12.2024	Julia	Weingummi	1.2	7.18
03.01.2025	Ben	Weingummi	4.8	11.98

Sie sehen also, dass die WINDOW-Funktion ein mächtiges Werkzeug ist, um Tabellen mit Aggregatfunktionen wie SUM, COUNT oder AVG zu analysieren. Sie ist unter anderem bei MySQL, Oracle, PostgreSQL und SQL Server implementiert.

Ranking mit SQL

Die RANK-Funktion setzt auch eine WINDOW-Klausel voraus. Sie weist jeder Ergebniszeile einer mit OVER (ORDER BY …) berechneten Ergebnismenge als Rang 1 … n die Nummer der Ergebniszeile in der Ausgabereihenfolge gemäß ORDER-BY-Klausel zu.

Die Syntax von RANK OVER

```
RANK() OVER ([<PARTITION-Klausel>] <ORDER-BY-Klausel>).
```

Fangen wir mit einem einfachen Beispiel an: Sie wollen jeder Zeile der Tabelle 19.5 einen auf den Umsatz bezogenen Rang zuweisen.

```
SELECT RANK() OVER (ORDER BY Umsatz) Rang,
Kunde, Artikel, Kaufdatum, Umsatz
FROM Umsatztabelle;
```

Rang	Kunde	Artikel	Kaufdatum	Umsatz
1	Julia	Weingummi	29.12.2024	1.2
2	Ben	Tafel Schokolade	21.10.2024	1.99
2	Julia	Tafel Schokolade	17.11.2024	1.99
4	Ben	Müsli-Riegel	12.12.2024	2
5	Ben	Weingummi	03.01.2025	4.8

Der Rang 2 kommt zweimal vor, weil es zwei Umsätze in Höhe von 1.99 Euro gibt. Wenn Sie die Sortierung umdrehen wollen, also den höchsten Umsatz mit der Nummer 1 versehen und so weiter, schreiben Sie einfach:

```
SELECT RANK() OVER (ORDER BY Umsatz DESC) Rang,
Kunde, Artikel, Kaufdatum, Umsatz
FROM Umsatztabelle;
```

Rang	Kunde	Artikel	Kaufdatum	Umsatz
1	Ben	Weingummi	03.01.2025	4.8
2	Ben	Müsli-Riegel	12.12.2024	2
3	Ben	Tafel Schokolade	21.10.2024	1.99
3	Julia	Tafel Schokolade	17.11.2024	1.99
5	Julia	Weingummi	29.12.2024	1.2

Interessant wird es, wenn Sie die Rangfolge *pro Kunde* oder *pro Artikel* haben wollen. Dann kommt die optionale PARTITION-Klausel ins Spiel.

```
SELECT Kunde,
RANK() OVER (PARTITION BY KUNDE ORDER BY Umsatz DESC) Rang,
Artikel, Kaufdatum, Umsatz
FROM Umsatztabelle;
```

Kunde	Rang	Artikel	Kaufdatum	Umsatz
Ben	1	Weingummi	03.01.2025	4.8
Ben	2	Müsli-Riegel	12.12.2024	2
Ben	3	Tafel Schokolade	21.10.2024	1.99
Julia	1	Tafel Schokolade	17.11.2024	1.99
Julia	2	Weingummi	29.12.2024	1.2

Beachten Sie die in diesem Fall sinnvolle geänderte Reihenfolge der Ausgabeattribute (Kunde zuerst, dann der Rang).

```
SELECT Artikel,
RANK() OVER (PARTITION BY Artikel ORDER BY Umsatz DESC) Rang,
Kunde, Kaufdatum, Umsatz
FROM Umsatztabelle;
```

Artikel	Rang	Kunde	Kaufdatum	Umsatz
Müsli-Riegel	1	Ben	2.12.2024	2
Tafel Schokolade	1	Ben	21.10.2024	1.99
Tafel Schokolade	1	Julia	17.11.2024	1.99
Weingummi	1	Ben	03.01.2025	4.8
Weingummi	2	Julia	29.12.2024	1.2

Eine Variante von RANK() ist die Funktion DENSE_RANK(), die Sie verwenden können, wenn Sie bei gleichen Rangnummern die nächsten Nummern nicht überspringen wollen (wie es bei dem ersten Beispiel bei Rang 2 der Fall war).

```
SELECT DENSE_RANK() OVER (ORDER BY Umsatz) Rang,
Kunde, Artikel, Kaufdatum, Umsatz
FROM Umsatztabelle;
```

Aufgaben

1. Ermitteln Sie zu Tabelle 19.2: Beispieltabelle Artikel und Tabelle 19.3: Beispieltabelle Bestellungen die Bezeichnungen der Artikel, die nicht bestellt worden sind.
2. Ermitteln Sie die Rangfolge der Artikel von Tabelle 19.2 bezüglich ihres Umsatzes aus Tabelle 19.3. Der umsatzstärkste Artikel soll als Erster genannt werden.

Teil V
Datenbanken im Einsatz

IN DIESEM TEIL ...

- kommen die Benutzer einer relationalen Datenbank ins Spiel.
- lernen Sie, was Benutzersichten sind und wie man sie einsetzen kann.
- erfahren Sie etwas über die Definition von Benutzern und ihre Zugriffsrechte.
- lernen Sie das Thema »Optimierung« kennen und was das mit SQL zu tun hat. Denn oftmals sind die Benutzer einer relationalen Datenbank nicht mit den Antwortzeiten zufrieden, und dann kommen Sie als SQL-Spezialist ins Spiel.
- werden Sie mit dem Thema »SQL-Injection« konfrontiert.
- werden die Namen SQL Server®, PostgreSQL®, Oracle® und MySQL® für Datenbank-Managementsysteme verwendet, deren Rechteinhaber die Firma Microsoft Corp., die PostgreSQL Community Association of Canada beziehungsweise die Oracle Corp. sind. Die Rechte des jeweiligen Zeicheninhabers sind zu beachten.

IN DIESEM KAPITEL

Die Drei-Schichten-Architektur einer Datenbank

Wie erstellt man Views?

Normale Views und Materialized Views

Arbeiten mit Views

Kapitel 20
Benutzersichten

Eine Datenbank kann sehr viele Tabellen umfassen. Für einen einzelnen Benutzer wird in der Regel jeweils nur ein Teil davon von Interesse sein. Aus diesem Grund wurden die sogenannten Benutzersichten (Englisch View) eingeführt, die es ermöglichen, dass ein einzelner Benutzer eine dedizierte Sicht auf die Daten hat.

Die Drei-Schichten-Architektur

Im Jahr 1975 wurde das ANSI-Architekturmodell (Drei-Schichten-Architektur) einer relationalen Datenbank vorgestellt. Die drei Schichten, die jeweils eine besondere Sicht auf die Datenbank darstellen, sind:

- ✔ externe Schicht
- ✔ konzeptionelle Schicht
- ✔ interne Schicht

Eine Schichtenarchitektur ist ein in der Informatik häufig angewandtes Strukturierungsprinzip. Durch die Anwendung dieses Modells werden einzelne Aspekte einer Datenbank, wie Funktionalitäten und Strukturen, jeweils einer Schicht zugeordnet und dadurch voneinander entkoppelt (jede Schicht muss nur mit der jeweils benachbarten Schicht kommunizieren.

Die einzelnen Schichten stellen nur *Sichten* auf die Datenbank dar. Sie beinhalten keine Daten! Diese sind nur in den Datenbankdateien gespeichert. Zwischen den einzelnen Schichten bestehen Transformationsregeln, um die Abfragen der Benutzer in Dateizugriffe umsetzen und das Abfrageergebnis in der gewünschten Form an den jeweiligen Benutzer abliefern zu können. Das ist Aufgabe des Datenbank-Managementsystems.

Die *externe Schicht* besteht aus mehreren Sichten, welche Daten für die einzelnen Anwender der Datenbank jeweils relevant sind, auf die er oder sie also zugreifen darf. Der Rest der Daten bleibt den Anwendern jeweils verborgen, was auch ein Sicherheitsaspekt ist. Diese Sichten sind Gegenstand dieses Kapitels.

Die *konzeptionelle Schicht*, auch als logische Schicht bezeichnet, enthält die Beschreibung aller gespeicherten Daten, also der Tabellen mit ihren Attributen, auf logischer Ebene. Sie ist vor allem für die Entwickler von Datenbankanwendungen vor Interesse.

Wenn Sie ein CREATE TABLE zur Definition einer Tabelle eingegeben haben, haben Sie auf die konzeptionelle Schicht zugegriffen und zu dieser eine neue Tabelle hinzugefügt.

Natürlich darf ein Datenbankadministrator einem Benutzer auch erlauben, auf Tabellen der konzeptionellen Ebene zuzugreifen; dann ist dessen Sicht gewissermaßen ein 1:1-Abbild der Tabelle. Aber in der Regel wird er das nicht für alle Tabellen machen.

Die *interne Schicht* enthält die Beschreibung und damit Sicht auf die Daten, wie sie physisch auf dem Speichermedium abgelegt sind und welche Zugriffspfade existieren. Dazu gehört zum Beispiel auch die Frage, wie VARCHAR-Attribute im Speicher angelegt werden (in der Regel mit einer Längenangabe am Anfang). Diese Schicht ist vor allem für den Datenbankadministrator wichtig.

Wenn ein Datenbankadministrator eine Datenbank einrichtet, greift er auf die interne Schicht zu, denn dort werden die physischen Speicherstrukturen dafür angelegt. Auch die Definition eines Index mit CREATE INDEX oder die Partitionierung von Tabellen (das lernen Sie im Kapitel »Optimierung« noch genauer kennen) sind dieser Schicht zuzuordnen.

Den Zusammenhang zwischen den einzelnen Sichten können Sie der Abbildung 20.1 entnehmen.

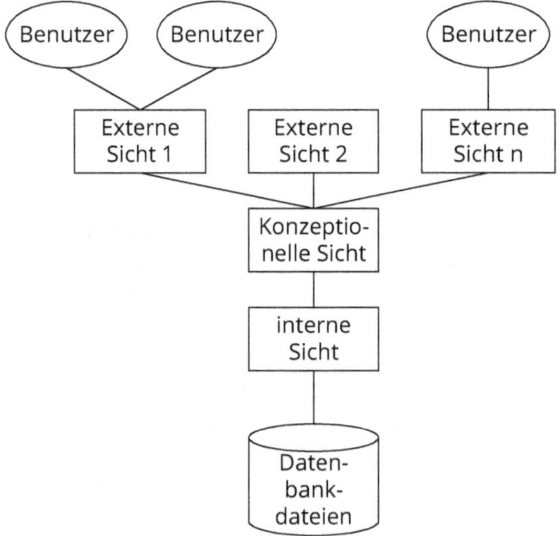

Abbildung 20.1: Drei-Schichten-Architektur

Views

Eine View ist die spezielle Sicht eines Benutzers auf die vorhandenen Tabellen. Sie definieren sie mit CREATE VIEW gefolgt von einem SELECT, der angibt, welche Daten zur View gehören sollen. Eine View ist nur eine Definition, es werden dort keine Daten gespeichert. In einer View können Sie

- ✔ Attribute einer Tabelle weglassen,
- ✔ die Sicht auf bestimmte Tupel einschränken,
- ✔ mehrere Tabellen verknüpfen,
- ✔ Funktionen auf Attribute einer Tabelle anwenden, insbesondere auch Aggregatfunktionen.

Definition einer View

Ein CREATE VIEW hat folgende Struktur:

Syntax von CREATE VIEW

```
CREATE VIEW <Viewname> [(<Attributliste1>)]
AS (SELECT <Attributliste2> FROM <Tabellen> [<WHERE-Klausel]);
```

- ✔ Der Viewname bezeichnet die Benutzersicht. Die optionale <Attributliste1> ermöglicht es, die Attribute der Ergebnisliste <Attributliste2> des folgenden SELECT-Befehls für diese View umzubenennen.
- ✔ Der auf `AS` folgende SELECT-Befehl gibt an, wie die View zu berechnen ist.
- ✔ Die Attributliste enthält die Attribute, aus denen die Benutzersicht bestehen soll.
- ✔ Die angegebenen Tabellen (das können aber auch andere, schon bestehende Views sein) werden dafür benötigt.
- ✔ Die optionale WHERE-Klausel spezifiziert die Berechnung der Viewdaten; häufig durch eine Restriktion und/oder Projektion.

Bei den anschließenden vier Beispielen zur Erläuterung dieses Befehls gehen wir von folgenden Tabellen der konzeptionellen Schicht aus:

Kunden(KundenNr, Vorname, Name, Strasse, PLZ, Ort, Zahlungsmoral)

Artikel(ArtikelNr, Bezeichnung, Artikelgruppe, Stückpreis)

Bestellungen(BestellNr, KundenNr↑, Bestelldatum, ArtikelNr↑, Menge)

1. In einer View sollen nur die Adressdaten der Kunden enthalten sein.

```
CREATE VIEW Kundenadressen AS
(SELECT KundenNr, Vorname, Name, Strasse, PLZ, Ort
 FROM Kunden);
```

2. Ein Produktmanager soll nur Zugriff auf die Produkte seiner Gruppe haben.

```
CREATE VIEW Lebensmittel AS
(SELECT ArtikelNr, Bezeichnung, Stückpreis
 FROM Artikel
 WHERE Artikelgruppe = 'LM');
```

3. Bei den Bestellungen soll die Bezeichnung der Artikel stehen und nicht die ArtikelNr. Außerdem soll der Umsatz Menge * Stückpreis angezeigt werden.

```
CREATE VIEW Bestellung1
(KundenNr, Bestelldatum, Artikelbezeichnung, Umsatz) AS
(SELECT KundenNr, Bestelldatum, Bezeichnung, Menge * Stückpreis
 FROM Bestellungen, Artikel
 WHERE Bestellungen.ArtikelNr = Artikel.ArtikelNr);
```

Dieses Beispiel zeigt auch, dass man die Attributbezeichner einer View selber definieren kann. Für Berechnungen wie Menge * Stückpreis ist das sogar notwendig.

4. Es soll eine View erstellt werden, die für jeden Kunden die Summe seiner Umsätze enthält.

```
CREATE VIEW Kundenumsatz (Kunde, Vorname, Name, Umsatz) AS
(SELECT Kunden.KundenNr, Vorname, Name, SUM(Stückpreis * Menge)
 FROM Kunden, Artikel, Bestellungen
 WHERE Kunden.KundenNr = Bestellungen.KundenNr
 AND Bestellungen.ArtikelNr = Artikel.ArtikelNr
 GROUP BY Kunden.KundenNr, Vorname, Name);
```

Arbeiten mit Views

Primär sind Views natürlich für Abfragen konzipiert. Sie können darüber unter bestimmten Voraussetzungen aber auch Tabelleninhalte ändern.

Abfragen mit SELECT

Sie können in einem SELECT eine View wie eine ganz normale Tabelle der konzeptionellen Sicht ansprechen, beispielsweise:

```
SELECT * FROM Kundenadressen;

SELECT Stückpreis
FROM Lebensmittel
WHERE Bezeichnung = 'Mineralwasser';
```

```
SELECT Vorname, Name, Bestelldatum, Artikelbezeichnung, Umsatz
FROM Bestellung1, Kunden
WHERE Kunden.KundenNr = Bestellung1.KundenNr;
```

Da eine View aber nur eine Definition ist und keine gespeicherten Tupel enthält, werden – beispielhaft für die beiden ersten SELECT-Befehle – stattdessen folgende Befehle ausgeführt:

```
SELECT *
FROM     (SELECT KundenNr, Vorname, Name, Strasse, PLZ, Ort
          FROM Kunden);

SELECT Stückpreis
FROM     (SELECT ArtikelNr, Bezeichnung, Stückpreis
          FROM Artikel
          WHERE Artikelgruppe = 'LM')
WHERE Bezeichnung = 'Mineralwasser';
```

Diese Umsetzung macht die Komponente »Optimizer« des DBMS.

Änderungen mit INSERT, UPDATE, DELETE

Die DML-Befehle INSERT, UPDATE und DELETE sind bei Views in der Regel problematisch. Folgendes ist zu beachten:

- ✔ Die View muss alle mit NOT NULL definierten Attribute der verwendeten Tabelle(n) enthalten, insbesondere also den Primärschlüssel.
- ✔ Die View darf keine Funktionen enthalten, insbesondere also auch keine Aggregatfunktion im Zusammenhang mit GROUP BY.
- ✔ Joins sind in der Regel nicht erlaubt.

Um das auch praktisch zu verdeutlichen, werden die obigen drei Tabellen (beispielhaft mit der MYSQL Workbench) erzeugt und die Views eingerichtet. Anschließend wird geprüft, ob DML-Befehle möglich sind.

```
CREATE TABLE Kunden
( KundenNr      INTEGER,
  Vorname       VARCHAR(20) NOT NULL,
  Name          VARCHAR(20) NOT NULL,
  Strasse       VARCHAR(30),
  PLZ           CHAR(5),
  Ort           VARCHAR(30),
  Zahlungsmoral CHAR CHECK(Zahlungsmoral in ('A', 'B', 'C')),
PRIMARY KEY(KundenNr)
);
```

```
CREATE TABLE Artikel
( ArtikelNr      INTEGER,
  Bezeichnung    VARCHAR(20) NOT NULL,
  Artikelgruppe  VARCHAR(20),
  Preis          NUMERIC(6,2) NOT NULL,
PRIMARY KEY (ArtikelNr)
);

CREATE Table Bestellungen
( BestellNr    INTEGER,
  KundenNr     INTEGER NOT NULL,
  Bestelldatum DATE,
  ArtikelNr    INTEGER NOT NULL,
  Menge        INTEGER,
PRIMARY KEY(BestellNr),
FOREIGN KEY (KundenNR) REFERENCES Kunden(KundenNr),
FOREIGN KEY (ArtikelNr) REFERENCES Artikel(ArtikelNr)
);
```

Anschließend werden die obigen Views Nr. 1 bis 4 mit CREATE VIEW erzeugt. Jetzt folgen die DML-Befehle.

```
INSERT INTO Kundenadressen
VALUES(1,'Testmann', 'Julia', 'Am Waldrand', '12345', 'Münster');
```

Das geht problemlos; wenn Sie aber das Attribut Zahlungsmoral in der Tabelle mit NOT NULL definiert hätten, käme eine Fehlermeldung: `underlying table doesn't have a default value.`

```
INSERT INTO Lebensmittel VALUES(10,'Mineralwasser', 1.99);
```

Auch dieser INSERT-Befehl wird ausgeführt.

```
INSERT INTO Bestellung1 (KundenNr, Bestelldatum, Artikelbezeichnung, Umsatz)
VALUES(1, '2024-04-18', 'Mineralwasser', 3.98);
```

Es wird die Fehlermeldung `Column 'Umsatz' is not updatable` ausgegeben.

```
INSERT INTO Kundenumsatz (Kunde, Vorname, Name, Umsatz)
VALUES(1, 'Julia', 'Testmann', 12.98);
```

Auch dieser INSERT ist nicht erfolgreich: `The target table Kundenumsatz of the INSERT is not insertable-into.`

Ein UPDATE der Views Kundenadressen und Lebensmittel geht bei den beiden anderen nicht.

DELETE-Befehle bei Kundenadressen und Lebensmittel werden ebenfalls ausgeführt, bei Bestellung1 und Kundenumsatz nicht.

Sie sehen: Für die DML-Befehle INSERT, UPDATE und DELETE sind Views nicht gemacht. Sie sollten das nach Möglichkeit unterlassen.

Abschließend werden die Eigenschaften einer View noch mal zusammengefasst:

- ✔ Eine View ist eine benutzerspezifische Sicht auf Daten.
- ✔ Eine View bietet Schutz vor unerlaubtem Zugriff, weil die dort nicht enthaltenen Relationen und Attribute für den Benutzer unsichtbar bleiben.
- ✔ Eine View ist kein Mittel zur Performancesteigerung bei Abfragen, weil keine Daten redundant gespeichert werden.
- ✔ Durch eine passende View ist es möglich, die darauf zugreifenden SELECT-Befehle kurz und damit übersichtlicher zu gestalten.
- ✔ Eine View ist nicht für DML-Befehle INSERT, UPDATE oder DELETE geeignet.

MATERIALIZED VIEWS

Materialized Views sind eine Alternative zu den klassischen Views. Dort werden Daten allerdings redundant gespeichert, wodurch Performancegewinne möglich werden. Nicht jedes Datenbank-Managementsystem unterstützt Materialized Views. Ihre besonderen Eigenschaften sind:

- ✔ Materialized Views sind reale Tabellen und damit redundant zu den Tabellen der konzeptionellen Schicht beziehungsweise daraus abgeleitet.
- ✔ Ihre Erstellung ist aufwendiger als die normaler Views, da eine Tabelle mit Daten angelegt wird.
- ✔ Materialized Views müssen im SQL-Befehl nicht explizit angesprochen werden; der Optimizer schreibt ein SELECT gegebenenfalls um, wenn er erkennt, dass die Abarbeitung der Query dann schneller erfolgt.
- ✔ Direkte Änderungen einer Materialized View sind nicht möglich.
- ✔ Änderungen von Daten innerhalb der Tabellen, aus denen die Materialized View erstellt wird, müssen explizit dort nachgefahren werden.

Den Unterschied bei der Verwendung von Views und Materialized Views können Sie der Abbildung 20.2 entnehmen.

Bei einem SELECT auf eine View wird auf die Tabellen der konzeptionellen Schicht zugegriffen. Bei einem SELECT auf die Materialized View werden deren Daten gelesen, die aus den Tabellen erzeugt worden sind. Ebenso kann bei einem SELECT-Zugriff auf die Tabellen die Materialized View mit zur Beantwortung herangezogen werden.

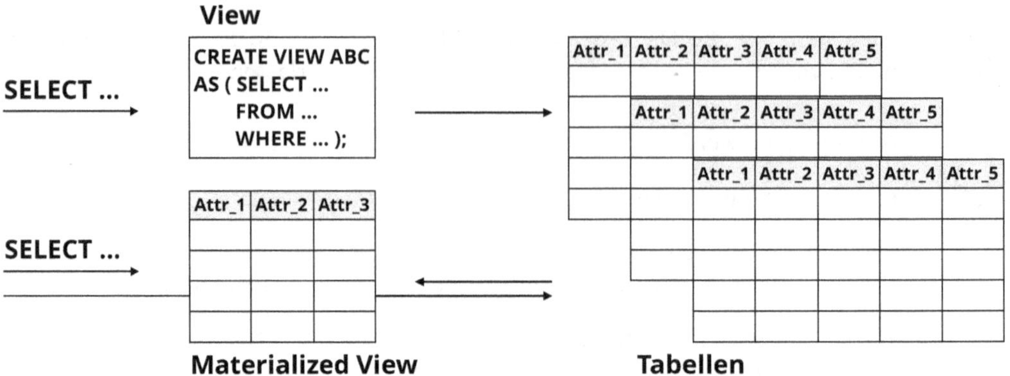

Abbildung 20.2: View vs. Materialized View

Für ein Beispiel gehen wir wieder von den oben definierten drei Tabellen aus:

Kunden(KundenNr, Vorname, Name, Strasse, PLZ, Ort, Zahlungsmoral)

Artikel(ArtikelNr, Bezeichnung, Artikelgruppe, Stückpreis) aus.

Bestellungen(BestellNr, KundenNr↑, Bestelldatum, ArtikelNr↑, Menge)

Hieraus lässt sich eine Materialized View erstellen, in der der Gesamtumsatz pro Bestellung gespeichert ist (der Befehl wurde mit Oracle getestet, das kann bei anderen DBMS bei den Parametern in der zweiten Zeile anders aussehen).

```
CREATE MATERIALIZED VIEW Umsatz_pro_Bestellung
REFRESH ON COMMIT ENABLE QUERY REWRITE
AS SELECT BestellNr, SUM(Menge*Stückpreis)
   FROM Bestellungen, Artikel
   WHERE Bestellungen.ArtikelNr = Artikel.ArtikelNr
   GROUP BY BestellNr;
```

Die Option REFRESH ON COMMIT besagt, dass das Nachfahren von Änderungen in den Ausgangstabellen (im Beispiel Bestellungen und Artikel) immer bei COMMIT erfolgen soll; Alternativen dazu sind ON DEMAND und EVERY n MINUTES. Mit der Option ENABLE QUERY REWRITE erlauben Sie das automatische Umschreiben eines SELECT-Befehls durch den Optimizer, falls durch die Verwendung der Materialized View die Antwortzeit verringert werden kann.

Jetzt wird mit dem folgenden SELECT-Befehl der Umsatz der Bestellung 202401 ermittelt.

```
SELECT SUM(Menge*Stückpreis)
FROM Bestellungen, Artikel
WHERE Bestellungen.ArtikelNr = Artikel.ArtikelNr
AND BestellNr = 202401;
```

Der folgende von Oracle erzeugte Ausführungsplan zeigt, dass ein QUERY REWRITE durchgeführt wird. Sie können das daran erkennen, dass nicht auf die Tabellen Bestellungen und Artikel zugegriffen wird, sondern stattdessen auf die Materialized View Umsatz_pro_Bestellung.

```
SELECT STATEMENT
   SORT (AGGREGATE)
      MAT VIEW REWRITE ACCESS (FULL) UMSATZ_PRO_BESTELLUNG
         Filter Predicates
            UMSATZ_PRO_BESTELLUNG.BESTELLNR=202401
```

Für weitere optionale Parameter und deren Bedeutung bei den Materialized Views sehen Sie bitte in der Dokumentation nach. Dort steht auch, ob Ihr DBMS diese optionale Funktion überhaupt bereitstellt.

Aufgaben

1. Richten Sie für die oben erzeugte Tabelle Kunden eine View ein, die die KundenNr sowie den Namen und Vornamen der Kunden mit schlechter Zahlungsmoral – also C – enthält.

2. Wir gehen von folgendem Ausschnitt eines Relationenschemas aus:

   Artikelgruppen(<u>Gruppe</u>, Bezeichnung)

   Artikel(<u>ArtikelNr</u>, Name, Gruppe↑)

   Bestellpositionen(<u>BestellNr↑</u>, <u>Artikel↑</u>, Menge, Preis)

Erstellen Sie eine VIEW, die für jede Artikelgruppe den umsatzstärksten Artikel samt Umsatz enthält.

IN DIESEM KAPITEL

- Datensicherheit und Datenintegrität bei Datenbanken
- Was ist, wenn mehrere Benutzer auf dieselben Daten zugreifen?
- Datenbankbenutzer und ihre Zugriffsrechte
- Die SQL-Befehle GRANT und REVOKE
- SQL-Injection

Kapitel 21
Datensicherheit und Zugriffsrechte

Daten – egal, ob persönliche oder geschäftliche – sind ein teures Gut. Stellen Sie sich vor,

- ✔ die Kontakte auf Ihrem Smartphone sind nicht mehr lesbar,
- ✔ es kann nicht mehr auf die Kundendaten der Firmendatenbank zugegriffen werden,
- ✔ Benutzer haben auf Daten zugegriffen, auf die sie nicht zugreifen sollten,
- ✔ es ist Hackern gelungen, sensible Daten wie Bankverbindungen auszuspionieren.

In diesem Kapitel erfahren Sie, wie Sie sich dagegen schützen können (zumindest, was die Datenbank betrifft).

Datenintegrität

Transaktionen

In Kapitel 2 wurde bereits darauf hingewiesen, dass Datenbank-Managementsysteme die Integrität der gespeicherten Daten sicherstellen. Dazu werden zum Beispiel die SQL-Befehle der einzelnen Benutzer zu sogenannten Transaktionen zusammengefasst, die entweder ganz oder gar nicht ausgeführt werden.

Eine Transaktion ist eine Folge von Datenbank-Operationen, die entweder alle oder überhaupt nicht ausgeführt werden.

Transaktionen folgen dem sogenannten ACID-Prinzip:

- Atomarität (Englisch atomicity):

  Sie bilden aus Sicht des DBMS eine nur insgesamt ausführbare Einheit.

- Konsistenzerhaltung (Englisch consistency):

  Transaktionen überführen die Datenbank von einem konsistenten Zustand in einen (nicht notwendigerweise anderen) konsistenten Zustand.

- Isolation (Englisch isolation):

  Sie laufen aus Sicht des Benutzers isoliert ab, was bedeutet, dass sie durch andere Benutzer nicht beeinflusst werden.

- Dauerhaftigkeit (Englisch durability):

  Die Ergebnisse von DML-Operationen sind dauerhaft in der Datenbank gespeichert.

Stellen Sie sich vor, es sollen 100 Euro von Konto 1001 auf Konto 1002 überwiesen werden. Zuerst wird das Geld von Konto 1001 abgebucht:

```
UPDATE Konten SET Kontostand = Kontostand - 100
WHERE KontoNr = 1001;
```

Nehmen wir weiter an, dass es zu einem Systemabsturz kommt, bevor der zweite Teil dieser Buchung (`UPDATE Konten SET Kontostand = Kontostand + 100 WHERE KontoNr = 1002`) ausgeführt wird. Dann wird sich der Inhaber von Konto 1002 nach einer gewissen Zeit bestimmt beschweren, warum er sein Geld noch nicht erhalten hat, und die Kontoinhaberin von Konto 1001 wird antworten, dass es bei ihr doch abgebucht worden ist.

Das kann bei einem DBMS nicht passieren, wenn die beiden UPDATE-Befehle zu einer Transaktion zusammengefasst werden.

COMMIT und ROLLBACK

Da das DBMS von sich aus aber nicht wissen kann, wann eine Transaktion beginnt und wann Sie endet, gibt es in SQL die beiden Befehle:

- COMMIT
- ROLLBACK

Mit COMMIT wird eine Transaktion erfolgreich beendet und alle Änderungen werden in der Datenbank festgeschrieben. Und mit ROLLBACK werden alle INSERT-, UPDATE- und

DELETE-Befehle dieser Transaktion, die schon ausgeführt worden sind, rückgängig gemacht. Dieser ROLLBACK wird ebenfalls gemacht, wenn eine Transaktion nicht korrekt beendet und abgebrochen wird.

Es gibt keinen expliziten Befehl zur Markierung des Beginns einer Transaktion. Das Ende einer Transaktion ist automatisch der Beginn der nächsten; die erste Transaktion beginnt automatisch mit dem ersten DML-Befehl nach Start eines Datenbank-Anwendungsprogramms und die letzte endet automatisch bei dessen Beendigung.

```
CREATE TABLE Konten
( KontoNr INTEGER PRIMARY KEY,
  Kontostand NUMERIC(9,2)
);

INSERT INTO Konten VALUES(1001, 400);
INSERT INTO Konten VALUES(1002, 550);
COMMIT;

UPDATE Konten SET Kontostand = Kontostand - 100
WHERE KontoNr = 1001;
```

Ausgabe: `1 Zeile aktualisiert.`

```
SELECT * FROM Konten;
```

KontoNr	Kontostand
1001	300
1002	550

```
ROLLBACK;
```

Ausgabe: `Rollback abgeschlossen.`

```
SELECT * FROM Konten;
```

KontoNr	Kontostand
1001	400
1002	550

Sie können das gerne mit Ihrem Datenbank-Managementtool einmal ausprobieren.

Um ein ROLLBACK durchführen zu können, muss ein DBMS bei einem UPDATE von den geänderten Tupeln die alten Werte in einem temporären Speicher zwischenspeichern, bis das Transaktionsende erreicht ist; im Beispiel wäre das das Tupel (1001, 400). Bei einem INSERT muss nur gespeichert werden, um welche Tupel es sich handelt, und bei einem DELETE die gelöschten Tupel.

Wenn dann die Transaktion mit COMMIT beendet wird, kann dieser temporäre Speicher gelöscht werden. Falls aber ein ROLLBACK angefordert wird, werden bei den geänderten Tupeln die alten Werte aus diesem Speicher wieder in die Datenbank zurückgeschrieben, bei einem INSERT werden die eingefügten Tupel gelöscht und bei einem DELETE wieder hergestellt.

Dadurch ist die Integrität der Daten auch bei einem ROLLBACK sichergestellt.

Datensicherheit

Grundsätzlich sind die Daten in einer Datenbank sicher; vorausgesetzt, Sie beachten einige Regeln.

Ihr Datenbank-Managementsystem sollte so konfiguriert sein, dass

1. regelmäßig eine Kopie der Datenbank angelegt wird und
2. für jede mit COMMIT abgeschlossene Transaktion Folgendes gespeichert wird:
   a. bei einem UPDATE alle geänderten Tupel mit den neuen Werten
   b. bei einem DELETE die Schlüssel der gelöschten Tupel
   c. bei einem INSERT die eingefügten Tupel

Bei einem Systemabsturz, der eine Inkonsistenz oder Nicht-Lesbarkeit der Datenbank zur Folge hat, können Sie dann mithilfe der Datenbankkopie und der gespeicherten Änderungen Ihre Datenbank wieder herstellen.

Regelmäßig wird eine Kopie der Datenbank erzeugt. Danach werden, wie oben beschrieben, die Änderungen protokolliert. Im Fehlerfall lässt sich dann die Datenbank aus der Kopie und den protokollierten und mit COMMIT bestätigten Änderungen rekonstruieren (siehe Abbildung 21.1). Sie können das auch verwenden, um eine aktualisierte Kopie zu erzeugten.

Die Kopie der Datenbank und die Protokolldatei sollten auf eigenen Laufwerken angelegt werden und nicht auf den Speichermedien der Datenbank.

Bei der Datensicherheit gibt es noch andere DBMS-spezifische Ansätze wie beispielsweise die Real Application Cluster von Oracle, aber das sprengt den Rahmen dieses Buches.

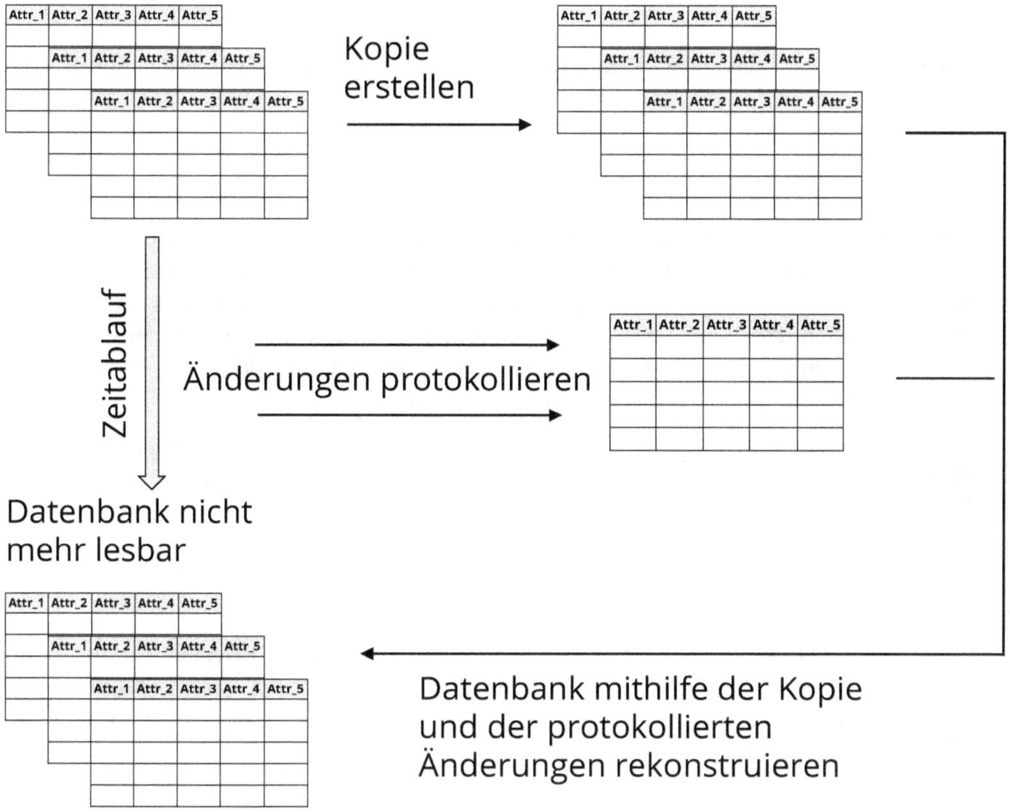

Kopie
erstellen
Zeitablauf
Änderungen protokollieren
Datenbank nicht
mehr lesbar
Datenbank mithilfe der Kopie
und der protokollierten
Änderungen rekonstruieren
Attr_1
Attr_2
Attr_3
Attr_4
Attr_5

Abbildung 21.1: Rekonstruktion einer Datenbank

Mehrbenutzerbetrieb

Üblicherweise greifen mehrere Benutzer auf ein Datenbanksystem zu.

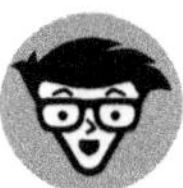

Die Installation eines DBMS auf dem privaten Laptop oder PC, um SQL zu lernen, ist nicht das typische Einsatzszenario eines DBMS. Vielmehr sieht das so aus, dass mehrere Benutzer meistens über eine Webanwendung auf eine Datenbank zugreifen.

Fehlerarten

Stellen Sie sich vor, es wollen mehrere Benutzer auf dieselben Daten zugreifen und diese lesen oder ändern. Dann kann es zu verschiedenen Fehlern kommen:

- Lost Update
- Dirty Read
- Non Repeatable Read
- Phantome

Lost Update

Ein Lost Update tritt auf, wenn zwei Benutzer gleichzeitig denselben Datensatz ändern wollen. Beispielsweise

```
UPDATE Mitarbeiter SET TELEFON = '0404295513' WHERE PersonalNr = 123;
UPDATE Mitarbeiter SET RaumNr = 423 WHERE PersonalNr = 123;
```

Intern laufen UPDATE-Befehle so ab, dass der betroffene Datensatz aus der Datenbank in den Hauptspeicher gelesen, dort geändert und dann wieder zurückgeschrieben wird. Wenn es unglücklich läuft und keine Sperren gesetzt werden, wird der Datensatz des Mitarbeiters 123 von beiden Benutzern kurz nacheinander gelesen und danach jeweils zurückgeschrieben. Das hat zur Folge, dass die Änderung, die zuerst zurückgeschrieben wird, durch den zweiten UPDATE-Befehl überschrieben wird und somit verloren geht.

Das kann bei einem DBMS nicht passieren, weil bei jedem UPDATE-Befehl Satzsperren gesetzt werden, die das gleichzeitige Lesen während der Änderung durch einen anderen UPDATE-Befehl verhindern.

Dirty Read

Bei einem Dirty Read können Daten, die beispielsweise durch ein UPDATE geändert wurden, von einer anderen Transaktion danach gelesen werden, bevor die erste Transaktion mit COMMIT beendet wurde.

Transaktion 1:

```
UPDATE Mitarbeiter SET TELEFON = '0404295513' WHERE PersonalNr = 123;
```

Transaktion 2:

```
SELECT Telefon FROM Mitarbeiter WHERE PersonalNr = 123;
```

Transaktion 1:

```
ROLLBACK;
```

Die durch die UPDATE-Befehle gesetzten Sperren müssen bis zum Transaktionsende aufrechterhalten bleiben.

Non Repeatable Read

Dieser Fehler kann auftreten, wenn Daten mehrmals nacheinander gelesen werden sollen und zwischenzeitig der Zugriff darauf für andere Transaktionen (INSERT, UPDATE, DELETE) nicht gesperrt wird.

Transaktion 1:

```
SELECT * FROM Mitarbeiter WHERE Abteilung = 18;
```

Transaktion 2:

```
UPDATE Mitarbeiter SET Abteilung = 18 WHERE PersonalNr = 123;
```

Transaktion 1:

```
SELECT COUNT(*) FROM Mitarbeiter;
```

Wenn die Datensätze von Abteilung 18 beim ersten Lesen mit einer sogenannten Lesesperre versehen werden, die bis zum Transaktionsende erhalten bleiben, können sie danach bis zum Transaktionsende nicht geändert werden. Nur paralleles Lesen wäre erlaubt.

Phantome

Aber auch, wenn Sperren gesetzt werden, sind sogenannte Phantome möglich, die durch einen unerwarteten INSERT-Befehl hervorgerufen werden.

Transaktion 1:

```
SELECT * FROM Mitarbeiter WHERE Abteilung = 18;
```

Transaktion 2:

```
INSERT INTO Mitarbeiter (PersonalNr, … , Abteilung, …)
VALUES (124, … , 18, …);
```

Transaktion 1:

```
SELECT COUNT(*) FROM Mitarbeiter;
```

Dagegen kann man sich schützen, indem beispielsweise durch Transaktion 1 die ganze Tabelle für INSERT, UPDATE und DELETE gesperrt wird.

Isolationsstufen

Je mehr Fehlermöglichkeiten man beim Mehrbenutzerbetrieb vermeiden will, desto weniger Möglichkeiten bieten sich, Transaktionen parallel auszuführen. Im Extremfall – bei strenger Einhaltung des ACID-Prinzips – werden diese serialisiert und nacheinander ausgeführt, was zu langen Transaktionslaufzeiten führt. Um hier flexibler zu sein und praktischen Anforderungen gerecht werden zu können, wurden im SQL-Standard vier sogenannte Isolationsstufen (Englisch Isolation Level) eingeführt; das sind:

1. Read Uncommited
2. Read Commited
3. Repeatable Read
4. Serializable

Read Uncommitted

Hierbei handelt es sich um die schwächste Isolationsstufe, die nur für Transaktionen erlaubt ist, die sich im Read-only-Modus befinden, also Daten nur lesen. Sie ermöglicht den lesenden Zugriff auf Daten, die durch eine andere, noch nicht mit COMMIT abgeschlossene Transaktion (mit INSERT, UPDATE oder DELETE) geändert worden sind.

Beachten Sie, dass das parallele Lesen von Daten mit SELECT nicht zu Problemen führen kann.

Für statistische Auswertungen, bei denen es nicht auf den einzelnen Datensatz ankommt, wäre das eine Option.

Read Committed

Bei dieser Isolationsstufe wird garantiert, dass sich die gerade gelesenen Daten in einem konsistenten Zustand befinden. Damit ist Dirty Read nicht möglich; es kann aber – bei einem erneuten Lesezugriff innerhalb einer Transaktion – zu anderen Ergebnissen kommen. Auch Phantome (das sind vor einem erneuten Lesen eingefügte neue Tupel) sind möglich.

Repeatable Read

Bei dieser Isolationsstufe wird während der gesamten Transaktion ein konsistenter Schreib- und Lesezustand gewährleistet. Auch bei einem erneuten SELECT innerhalb einer Transaktion erhalten Sie also dasselbe Ergebnis. Phantome sind allerdings noch möglich.

Serializable

Hier handelt es sich um die restriktivste Isolationsstufe. Alle Aktionen der einzelnen Transaktionen sind serialisierbar und können sich nicht gegenseitig beeinflussen, deswegen sind die genannten Fehler Lost Update und so weiter nicht möglich. Ein DBMS kann das etwa durch Erzwingen einer tatsächlichen seriellen Ausführung von Transaktionen erreichen.

Zusammenfassung

Die folgende Tabelle 21.1 stellt noch mal dar, welche Fehlerarten bei welcher Isolationsstufe möglich sind (in Anlehnung an Kyte, Tom: On Transaction Isolation Levels).

Isolations-stufe	Lost Update	Dirty Read	Non Repeatable Read	Phantome
Read Uncommitted	-	möglich	möglich	möglich
Read Committed	-	-	möglich	möglich
Repeatable Read	-	-	-	möglich
Serializable	-	-	-	-

Tabelle 21.1: Isolationsstufen und dabei mögliche Fehler

Für das Setzen der gewünschten Isolationsstufe steht in SQL ein Befehl SET TRANSACTION ISOLATION LEVEL zur Verfügung.

```
SET TRANSACTION ISOLATION LEVEL
{ READ UNCOMMITTED
 | READ COMMITTED
 | REPEATABLE READ
 | SERIALIZABLE };
```

Der voreingestellte Standard bei den DBMS ist in der Regel READ COMMITTED; zumindest bei MySQL, Oracle, PostgreSQL und SQL Server ist das so.

Für Interessierte: Um die Einhaltung der Isolationsstufen zu garantieren, werden vom DBMS Satzsperren auf die zu verarbeitenden Tupel gesetzt. Dabei gibt es zwei Arten: Schreibsperren für INSERT, UPDATE und DELETE sowie Lesesperren für SELECT. Sperren können jeweils kurz (nur für den jeweiligen DML-Befehl) gültig oder lang (bis zum Ende der Transaktion) sein. Für die Konsistenzstufen gibt sich dann folgendes Bild:

Bei `READ UNCOMMITTED`: Kurze Schreibsperren, keine Lesesperren

Bei `READ COMMITTED`: Lange Schreibsperren, kurze Lesesperren

Bei `REPEATABLE READ`: Lange Schreib- und Lesesperren

Bei `SERIALIZABLE`: Lange Schreib- und Lesesperren und »Intention Locks« auf höherer Ebene

Benutzer und ihre Rechte

Eine große Bedrohung für die Integrität einer Datenbank stellen die Benutzer selber dar. Zum einen muss festgelegt werden, wer überhaupt Zugriff haben soll, und zum anderen wird der Zugriff der berechtigten Benutzer sicherlich auf einzelne Tabellen und/oder die Anwendung bestimmter DML-Operationen beschränkt sein.

Wir werden dieses Thema nicht sehr ausführlich behandeln, weil die Benutzer- und Rechteverwaltung in SQL zum Bereich »Data Administration Language« gehört; und Datenbankadministratoren sind nicht unbedingt die Zielgruppe dieses Buches.

Zunächst einmal muss ein Benutzer einer Datenbank eingerichtet sein. Dazu gibt es den Befehl

```
CREATE USER <Username> IDENTIFIED BY <Passwort>;
```

Im Detail kann das bei den einzelnen DBMS anders aussehen; vgl. dazu etwa

`https://www.w3resource.com/sql/database-security/create-users.php` oder natürlich auch die Dokumentation Ihres DBMS.

Jedem Datenbankschema wird bei der Erstellung ein Besitzer zugeordnet, der alle Rechte dafür besitzt. Wenn nicht extra angegeben, ist das derjenige, der das Schema erstellt. Dieser Besitzer eines Schemas kann dann unter anderem

- ✔ Tabellen und Views anlegen,
- ✔ Daten mit den DML-Befehlen bearbeiten,
- ✔ Indizes definieren.

Er kann aber auch anderen Datenbankbenutzern das Recht einräumen, auf dieses Schema und damit auf die darin gespeicherten Daten zuzugreifen. Dafür steht der Befehl GRANT zur Verfügung. Aber natürlich sollen andere Benutzer in der Regel nicht vollen Zugriff auf das gesamte Schema erhalten, denn Datenbanken enthalten oft auch vertrauliche Informationen, die nur für einen kleinen Benutzerkreis gedacht sind. Deshalb kann ein Datenbankadministrator mit dem GRANT-Befehl auch festlegen, welche Datenbankoperationen die einzelnen Benutzer mit welchen Datenbankobjekten ausführen dürfen. Die anderen Teile der Datenbank sind dann für sie gesperrt und nicht sichtbar.

Insbesondere ermöglicht SQL den kontrollierten Zugriff auf verschiedene Befehlsklassen:

- ✔ Einfügen, lesen, ändern und löschen von Daten
- ✔ Verweisen auf andere Tabellen mithilfe von Fremdschlüsseln
- ✔ Erstellen, ändern und löschen von Datenbankobjekten
- ✔ Benutzen von Domänen, Zeichensätzen, Sequences und so weiter
- ✔ Definieren neuer Datentypen
- ✔ Reagieren auf Ereignisse durch Trigger
- ✔ Ausführen von Datenbankprozeduren und -funktionen

Wir wollen uns hier auf den ersten und zweiten Punkt beschränken. Eine genaue Übersicht finden Sie etwa in Taylor, Allan G: SQL Alles-in-einem-Band für Dummies.

Einfügen von Daten

Das Recht, Daten in bestimmte Tabellen einzufügen, wird folgendermaßen eingeräumt:

```
GRANT INSERT on <Tabelle> TO <User>;
```

```
GRANT INSERT ON Kunden TO Petra;
```

Lesen von Daten

Natürlich können Sie auch anderen Benutzern erlauben, auf Tabellen oder Views mit SELECT zuzugreifen:

```
GRANT SELECT ON {<Tabelle> | <View>} [<Attributliste>] TO <User>;
```

Mit der Option [<Attributliste>] können Sie das Leserecht auf einzelne Attribute einer Tabelle beschränken. Bei Views ergibt das wenig Sinn.

```
GRANT SELECT ON Artikel TO Max;
GRANT SELECT ON Artikel (Bezeichnung, Bestand) TO Achmet;
GRANT SELECT ON Artikel_View TO PUBLIC;
```

Das Recht TO PUBLIC räumt jeder Person mit Zugang zur Datenbank das jeweilige Recht ein. Deshalb wird es hier für eine VIEW mit ausgewählten Attributen der Artikeltabelle gewährt.

Ändern von Daten

Wenn Sie nicht alles selber machen wollen, sollten auch andere Benutzer Daten ändern können.

```
GRANT UPDATE <Tabelle> [<Attributliste>] TO <User>;
```

Mit der Option »[<Attributliste>]« können Sie das Änderungsrecht auf einzelne Attribute der Tabelle beschränken.

```
GRANT UPDATE ON Mitarbeiter TO Chef;
GRANT UPDATE ON Mitarbeiter (Strasse, PLZ, ORT) TO Julia;
```

Löschen von Daten

Das Löschrecht wird folgendermaßen vergeben:

```
GRANT DELETE on <Tabelle> TO <User>;
```

Es kann natürlich nicht auf einzelne Attribute eingeschränkt werden.

```
GRANT DELETE ON Mitarbeiter TO Chef;
```

Verweisen auf andere Tabellen

Wenn eine Tabelle den Primärschlüssel einer anderen Tabelle als Fremdschlüssel beinhaltet, ist das eine Hintertür, mit der Personen eventuell vertrauliche Informationen erhalten könnten. Sie können zwar nicht auf die Daten zugreifen, aber in Erfahrung bringen, ob ein

Tupel mit dem Schlüssel existiert. Datenbank-Managementsysteme sollten die Möglichkeit auf Referenzierung durch Fremdschlüssel nur dann zulassen, wenn diese explizit vergeben worden ist.

```
GRANT REFERENCES (<Fremdschlüssel>) ON <Tabelle> TO <User>;
```

Nehmen wir an, es gibt eine durch einen Benutzer angelegte Tabelle Spione.

```
CREATE TABLE Spione
( Name    VARCHAR(20),
  eMail   VARCHAR(30),
PRIMARY  KEY (Name));

INSERT INTO Spione VALUES ('Mata Hari', 'maha@spy.net');
INSERT INTO Spione VALUES ('Max Maus', 'mama@abc.de');
```

Ferner soll es einen anderen Benutzer – nennen wir ihn Agent_X – geben, der zwar nicht auf diese Tabelle zugreifen, aber selber Tabellen definieren darf und eine Vermutung hat, dass es die Tabelle Spione gibt.

```
CREATE TABLE Test
( Id      INTEGER,
  Name    VARCHAR(20),
PRIMARY KEY (Id),
FOREIGN KEY (Name) REFERENCES Spione (Name));
```

Wenn jetzt ein INSERT-Befehl für die Tabelle Test erfolgreich ist, weiß man, dass die Person mit dem eingegebenen Namen ein Spion ist.

Das sollte erst nach Vergabe des Rechts auf Referenzierung möglich sein.

```
GRANT REFERENCES (Name) ON Spione TO Agent_X;
```

Zumindest bei Oracle gibt es ohne dieses Recht die Fehlermeldung `Nicht ausreichende Berechtigungen`.

Es gibt eine Option beim GRANT-Befehl, die Sie kennen und nur sparsam einsetzen sollten. Wenn Sie ein Recht mit der Option WITH GRANT OPTION vergeben, darf diese Person das erteilte Recht weitergeben. Das sollten Sie aber nur guten Freunden erlauben.

```
GRANT SELECT ON Artikel TO Max WITH GRANT OPTION;
```

Rollen

Die Rechtevergabe kann bei vielen Personen, die berücksichtigt werden müssen, sehr komplex und fehleranfällig sein. Deshalb gibt es in SQL die Möglichkeit, Rechte nicht nur einzelnen Personen zuzuweisen, sondern Rollen zu definieren, Personen diese Rolle zuzuordnen und dann Rechte für die Rolle festzulegen. Damit erhalten alle Personen, die diese Rolle haben, das jeweilige Recht.

```
CREATE ROLE Vertrieb;
GRANT SELECT ON Artikel TO Vertrieb;
GRANT Vertrieb TO Max;
```

Dadurch wird die Rechtevergabe wesentlich vereinfacht.

Das Zurücknehmen von Rechten

Ein Unternehmen ist ein dynamisches System: Mitarbeiter werden eingestellt, bekommen andere Aufgabengebiete, verlassen das Unternehmen. Das hat natürlich auch Auswirkungen auf die Rechtevergabe für eine Datenbank. Neben dem Befehl GRANT für die Vergabe von Rechten, gibt es den Befehl REVOKE zum Entziehen von Rechten.

```
REVOKE <Rechteliste> ON <Objekt> FROM <Benutzerliste>;
```

Sie können damit bestimmte Rechte entziehen und andere nicht.

Im einfachsten Fall also

```
REVOKE SELECT ON Artikel FROM Max;
```

Hier zwei Spezialfälle:

Sie können nur das Recht auf die Rechteweitergabe WITH GRANT OPTION entziehen.

```
REVOKE GRANT OPTION FOR SELECT ON Artikel FROM Max;
```

Dadurch wird Max diese Option wieder entzogen, sein Recht auf den lesenden Zugriff auf die Artikeltabelle bleibt aber erhalten.

Außerdem können Sie den Rechteentzug kaskadierend auf Dritte anwenden, die es durch die Rechteweitergabe indirekt erhalten haben.

```
REVOKE SELECT ON Artikel FROM Max CASCADE;
```

Hierdurch wird das Leserecht nicht nur Max entzogen, sondern allen, denen er es weitergegeben hat.

SQL-Injection

Bei SQL-Injection handelt es sich um einen Hackerangriff auf eine SQL-Datenbank. Dabei wird versucht, Eingaben für SQL-Befehle so zu manipulieren, dass nicht erwünschte Seiteneffekte auftreten und im schlimmsten Fall Angreifer Zugriff auf die Datenbank erhalten.

Dazu ein Beispiel: Der Benutzer Max hat sein Passwort vergessen. Er gibt Folgendes auf der Anmeldeseite (Abbildung 21.2) seines Datenbank-Anwendungsprogramms ein.

Anmeldung für Agenten

Username: Max' --

Passwort:

Back | Enter

Abbildung 21.2: SQL-Injection

Daraus wird dann im Programm ein SQL-Befehl erzeugt, der eigentlich die Aufgabe hat, zu prüfen, ob der Benutzer existiert und ob er ein gültiges Passwort eingegeben hat (der SELECT liefert 1 zurück, wenn es den User mit dem Passwort gibt, sonst 0).

```
SELECT COUNT(*) FROM Benutzer
WHERE Username = 'Max' --' AND Passwort = “
```

Besondere Bedeutung kommt dabei den beiden Minuszeichen zu. Sie markieren den Beginn eines Kommentars. Damit wird der Rest des SQL-Befehls ignoriert. Wenn es den Benutzer Max gibt, liefert der Befehl eine 1 zurück und Max ist angemeldet.

Das Open Web Application Security Project (kurz OWASP) hat ermittelt, dass SQL-Injection im Jahr 2021 der dritthäufigste Typ von Sicherheitsrisiken bei Web-Anwendungen darstellt (`https://owasp.org/www-project-top-ten/`).

Es geht aber noch schlimmer. Auch ohne Kenntnis eines gültigen Usernamens wäre es eventuell möglich, sich anzumelden. Die alleinige Eingabe von

»`' OR 'x'='x'`« als Passwort führt zur Ausführung folgenden Befehls:

```
SELECT COUNT(*) FROM Benutzer
WHERE Username = " AND Passwort = " OR 'x' = 'x'
```

Und falls die Anmeldung erfolgreich ist, wenn COUNT(*) > 0 ergibt, ist man angemeldet, denn 'x' = 'x' ist immer wahr.

Aber keine Angst. Es gibt natürlich Mechanismen, sich gegen SQL-Injection zu schützen. Das sind die sogenannten »Prepared Statements«.

Hier wird der auszuführende SQL-Befehl nicht aus den Eingaben zusammengesetzt, sondern es besteht nur die Möglichkeit, Werte als Parameter einzusetzen, ohne den Befehl dadurch ändern zu können. Zunächst wird der SQL-Befehl vorbereitet, wobei für die Eingabeparameter Fragezeichen als Platzhalter eingetragen werden (der Programmcode ist in PHP-Syntax geschrieben).

```
$stmt = $conn->prepare("SELECT COUNT(*) FROM Benutzer WHERE
Username = ? AND Passwort = ?");
```

Dieser Befehl wird vom DBMS vorübersetzt und es wird vom Optimizer ein Ausführungsplan erzeugt. Anschließend werden die Fragezeichen durch die

Eingabeparameter (hier $user und $password) ersetzt. Der SELECT-Befehl kann dadurch nicht geändert werden.

```
$stmt->bind_param("ss", user, password);
```

Die beiden »s« besagen nur, dass es sich bei den beiden folgenden Parametern um Zeichenketten handelt. Danach kann der Befehl ausgeführt werden.

```
$stmt->execute( );
```

Mit SQL-Injection ist es sogar möglich, neue Befehle in das Datenbanksystem einzuschleusen und ausführen zu lassen. Nehmen wir dafür an, es gebe eine Web-Anwendung, bei der man Produktbezeichnungen eingeben und dazu dann die zugehörigen Preise und Lagerbestände ermitteln kann. Der generierte SQL-Befehl soll folgendermaßen aussehen:

```
SELECT Bezeichnung, Verkaufspreis, Lagerbestand FROM Artikel
WHERE Bezeichnung LIKE '...%'
```

Der Platzhalter »...« wird dabei durch die Eingabe des Benutzers ersetzt. Nehmen wir nun an, ein Hacker vermutet, dass es eine Tabelle namens Mitarbeiter gibt, die unter anderem die Spalten Name und Gehalt beinhaltet. Die Eingabe von »`' UNION SELECT Name, Gehalt, NULL FROM Mitarbeiter --`« führt dann zur Ausführung folgenden SELECT-Befehls:

```
SELECT Bezeichnung, Verkaufspreis FROM Artikel
WHERE Bezeichnung LIKE ''
UNION SELECT Name, Gehalt, NULL FROM Mitarbeiter --%'
```

- ✔ Am besten, es wird vom Datenbank-Anwendungsprogramm überprüft, ob Benutzer SQL-Schlüsselworte wie SELECT, DELETE und so weiter oder Metazeichen wie »--« eingeben. Falls Derartiges entdeckt wird, sollte kein Datenbankzugriff erfolgen, sondern eine Fehlermeldung ausgegeben werden.
- ✔ Außerdem sollten generell Prepared-Statements verwendet werden.

Aufgaben

1. In der Abteilung Rechnungswesen gibt es eine neue Kollegin Jana. Sie soll die Tabelle Konto lesen und ändern und die Tabellen Rechnungen und Kunden lesen dürfen.
2. Der Kollege Tom hat gekündigt, es soll ihm der Zugriff auf die Tabelle Kunden, Bestellungen, Bestellpositionen und Artikel entzogen werden.

IN DIESEM KAPITEL

Was sind Ausführungspläne?

Möglichkeiten zur Optimierung

Wie können Joins abgearbeitet werden?

Wie können Indizes helfen?

Partitionierung von Tabellen

Kapitel 22
Optimierung von SQL-Befehlen

Sie haben gerade ein Datenbankprojekt erfolgreich abgeschlossen und sitzen entspannt beim Mittagessen, als eine Kollegin zu Ihnen kommt und sagt, dass die Antwortzeit für eine bestimmte Datenbankabfrage sehr schlecht ist. In diesem Kapitel erfahren Sie, was Sie da tun können.

Ein Beispiel

Wir gehen von einem Online-Marktplatz aus und nehmen an, es gäbe die drei Tabellen

Käufer(<u>KundenNr</u>, Name, Wohnort, ...)

Artikel(<u>ArtikelNr</u>, Bezeichnung, Kategorie, ...)

Gebote(<u>KundenNr↑</u>, <u>ArtikelNr↑</u>, Betrag, ...)

Wir haben also eine M:N-Beziehung zwischen Käufern und Artikeln und nehmen an, dass es 100.000 angemeldete Käufer, 200.000 angebotene Artikel und insgesamt 300.000 Gebote der Käufer dafür gibt.

Gefragt ist jetzt nach der Anzahl der Gebote von Käufern aus Berlin für Artikel der Kategorie Bekleidung.

```
SELECT COUNT(*) FROM Käufer, Artikel, Gebote
WHERE   Käufer.KundenNr = Gebote.KundenNr
AND     Artikel.ArtikelNr = Gebote.ArtikelNr
AND     Wohnort = 'Berlin'
AND     Kategorie = 'Bekleidung';
```

Weil SQL eine deklarative Sprache ist, gibt es meistens mehrere Möglichkeiten, das gewünschte Ergebnis zu berechnen. Für diese Abfrage sind das beispielsweise:

1. Zunächst wird das Kreuzprodukt der drei Tabellen berechnet. Das ist die Verknüpfung jedes Tupels der einen Tabelle mit jedem der beiden anderen, was insgesamt 100.000 * 200.000 * 300.000 = 6 * 10^{15} Tupel ergibt. Anschließend schränken Sie das Ergebnis mithilfe der vier Restriktionen der WHERE-Klausel ein und berechnen die Anzahl der verbliebenen Tupel.

   Wenn wir annehmen, dass Sie zur Ermittlung des Kreuzprodukts und zur Ergebnisberechnung eine Mikrosekunde je Tupel benötigen, werden Sie die Ausgabe des Ergebnisses nicht mehr erleben, denn es wird erst nach über hundert Jahren ausgegeben.

2. Bevor das Kreuzprodukt gebildet wird, schränken Sie die Käufer erst auf den Wohnort Berlin und die Artikel auf die Kategorie Bekleidung ein. Wenn wir annehmen, dass 5 Prozent der Käufer in Berlin wohnen und 2 Prozent der Artikel zur Kategorie Beleidung gehören, enthält das Kreuzprodukt nur noch 5.000 * 4.000 * 300.000 = 60 * 10^{11} Tupel und das Ergebnis wird nach mehreren Monaten ausgegeben.

3. Wenn zwei Nested Loop Joins verwendet werden, kann es folgendermaßen aussehen: Zunächst wird die Käufertabelle sequenziell gelesen. Das sind 100.000 Tupelzugriffe. Für jeden Käufer aus Berlin wird dann überprüft, welche Gebote es für ihn gibt. Das sind 5.000*300.000 Zugriffe. Bei durchschnittlich 3 Geboten pro Käufer bleiben 15.000 Gebote übrig. Als nächstes werden diejenigen Artikel ermittelt, die zur Kategorie Bekleidung gehören, wofür 200.000 Zugriffe erforderlich sind. Für diese Artikel werden dann die zugehörigen Gebote aus den vorher verbliebenen herausgefiltert und gezählt. Dafür sind 4.000*15.000 Zugriffe notwendig. Insgesamt ergeben sich ungefähr 16*10^{8} Zugriffe, was dann insgesamt rund 30 Minuten dauert.

4. Bisher wurden keine Zugriffspfade benutzt. Das ändern wir jetzt. Wenn wir für jedes Tupel der Gebote zunächst überprüfen, ob es für einen Artikel der Kategorie Bekleidung ist, und von diesen wiederum, ob es von einem Käufer aus Berlin kommt, sind das 300.000 + 6.000 = 306.000 Überprüfungen. Dabei wird jeweils mithilfe des Primärschlüssel-Index für Artikel und Käufer (siehe dazu weiter unten) mit der KundenNr und der ArtikelNr eines Tupels der Gebotstabelle direkt auf die Käufer- und Artikeltabelle zugegriffen. Bei angenommenen 10 Mikrosekunden je Überprüfung hätten Sie das Ergebnis in etwas mehr als 3 Sekunden.

Es kommt hier nicht darauf an, ob die Berechnung der Zwischenergebnisse eine, zehn oder hundert Mikrosekunden dauert. Vielmehr soll das Beispiel demonstrieren, welchen grundsätzlichen Unterschied die geeignete Wahl eines Ausführungsalgorithmus ausmacht.

Es stellt sich jetzt die Frage, welchen Algorithmus ein DBMS wählt, um einen SELECT-Befehl wie oben auszuführen und ob es dort Optimierungspotenzial gibt. Das können Sie mithilfe des Ausführungsplans erkennen, den Sie sich anzeigen lassen können.

Ausführungspläne

Ein Ausführungsplan beschreibt, wie ein DBMS eine SQL-Anweisung ausführt. Ausführungspläne werden vom Optimizer erstellt und sind insbesondere bei SELECT-Befehlen hilfreich, um zu erkennen, wo Performance-Probleme vorhanden sein könnten.

Den beispielsweise von PostgreSQL erzeugten Ausführungsplan für den SELECT-Befehl des vorigen Abschnitts können Sie den beiden folgenden Abbildungen entnehmen; einmal als Grafik in Abbildung 22.1 und einmal in textueller Form in Abbildung 22.2 mit Erläuterungen.

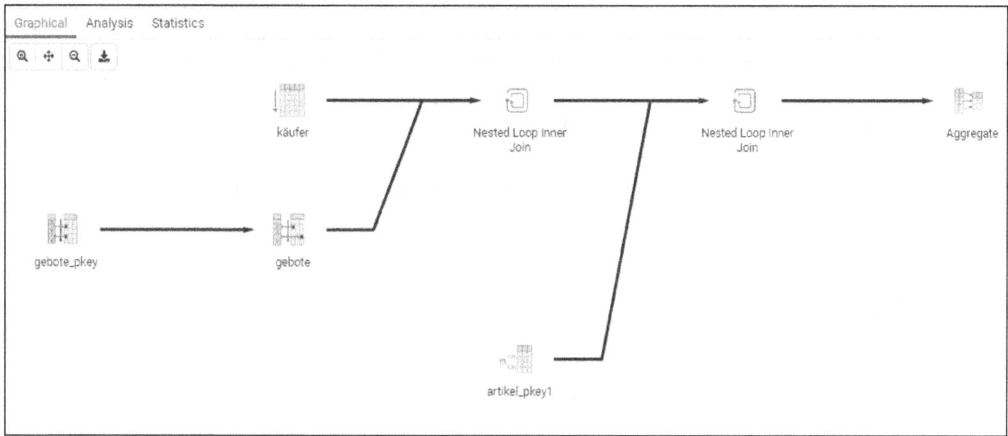

Abbildung 22.1: Ausführungsplan grafisch © PostgreSQL Global Dev. Group

Graphical | Analysis | Statistics

#	Node
1.	→ Aggregate
2.	→ Nested Loop Inner Join
3.	→ Nested Loop Inner Join
4.	→ Seq Scan on käufer as käufer **Filter:** ((wohnort)::text = 'Berlin'::text)
5.	→ Bitmap Heap Scan on gebote as gebote **Recheck Cond:** (kundennr = "käufer".kundennr)
6.	→ Bitmap Index Scan using gebote_pkey **Index Cond:** (kundennr = "käufer".kundennr)
7.	→ Index Scan using artikel_pkey1 on artikel as artikel **Filter:** ((kategorie)::text = 'Bekleidung'::text) **Index Cond:** (artikelnr = gebote.artikelnr)

Abbildung 22.2: Ausführungsplan in Textform © PostgreSQL Global Dev. Group

Man erkennt verschiedene Datenbankoperationen:

- ✔ Nested Loop Join: Verschachteltes Lesen zweier Tabellen oder Indextabellen
- ✔ Sequential Scan: Sequenzielles Lesen einer Tabelle, gegebenenfalls unter Anwendung eines Filters
- ✔ Index Scan: Lesen einer Indextabelle (hier im Rahmen eines Nested Loop Joins), gegebenenfalls unter Anwendung eines Filters für die zugehörige Datentabelle
- ✔ Bitmap Heap Scan: eine optimierte Form eines sequenziellen Scans
- ✔ Aggregate: Anwendung einer Aggregatfunktion, hier COUNT

Sie sehen, das ist nicht ganz einfach zu verstehen und bedarf einiger Übung. Außerdem ist die Darstellung und Bezeichnungsweise bei jedem DBMS anders. Auch die generierten Ausführungspläne können unterschiedlich sein. Beispielsweise generiert der Optimizer von Oracle mehrere verschachtelte Nested Loops, greift – wenn möglich und sinnvoll – auf vorhandene Indextabellen zu und liest Tabellen sequenziell, wenn kein geeigneter Zugriffspfad vorhanden ist. Die Ausgabe in Textform sieht dann in etwa so aus (verkürzt):

```
SELECT STATEMENT
   SORT (AGGREGATE)
      NESTED LOOPS
         NESTED LOOPS
          ...
         TABLE ACCESS (BY INDEX ROWID)              ARTIKEL
           Filter Predicates KATEGORIE='Bekleidung'
```

In Abbildung 22.3 sehen Sie für die obige Fragestellung einen Ausführungsplan in grafischer Form, wie er von MySQL generiert wird, allerdings ohne weitere Erläuterungen.

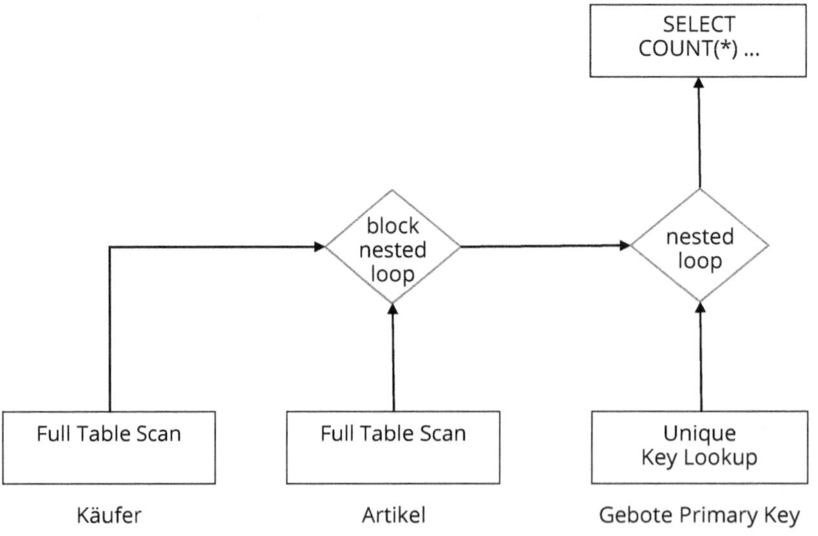

Abbildung 22.3: Ausführungsplan nach MySQL

Sie können diesem Ausführungsplan entnehmen, dass zwei verschachtelte Nested Loops ausgeführt werden, jeweils ein sequenzieller Zugriff auf die Tabellen Käufer und Artikel und ein indizierter Zugriff auf die Tabelle Gebote. Zum Abschluss wird der gewünschte Wert berechnet.

Wenn es Sie interessiert, sollten Sie sich die von Ihrem DBMS generierten Ausführungspläne – beginnend mit einfachen SELECT-Befehlen – einmal ansehen.

Möglichkeiten zur Optimierung von SELECT-Befehlen

In diesem Abschnitt lernen Sie Verfahren kennen, um die Performance bei der Ausführung von SELECT-Befehlen zu verbessern. Dabei handelt es sich um

- Definition eines Index
- Partitionierung von Tabellen

Definition eines Index

Ein Index ist eine Datenstruktur, die zusätzlich zu einer Tabelle aufgebaut wird und die Suche nach bestimmten Werten eines Attributs oder das sortierte Lesen der Tupel beschleunigt. Die Festlegung eines Index ist das Mittel der Wahl, um langlaufende SELECT-Befehle, die Tabellen sequenziell durchsuchen, performanter zu gestalten.

Sie können das mit dem Index eines Buches vergleichen, worin Sie nach bestimmten Schlagworten suchen können und die Nummer der Seite finden, wo das Wort steht. Sie vermeiden damit, das ganze Buch lesen zu müssen.

Der Befehl zum Anlegen eines Index lautet

Syntax von CREATE INDEX

```
CREATE [UNIQUE] INDEX <Indexname> ON <Tabellenname> (<Attributliste>);
```

Nach dem Schlüsselwort INDEX folgt die Option, ob es ein UNIQUE-Index ist oder nicht. Wenn ja, gibt es für einen Indexeintrag genau ein Tupel mit diesem Wert, sonst eventuell mehrere. Nach INDEX fügen Sie den Namen ein, den der Index bekommen soll. Anschließend geben Sie an, für welche Tabelle und welches beziehungsweise welche Attribute dort der Index eingerichtet werden soll.

```
CREATE INDEX Wohnorte_Index ON Kunden (Wohnort);
```

Siehe dazu Abbildung 22.4.

```
CREATE INDEX Namensindex ON Mitarbeiter(Name, Vorname);
```

Für den Primärschlüssel einer Tabelle legt das DBMS automatisch einen UNIQUE-Index an (links in Abbildung 22.4). Das müssen Sie nicht selber machen! Mit dessen Hilfe überprüft das DBMS, ob bei einem INSERT ein Tupel gespeichert werden soll, dessen Primärschlüssel schon vorhanden ist.

Index für KundenNr **Tabelle** **Index für Wohnort**

Abbildung 22.4: Beispielindex für eine Tabelle

Weil ein Index eine sortierte Liste ist, die intern beispielsweise als B*-Baum gespeichert wird, lässt sich sehr schnell ermitteln, welche Tupel einen bestimmten Indexwert beinhalten; viel schneller als bei einem sequenziellen Durchsuchen der gesamten Datenbanktabelle. Außerdem kann ein Index sequenziell durchlaufen werden und ermöglicht damit ein sortiertes Lesen der Datensätze ohne extra Sortiervorgang.

Vermeiden Sie bei häufig durchgeführten SELECT-Befehlen einen »Full Table Scan«. Das kostet immer viel Zeit. Dafür einen Index einzurichten, ist die beste Maßnahme, um einen SELECT-Befehl schneller ausführen zu lassen.

Als Beispiel soll folgender Befehl ausgeführt werden:

```
SELECT * FROM Kunden WHERE Wohnort = 'Berlin';
```

Ohne Index muss die gesamte Tabelle nach den Kunden durchsucht werden, die in Berlin wohnen (Abbildung 22.5 links).

Wenn allerdings ein Index für Wohnorte vorhanden ist, kann dieser benutzt werden, um direkt die Kunden aus Berlin herauszufinden und nur deren Daten aus der Tabelle gezielt zu lesen (Abbildung 22.5 rechts).

KundenNr	Name	Wohnort
100	Petra	Berlin
112	Achmed	Bonn
143	Tom	Berlin
102	Roberto	München
101	Amelie	Berlin
113	Mustafa	München
129	Charlotte	Bonn
125	Ben	Köln
199	Julia	Berlin

Sequenzieller Zugriff

KundenNr	Name	Wohnort
100	Petra	Berlin
112	Achmed	Bonn
143	Tom	Berlin
102	Roberto	München
101	Amelie	Berlin
113	Mustafa	München
129	Charlotte	Bonn
125	Ben	Köln
199	Julia	Berlin

Wohnort
Berlin
Bonn
Köln
München

Zugriff über Wohnorte_Index (schematisch)

Abbildung 22.5: Zugriff ohne und mit Index

Das Suchen eines Wertes im Index geht erheblich schneller als das Durchsuchen der gesamten Tabelle. Schon mit der Methode des binären Suchens können Sie mit 10 Vergleichen feststellen, ob ein Wert in einer sortierten Liste mit 1000 Elementen vorhanden ist oder nicht.

Ein guter Optimizer kann sich allerdings gegebenenfalls dagegen entscheiden, einen Index zu verwenden. Das wird dann der Fall sein, wenn

- ✔ die Tabelle nur klein ist und das gesamte Durchsuchen deshalb wenige Plattenzugriffe erfordert,
- ✔ es nur sehr wenig verschiedene Werte bei dem indizierten Attribut gibt, sodass trotz Index (fast) alle Datenblöcke gelesen werden müssen.

Einige DBMS bieten zu einem normalen Index noch eine weitere Variante an, den sogenannten Bitmap-Index. Dort wird statt der Indexliste für jeden Indexwert eine Bitliste gespeichert, die so viele Bit enthält wie die Tabelle Tupel. Das n-te Bit ist genau dann 1, wenn das n-te Tupel den jeweiligen Indexwert enthält.

Die Bitliste für Berlin als Wohnort sieht so aus: (1 0 1 0 1 0 0 0 1).

Der Befehl zum Angeben eines Bitmap-Index lautet

```
CREATE BITMAP INDEX <Indexname> …
```

Ein Bitmap-Index kommt infrage, wenn es nur wenige Index-Werte gibt, wie beispielsweise bei den deutschen Bundesländern, und oft logische Operatoren AND, OR oder NOT bei Anfragen eingesetzt werden, wie bei Abfragen der Art `SELECT * FROM Filialen WHERE NOT (Bundesland = 'NRW' OR Bundesland = 'BY');`

Und wenn sich herausstellt, dass ein Index nicht benötigt wird, lässt er sich natürlich auch wieder löschen:

```
DROP INDEX <Indexname>;
```

Grundsätzlich ist die Einrichtung eines Index für ein Attribut, von dem einzelne Werte oft bei SELECT-Befehlen in der WHERE-Klausel abgefragt werden, eine gute Idee. Es sollte aber nicht dazu führen, zu viele Indexe einzurichten, denn das hat auch Nachteile:

- ✔ Die DML-Befehle INSERT, UPDATE und DELETE werden langsamer, weil der Index gepflegt werden muss.
- ✔ Natürlich belegen Indextabellen Speicherplatz, was ein Kostenfaktor sein kann.

Sie sollten sich vorher immer die Ausführungspläne ansehen.

Die ANSI/ISO-Norm für SQL legt nicht fest, wie Indizes intern aufgebaut sein sollten. Die Implementierung von Indizes bleibt dem jeweiligen DBMS-Anbieter überlassen. Das bedeutet, dass sich das Indexierungsschema eines Anbieters von dem eines anderen unterscheiden kann (Taylor, Allen G.: SQL Alles-in-einem-Band für Dummies).

Partitionierung von Tabellen

Die Partitionierung großer Tabellen in Teiltabellen kommt infrage, wenn Sie oft nur auf Teilbereiche der Daten zugreifen wollen. Dadurch lassen sich diese schneller und effizienter übertragen und die Abfrageperformance entsprechender SELECT-Befehle erhöhen, denn der Optimizer erkennt, ob sich die Daten, auf die zugegriffen werden soll, innerhalb nur einer Partition befinden.

Es gibt drei Partitionierungstechniken:

- ✔ List-Partitionierung
- ✔ Range-Partitionierung
- ✔ Hash-Partitionierung

Die folgenden Beispiele basieren auf einer Relation Verkauf_Region_Jahr mit den vier Attributen ProduktNr, Region, Jahr und Umsatz. Dort ist gespeichert, welcher Umsatz mit den einzelnen Produkten in welchen Jahren und Regionen erzielt worden ist.

Alle bekannten DBMS wie beispielsweise Oracle, SQL Server, DB2, PostgreSQL oder MySQL stellen Partitionsmethoden bereit. Allerdings ist die Syntax nicht einheitlich. In den folgenden drei Beispielen verwenden wir die von Oracle, zu der die von MySQL sehr ähnlich ist, nur mit kleinen Abweichungen bei der Definition der List-Partitionierung.

List-Partitionierung

Hiermit werden die Tupel einer Tabelle anhand vorgegebener Werte eines Attributs in Teiltabellen partitioniert.

```
CREATE TABLE Verkauf_Region_Jahr
( ProduktNr      INTEGER,
  Region         VARCHAR(20),
  Jahr           INTEGER,
  Umsatz         NUMERIC(9,2)
) PARTITION BY  LIST (Region)
( PARTITION Verkauf_Nord VALUES ('Nord'),
  PARTITION Verkauf_Mitte VALUES ('Ost', 'West'),
  PARTITION Verkauf_Sued VALUES ('Süd')
);
```

Bei MySQL sollten Sie die PARTITION-Klausel so schreiben:

```
PARTITION BY LIST COLUMNS (Region)
( PARTITION Verkauf_Nord  VALUES IN ('Nord'),
  PARTITION Verkauf_Mitte  VALUES IN ('Ost', 'West'),
  PARTITION Verkauf_Sued  VALUES IN ('Süd')
);
```

Es sollen jetzt die Tupel der Region 'West' ausgegeben werden:

```
SELECT * FROM Verkauf_Region_Jahr WHERE Region = 'West';
```

Dem hier als Tabelle dargestellten Ausführungsplan für diese Abfrage können Sie entnehmen, dass nur auf die zweite Partition, also Verkauf_Mitte, zugegriffen wird, und die dort gespeicherten Tupel nach der gewünschten Region gefiltert werden.

Operation	Object_Name	Partition Start	Partition End
SELECT STATEMENT			
PARTITION LIST (SINGLE)		Key	Key
TABLE ACCESS (FULL)	Verkauf_Region_Jahr	2	2
Filter Predicates			
REGION='West'			

Range-Partitionierung

Alternativ zur Partitionierung anhand vordefinierter Attributwerte gibt es die Partitionierung nach Wertebereichen.

```
CREATE TABLE Verkauf_Region_Jahr
( ProduktNr    INTEGER,
  Region       VARCHAR(20),
  Jahr         INTEGER,
  Umsatz       NUMERIC(9,2)
) PARTITION BY RANGE (Jahr)
( PARTITION Verkauf_2010 VALUES LESS THAN (2010),
  PARTITION Verkauf_2020 VALUES LESS THAN (2020),
  PARTITION Verkauf_Aktuell VALUES LESS THAN (MAXVALUE)
);
```

Hash-Partitionierung

Die dritte und letzte Form der Partitionierung teilt die Tupel anhand einer Modulo-Funktion in Teiltabellen auf. Dies sorgt bei geeigneter Wahl des Hashattributs für eine gleichmäßige Verteilung der Daten.

```
CREATE TABLE Verkauf_Region_Jahr
( ProduktNr    INTEGER,
  Region       VARCHAR(20),
  Jahr         INTEGER,
  Umsatz       NUMERIC(9,2)
) PARTITION BY HASH (ProduktNr) PARTITIONS 5;
```

Weitere Möglichkeiten zur Abfrageoptimierung

Zusätzlich zu den vorgestellten Maßnahmen der Indizierung und Partitionierung gibt es noch einige weitere, die hier aber nicht erläutert werden sollen. Dabei handelt es sich um:

- ✔ Materialized Views (kennen Sie bereits)
- ✔ Clusterung von Tabellen
- ✔ Indextabellen
- ✔ In-Memory-Datenbanken

Bei Interesse sollten Sie die Dokumentation Ihres DBMS zurate ziehen.

Hinzu kommen Regeln, wie durch geeignete Formulierung des SELECT-Befehls der Optimizer in die Lage versetzt werden kann, geeignete Ausführungspläne zu erstellen. Aber das ist von DBMS zu DBMS sehr unterschiedlich und würde den Rahmen dieses Buches sprengen.

Aufgaben

1. Richten Sie für eine Tabelle Mitarbeiter einen Index auf die beiden Attribute Name und Vorname ein.
2. Partitionieren Sie eine Tabelle Studierende nach den vier Fakultäten Informatik, Sozialwesen, Betriebswirtschaft, Technik, wo sie immatrikuliert sind.

Teil VI
Prozedurale Programmierung mit SQL

IN DIESEM TEIL ...

- lernen Sie die Architektur einer Datenbankanwendung kennen.
- erfahren Sie, wie man SQL-Anweisungen in andere Programmiersprachen einbetten kann.
- lernen Sie etwas über die prozeduralen Konzepte von SQL.
- erfahren Sie das Wichtigste über Trigger und wie man sie programmiert.
- werden die Namen SQL Server®, PostgreSQL®, Oracle® und MySQL® für Datenbank-Managementsysteme verwendet, deren Rechteinhaber die Firma Microsoft Corp., die PostgreSQL Community Association of Canada beziehungsweise die Oracle Corp. sind. Die Rechte des jeweiligen Zeicheninhabers sind zu beachten.

IN DIESEM KAPITEL

Die Drei-Schichten-Architektur einer Datenbankanwendung

Embedded SQL

ODBC und JDBC

Zugriff von PHP auf relationale Datenbanken mit PDO

Kapitel 23
Einbettung von SQL in andere Programmiersprachen

Bisher wurde stillschweigend davon ausgegangen, dass Sie zum Üben ein Datenbank-Managementtool verwenden, bei dem Sie SQL-Befehle eingeben können und dann das Ergebnis angezeigt bekommen (oder eine Fehlermeldung). Im zweiten Kapitel wurden einige dieser Tools vorgestellt.

Das ist aber nicht der Weg, über den Datenbankbenutzer normalerweise auf eine Datenbank zugreifen. Sie haben dafür eine App, eine Webseite oder eine andere Benutzerschnittstelle zur Verfügung. Sie geben auch nicht SQL-Befehle ein, sondern diese werden vom jeweiligen Programm generiert.

Überblick über die typische Architektur von Anwendungsprogrammen

Die Architektur eines Datenbank-Anwendungsprogramms können Sie der folgenden Abbildung 23.1 entnehmen.

Die oberste Schicht, die Präsentationsschicht, ist die Schnittstelle zum Benutzer. Hier werden auch die Ergebnisse der SQL-Befehle angezeigt. Die mittlere Schicht enthält die Programmlogik. Dabei kann es sich um die Funktionalität eines Onlineshops, eines Buchungssystems oder auch um eine KI-Anwendung handeln. Die untere, dritte Schicht ist für den Zugriff auf die gespeicherten Daten zuständig. In unserem Fall enthält sie die

Präsentationsschicht
Programmlogik
Datenhaltungsschicht

Abbildung 23.1: Drei-Schichten-Architektur eines Datenbank-Anwendungsprogramms

SQL-Befehle für den Zugriff auf ein relationales Datenbank-Managementsystem. In der SQL-Norm ist das im Modul SQL/CLI (Call Level Interface) beschrieben. In diesem Kapitel sollen vier Möglichkeiten kurz vorgestellt werden, damit Sie eine Vorstellung davon bekommen, worum es geht und was die Schwierigkeit dabei ist:

- ✔ Embedded SQL
- ✔ ODBC
- ✔ JDBC
- ✔ PHP Data Objects

Embedded SQL

Beim Embedded SQL werden – wie der Name schon sagt – SQL-Befehle in ein Programm, das üblicherweise in C oder C++ geschrieben ist, standardisiert eingebettet. Es gibt aber auch andere Programmiersprachen als Wirtssprache, wie die Sprache bezeichnet wird, in der das umgebende Programm geschrieben ist. Die Funktionalität von Embedded SQL ist im zweiten Teil (Foundation) der SQL-Norm beschreiben.

Die SQL-Befehle werden mit EXEC SQL eingeleitet und mit einem Terminierungszeichen (je nach Programmiersprache ein Semikolon oder auch END-EXEC) beendet. Ein sogenannter Precompiler analysiert das Programm und ersetzt diese Teile durch internen, in der Wirtssprache geschriebenen Programmcode. Im Kontext dieses Buches soll nur an einem kleinen Beispiel in C++ erläutert werden, wie das grundsätzlich aussieht.

Zur Kommunikation mit dem umgebenden Programm müssen sogenannte Host-Variablen deklariert werden; dies erfolgt in einem speziellen Bereich, der DECLARE SECTION.

```
EXEC SQL BEGIN DECLARE SECTION;
       int KundenNr;
       char Kundenname[25];
       char Kundenvorname[25];
       char Kundenwohnort[25]
EXEC SQL END DECLARE SECTION;
```

Die Verbindung zur Datenbank stellen Sie mit CONNECT her.

```
EXEC SQL CONNECT TO server USER … ;
```

Anschließend folgen die SQL-Befehle; etwas zum Lesen des Namens eines Kunden mit einer bestimmten Kundennummer. Im SQL-Befehl können Sie auf die Host-Variablen Bezug nehmen; den Variablennamen muss allerdings ein Doppelpunkt vorangestellt werden, um sie von Tabellenattributen unterscheiden zu können.

```
EXEC SQL
       SELECT Name, Vorname
       INTO :Kundenname, :Kundenvorname
       FROM Kunden
       WHERE KundenNr = :KundenNr;
```

Auf Fehlersituationen bei der Befehlsausführung kann mit Befehlen der Wirtssprache entsprechend reagiert werden.

```
EXEC SQL WHENEVER SQLERROR … ;
EXEC SQL WHENEVER NOT FOUND … ;
```

Wenn in der SQL-Ergebnismenge mehr als ein Tupel enthalten sein kann, müssen Sie einen CURSOR definieren, diesen dann ausführen und anschließend in einer Programmschleife Tupel für Tupel lesen und über die Host-Variablen in das Wirtsprogramm übertragen. Dies ist leider erforderlich, weil Programmiersprachen keine Tupelmengen verarbeiten können, was mit SQL problemlos geht.

```
EXEC SQL
       DECLARE Kundenausgabe CURSOR FOR
       SELECT Name, Vorname
       INTO :Kundenname, :Kundenvorname
       FROM Kunden
       WHERE Wohnort = :Kundenwohnort;

EXEC SQL OPEN Kundenausgabe;

WHILE …
{ EXEC SQL
   FETCH Kundenausgabe INTO :Kundenname, :Kundenvorname;
};

EXEC SQL CLOSE Kundenausgabe;
```

ODBC und JDBC

Im Gegensatz zu Embedded SQL wird bei ODBC und JDBC kein Procompiler benötigt. Vielmehr werden bei diesen Schnittstellen Treiber bereitgestellt, die die Kommunikation mit der Datenbank erledigen. Die Datenbank-Funktionen (Lesen von Daten, Ändern,

Löschen, ...) werden durch Prozeduren realisiert, die in Bibliotheken gespeichert sind. Ein Datenbankanwendungsprogramm enthält nur Aufrufe dieser Module. Das Hauptproblem dabei ist, wie bei den anderen Schnittstellen auch, die Typkonvertierung und Übergabe von Daten und insbesondere der Umgang mit den Ergebnismengen eines SELECT-Befehls, weil konventionelle Programmiersprachen keine Mengen verarbeiten können.

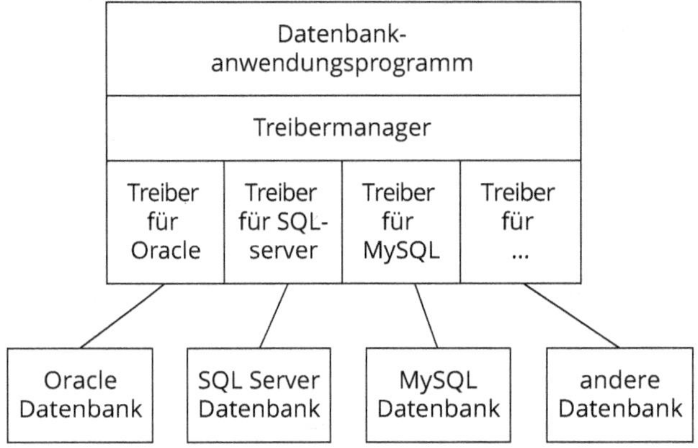

Abbildung 23.2: Schnittstellenarchitektur mit ODBC und JDBC

Die Schnittstellenarchitektur von Abbildung 23.2 besteht aus vier Ebenen:

1. Das Datenbankanwendungsprogramm verarbeitet die Daten und enthält die Prozeduraufrufe der Schnittstelle, um SQL-Befehle an die jeweilige Datenbank übertragen zu können.
2. Der Treibermanager lädt den dafür erforderlichen datenbankspezifischen Treiber
3. Der Datenbanktreiber bearbeitet die Prozeduraufrufe, übergibt die SQL-Befehle an die Datenbank und liefert das Ergebnis zurück.
4. Die Datenbank, genauer das Datenbanksystem, verarbeitet die SQL-Befehle, wie sie es gewohnt sind.

ODBC

ODBC – Open Database Connectivity – wurde ursprünglich von Microsoft entwickelt. Es ist ein Call-Level-Interface, um über Prozeduraufrufe mit einer Datenbank kommunizieren zu können. Die Schnittstelle ist programmiersprachenunabhängig; es gibt sie beispielsweise für Visual Basic, C, C++ und Java®. Ihr Vorteil ist, dass sie eine datenbankunabhängige Entwicklung eines Anwendungsprogramms erlaubt und auch die Anbindung an entfernte Datenbanken unterstützt. Ein Treiber für ODBC enthält

- ✔ eine Bibliothek mit den erforderlichen Funktionen und Prozeduren,
- ✔ ermöglicht die Eingabe von SQL-Befehlen in Standard-Syntax und mit den Standarddatentypen und
- ✔ definiert Standardfehlercodes, um auf Datenbankfehler reagieren zu können.

Diese Standardisierung erleichtert die Portabilität des Anwendungsprogramms und ermöglicht, durch Einbindung eines anderen ODBC-Treibers, den Zugriff auf Datenbanken verschiedener Hersteller. Es gibt sie in drei Abstufungen mit unterschiedlichem Funktionsumfang:

- ✔ Core-Level mit Basisfunktionalitäten
- ✔ Level 1
- ✔ Level 2

JDBC

Java Database Connectivity ähnelt ODBC, ist aber (wie der Name schon sagt) eine Schnittstelle nur für in Java® geschriebene Datenbank-Anwendungsprogramme. Java wurde ursprünglich von Sun Microsystems vermarktet, ist speziell auf relationale Datenbanken ausgerichtet und gehört heute zu Oracle. Es handelt sich dabei um eine allgemein einsetzbare Programmiersprache zur Entwicklung von Web-Anwendungen in einer Client-Server-Umgebung.

Der Ablauf beim Zugriff auf eine relationale Datenbank mithilfe von JDBC lässt sich durch sieben Schritte beschreiben:

1. Importieren der notwendigen JDBC-Klassen

   Zunächst werden mit `import java.sql` die notwendigen JDBC-Klassen in den Java-Code des Anwendungsprogramms eingebunden.

2. Treiber registrieren

   Danach wählen Sie den für die gewünschte Datenbank erforderlichen JDBC-Treiber aus; entweder mit der Methode `Drivermanager.registerDriver(new` *`drivername`*`)` der Klasse Drivermanager oder durch Aufruf der Methode `Class.forName("`*`drivername`*`")`, wodurch der Treiber erst zur Laufzeit des Programms dynamisch eingebunden wird.

   Der Name des Treibers ist DBMS-spezifisch, beispielsweise `oracle.jdbc.driver.OracleDriver` für eine Oracle-Datenbank oder `com.mysql.jdbc.Driver` bei MySQL.

3. Verbindung zur Datenbank aufbauen

   Um eine Verbindung zur Datenbank aufzubauen, gibt es die Methode `getConnection( )`. Dadurch wird ein Objekt der Klasse Connection angelegt (hier mir conn bezeichnet), über das dann die Kommunikation mit der Datenbank erfolgt.

   ```
   Connection conn = Drivermanager.getConnection( );
   ```

   Die Methode benötigt drei Parameter: den DBMS-abhängigen Connection-String, den Usernamen und das Passwort dazu (beides können Sie aber auch erst zur Laufzeit eingeben, was natürlich sicherer ist).

Sowohl den Connection-String für Ihre Datenbank als auch den notwendigen Treiber sollten Sie bei Ihrem Datenbankadministrator erfragen. Er wird das wissen.

4. SQL-Anweisung erzeugen

   Als Nächstes erzeugen Sie mit der Methode `createStatement( )` des Connection-Objekts ein Statement-Objekt.

   ```
   Statement stmt = conn.createStatement( );
   ```

   Das Statement-Objekt (stmt genannt) stellt dann Methoden bereit, um mit SQL auf die Datenbank zugreifen zu können.

5. Anweisung ausführen lassen

   Zur Ausführung eines DML-Befehls gibt es (neben einem allgemeinen `execute`) zwei Methoden:

   - `executeQuery( )` für SELECT-Befehle und
   - `executeUpdate( )` für INSERT, UPDATE DELETE.

   Beide Methoden haben als Parameter den auszuführenden SQL-Befehl als Literal beziehungsweise einen String-Parameter, der den Befehl enthält. Die erste Methode liefert die Ergebnismenge der gelesenen Tupel zurück, die zweite die Anzahl der bearbeiteten Tupel (oder 0 im Fehlerfall).

   ```
   Int count = stmt.executeUpdate("DELETE FROM Kunden WHERE KundenNr=4712");

   String sql;
   sql = "SELECT Vorname, Name FROM Kunden WHERE KundenNr = 4713";
   ResultSet rset = Stmt.executeQuery(sql);
   ```

6. Ergebnisse holen und verarbeiten

   Bei `executeQuery( )` müssen Sie noch die Ergebnismenge aus dem ResultSet tupelweise holen, um sie im Programm verarbeiten, beispielsweise anzeigen zu können. Dazu ist aus den schon genannten Gründen eine While-Schleife erforderlich.

   ```
   while (rset.next( ) )
   {   String vorname = rset.getString("VORNAME");
       String name = rset.getString("NAME");
       …
   }
   ```

   Für jeden SQL-Datentyp gibt es passende Methoden zum Lesen von Attributwerten, etwa `getDate( )` oder `getInt( )`.

Dies ist nur ein kleines Beispiel der Möglichkeiten von JDBC. Wenn Sie mehr über JDBC und JAVA wissen wollen, empfehle ich Ihnen die Webseite `https://www.oracle.com/java/technologies/javase/javase-tech-database.html`.

PHP Data Objects

Es gibt mehrere Schnittstellen, um von PHP auf relationale Datenbanken zuzugreifen. Wir betrachten hier exemplarisch PHP Data Objects.

Einführung

PHP Data Objects – kurz PDO – ist eine Schnittstelle, um von PHP auf relationale Datenbanken zuzugreifen, wobei sehr oft MySQL oder das daraus hervorgegangene DBMS MariaDB verwendet wird. PHP ist eine weit verbreitete Skriptsprache für Web-Anwendungen, deren Befehle direkt in HTML eingebettet werden können. Im nächsten Abschnitt finden Sie ein vollständiges Beispiel dazu.

Für das Folgende wäre es schön, wenn Sie PHP bereits kennen. Aber es ist nicht zwingend erforderlich.

Zunächst müssen Sie eine Verbindung zu Ihrer Datenbank aufbauen.

```
$conn = new PDO('mysql: host=$hostname; dbname=$dbname', $username,
$passwort);
```

Die vier Variablen `$host`, `$dbname`, `$username` und `$passwort` sind selbsterklärend und müssen vorher mit gültigen Werten belegt sein, etwa

```
$hostname = 'localhost';
$dbname = 'meineDatenbank';
$username = 'root';
$passwort = '…';
```

Sie können die Werte auch direkt ohne die Variablen im Befehl eintragen. Das Passwort sollte vom Benutzer eingegeben und nicht statisch gespeichert werden.

Als Nächstes geben Sie den SQL-Befehl an, der ausgeführt werden soll. Etwa

```
$sql = "SELECT Vorname, Nachname FROM Kunden";
```

Natürlich ist auch eine WHERE-Klausel möglich, wobei die angegebenen Literale eingegeben werden können. Bei der Suche nach einem bestimmten Wohnort etwa mithilfe der Variablen $ort.

```
$sql = "SELECT Vorname, Nachname FROM Kunden WHERE Wohnort = '$ort'";
```

Anschließend wird der SQL-Befehl mit der Methode `query()` zur Datenbank übertragen und dort ausgeführt. Das Ergebnis wird in einer Variablen gespeichert und kann dann dort ausgelesen und beispielsweise mit dem Befehl `echo` ausgegeben werden.

```
$result = $conn->query($sql);
```

Für das Lesen eines Datensatzes verwenden Sie die Methode `fetch()`. Wenn die Ergebnismenge des SELECT-Befehls mehrere Tupel enthält, lesen Sie diese mit `fetchAll()`. Ein Beispiel dazu finden Sie im nächsten Abschnitt.

```
$sql = "SELECT Vorname, Nachname FROM kunden WHERE KundenNr = 100";
$result = $pdo->query($sql);
$row = $result->fetch();
echo $row['Vorname'].' '.$ergebnis['Nachname'];
```

$row ist ein sogenanntes assoziatives Array, das die Ausgabeattribute des SELECT-Befehls enthält, auf die Sie dann zugreifen können. Man kann auch verkürzt Folgendes schreiben:

```
$sql = "SELECT Vorname, Nachname FROM kunden WHERE KundenNr = 100";
$ergebnis = $pdo->query($sql)->fetch();
echo $ergebnis['Vorname'].' '.$ergebnis['Nachname'];
```

Ein Beispiel

In diesem Abschnitt wird ein vollständiges Beispiel mit HTML-Seiten und eingebettetem PHP PDO Code zum Zugriff auf eine MySQL-Datenbank vorgestellt.

XAMPP

Als Entwicklungsumgebung verwenden wir XAMPP. XAMPP ist ein unter anderem für Windows und Linux verfügbares Programmpaket zur Entwicklung und Ausführung von Web-Anwendungen. Es enthält folgende Komponenten:

- den Webserver Apache,
- die MySQL-kompatible Datenbank MariaDB,
- die Skriptsprache PHP,
- und weitere für uns nicht relevante Softwarekomponenten.

Sie können XAMPP von der Website `https://www.apachefriends.org/de/index.html` herunterladen und installieren; standardmäßig auf Laufwerk C im Ordner XAMPP. Achten Sie dabei auf eine für Ihren Rechner passende Version. Nach erfolgreicher Installation starten Sie die Datei xampp-control und erhalten folgendes Fenster.

Hiermit können Sie die Softwarekomponenten von XAMPP starten, stoppen, administrieren und konfigurieren. Sie erkennen an Abbildung 23.3, dass der Webserver und die Datenbank bereits erfolgreich gestartet worden sind. Wenn Sie auf den Button »Admin« von MySQL klicken, starten Sie das Programm phpMyAdmin. Damit können Sie Datenbanken einrichten, Tabellen definieren und SQL-Befehle ausführen lassen. Die Abbildung 23.4 zeigt den Startbildschirm von phpMyAdmin. Oben geben Sie Ihre SQL-Befehle ein und unten wird das jeweilige Ergebnis angezeigt.

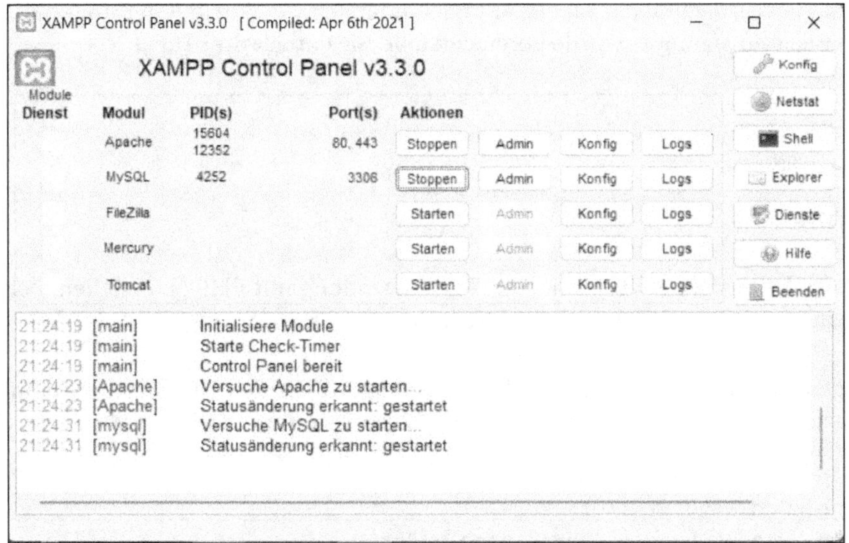

Abbildung 23.3: Startbildschim xampp-control © Apache Friends

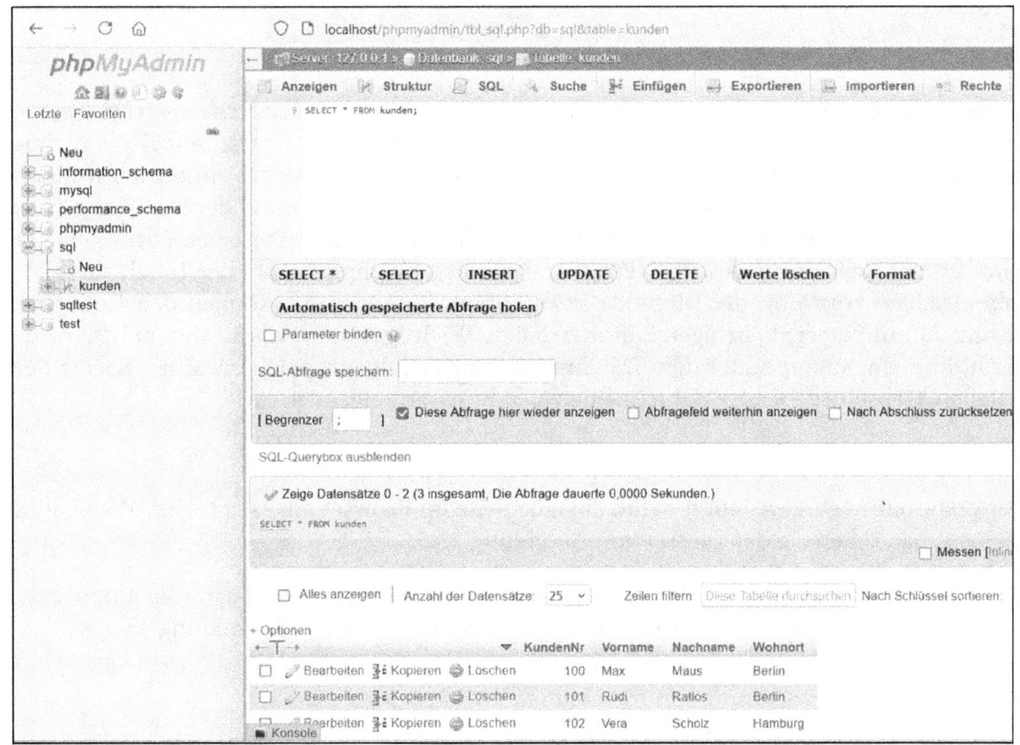

Abbildung 23.4: phpMyAdmin © phpMyAdmin Contributors

Eine Datenbank namens »sql« und die Tabelle »kunden« mit den vier Attributen KundenNr, Vorname, Nachname und Wohnort wurde bereits erstellt. Sie enthält drei Tupel:

```
100 Max  Maus   Berlin
101 Rudi Ratlos Berlin
102 Vera Scholz Hamburg
```

Das Programm

Die Aufgabe besteht jetzt darin, eine Webanwendung mit PHP zu erstellen, bei der man einen Ort eingibt und die dort wohnenden Kunden angezeigt werden.

Zunächst benötigen wir eine HTML-Seite, in die man den gewünschten Ort eingeben kann (Listing 23.1). Dazu verwenden wir die HTML-Tags <form> … </form>.

```
<form method ="post" action = "ausgabe.php">
<h1> Kundensuche nach Wohnort </h1> <br>
Wohnort eingeben: <input type = "text" name = "ort"/>
 
<input type = "submit" value = "los gehts"/>
</form>
```

Listing 23.1: HTML-Code für die Eingabeseite

Zuerst wird mit <h1> und </h1> begrenzt die Überschrift »Kundensuche nach Wohnort« angezeigt. Dann folgt ein Zeilenumbruch <br>. Anschließend wird nach dem Text »Wohnort eingeben:« ein Eingabefeld namens »ort« angezeigt. Dort soll der Wohnort der Kunden eingegeben werden. Daran schließen sich ein Leerzeichen   und der mit »los gehts« beschriftete Submit-Button an. Wenn dieser nach erfolgter Eingabe eines Ortes geklickt wird, erfolgt der Aufruf des PHP-Programms »ausgabe.php«, wobei der Inhalt der Eingabevariablen »ort« mit der Methode POST übergeben wird. Sie können den Code von Listing 23.1 mit einem beliebigen Editor erstellen. Wichtig ist nur, dass Sie ihn im Unterordner htdocs von xampp unter dem Dateinamen eingabe.php abspeichern. Zur Anzeige der erstellen Webseite geben Sie dann in einen Webbrowser Folgendes ein:

```
localhost/eingabe.php
```

Der gestartete Webserver sorgt dafür, dass die Seite im Browser angezeigt wird. Wenn alles geklappt hat, sehen Sie das Fenster von Abbildung 23.5.

Wenn Sie jetzt in das Eingabefeld beispielsweise »Berlin« eingeben und dann auf »los gehts« klicken, werden Ihnen die in Berlin wohnenden Kunden angezeigt (Abbildung 23.6).

Abbildung 23.5: Eingabefenster für die Kundensuche

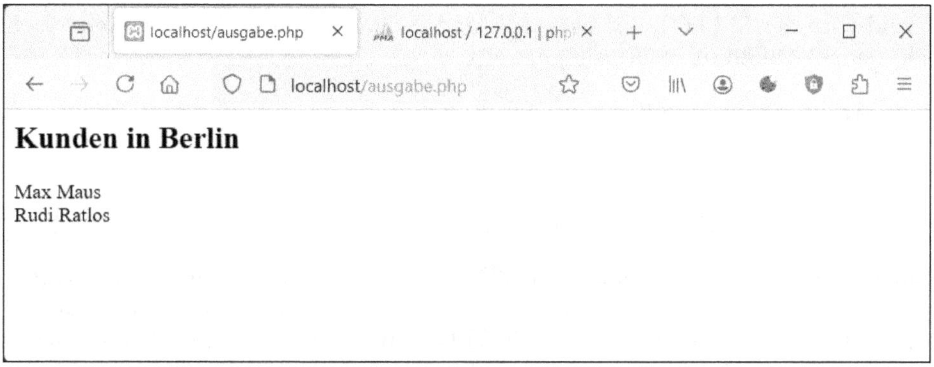

Abbildung 23.6: Ausgabefenster des PHP-Programms

Den ebenfalls im Ordner htdocs in der Datei ausgabe.php gespeicherte PHP-Code zum Lesen der Berliner Kunden mit SELECT und zu deren Ausgabe können Sie dem Listing 23.2 entnehmen.

```
<?php
$ort = $_POST["ort"];
echo '<h2>'.'Kunden in '.$ort.'</h2>';
$pdo = new PDO('mysql:host = localhost;dbname=sql', 'root');
$sql = "SELECT Vorname, Nachname FROM kunden WHERE Wohnort = '$ort'";
$ergebnis = $pdo->query($sql)->fetchAll();
if ($ergebnis)
{ foreach($ergebnis as $kunde)
  { echo $kunde['Vorname'].' '.$kunde['Nachname'].'<br>';
  }
} else
{ echo "keine Kunden dort vorhanden";
}
?>
```

Listing 23.2: PHP-Code für die Ausgabeseite

In der ersten Zeile wird festgelegt, dass es sich hier um PHP-Code handelt. Zunächst wird der Inhalt des mit `POST` übergebenen Orts in der Variablen $ort gespeichert. Mit dem echo-Befehl wird die Überschrift »Kunden in« gefolgt vom Ort ausgegeben.

Hoffentlich erinnern Sie sich noch an die Text-Konkatenation in MySQL mit dem Symbol ».«.

In der vierten Zeile wird für den Standardbenutzer root eine PDO-Verbindung zur Datenbank sql auf dem Server localhost eingerichtet.

Wir verzichten auf die Festlegung eines Passworts. Das ist natürlich bei einer echten Anwendung zwingend erforderlich. Genauso verzichten wir auf die Fehlerbehandlung, falls die Verbindung nicht aufgebaut werden kann. Auch ein weiterer Benutzer in der Datenbank mit weniger Rechten sollte angelegt werden.

Anschließend wird der SELECT-Befehl erstellt und der Variablen $sql zugewiesen. Nach der Eingabe gemäß Abbildung 23.5 sieht er so aus:

```
SELECT Vorname, Nachname FROM kunden WHERE Wohnort = 'Berlin'
```

Der Befehl

```
$ergebnis = $pdo->query($sql)->fetchAll();
```

sorgt dafür, dass der SELECT-Befehl über die PDO-Verbindung zur Datenbank übertragen, dort ausgeführt und das Ergebnis in der Variablen $ergebnis gespeichert wird. Wenn die Ergebnismenge nicht leer ist, wird bei dem if-Befehl der then-Zweig durchlaufen und jedes Tupel der Ergebnismenge in einer foreach-Schleife mit dem Befehl

```
echo $kunde['Vorname'].' '.$kunde['Nachname'].'<br>'
```

ausgegeben. Falls es in dem Ort keine Kunden gibt, hat `$ergebnis` den Booleschen Wert FALSE und es wird der `else`-Zweig durchlaufen und »keine Kunden dort vorhanden« ausgegeben. Sie können es gerne ausprobieren; es klappt.

SQL-Injection

In Kapitel 21 haben Sie bereits etwas über SQL-Injection erfahren. Dabei versuchen Hacker, über Eingaben unerwünschte SQL-Befehle ausführen zu lassen. Wir können das hier simulieren. Wenn Sie in das Eingabefeld von Abbildung 23.5 Folgendes eingeben:

```
Berlin' OR 1=1; --
```

wird folgender SELECT-Befehl ausgeführt:

```
SELECT Vorname, Nachname FROM kunden
WHERE Wohnort = 'Berlin' OR 1=1;
```

Die zwei Minuszeichen bei der Eingabe sorgen dafür, dass der Rest als Kommentar betrachtet wird und nicht mehr zum SELECT-Befehl gehört. Das Ergebnis können Sie in Abbildung 23.7 sehen: Weil 1=1 immer TRUE ist, werden alle Kunden angezeigt, nicht nur die in Berlin.

Abbildung 23.7: SQL-Injection

Vermeidung von SQL-Injection mit Prepared Statements

Das Problem bei der SQL-Injection ist, dass unerwünschte SQL-Befehle über Eingabefelder eingegeben und ausgeführt werden können. Dies kann vermieden werden, wenn sogenannte »Prepared Statements« verwendet werden. Dort wird der Ausführungsplan für den SQL-Befehl erzeugt, bevor die Eingabevariablen dort eingebunden werden. Damit ist eine nachträgliche Manipulation, wie im vorherigen Abschnitt beschrieben, nicht mehr möglich ist. Listing 23.3 zeigt den zugehörigen Programmcode mit PHP.

```
<?php
$ort = $_POST["ort"];
echo '<h2>'.'Kunden in '.$ort.'</h2>';
$pdo = new PDO('mysql:host = localhost;dbname=sql', 'root');
$sql = "SELECT Vorname, Nachname FROM kunden WHERE Wohnort = :ort";
$statement = $pdo->prepare($sql);
$statement->bindParam(':ort', $ort);
$statement->execute();
$ergebnis = $statement->fetchAll();
if ($ergebnis)
{ foreach($ergebnis as $kunde)
  { echo $kunde['Vorname'].' '.$kunde['Nachname'].'<br>';
  }
} else
{ echo "keine Kunden dort vorhanden";
}
?>
```

Listing 23.3: PHP-Code mit Prepared SQL

Der Unterschied zu Listing 23.2 ist, dass der SQL-Befehl zunächst nur einen Platzhalter `:ort` für den Ort enthält. Dafür wird durch den Befehl

```
$statement = $pdo->prepare($sql)
```

der Ausführungsplan erstellt und erst danach mit

```
$statement->bindParam(':ort', $ort)
```

dem Platzhalter `:ort` durch den Wert der Variablen `$ort` ersetzt. Der Ausführungsplan kann dabei nicht mehr geändert werden. Nach der Ausführung des Befehls mit

```
$statement->execute()
```

ist der weitere Ablauf wie bei Listing 23.2. In Abbildung 23.8 sehen Sie das Ergebnis. Es werden keine Kunden angezeigt.

Abbildung 23.8: Versuch von SQL-Injection bei Prepared Statements

Um SQL-Injection zu vermeiden, ist die Verwendung von Prepared Statements immer erforderlich, wenn Anwender Eingaben machen müssen!

IN DIESEM KAPITEL

Warum gibt es prozedurale Erweiterungen bei SQL?

Stored Procedures

Trigger

Kapitel 24 Prozedurale Erweiterungen von SQL

Daten in einer Datenbank zu speichern, ist zwar schön und gut, aber einen Nutzen haben Sie nur dann, wenn diese auch (sinnvoll) verarbeitet werden. Dafür ist die mittlere Schicht, die Programmlogik, eines Datenbank-Anwendungsprogramms zuständig.

Siehe dazu die Abbildung 23.1 zur Drei-Schichten-Architektur eines Datenbank-Anwendungsprogramms im vorherigen Kapitel.

Normalerweise befindet sich die Datenhaltungsschicht, also das Datenbank-Managementsystem mit den Tabellen, auf einem anderen Server als die Programmlogik und die Präsentationsschicht. Das bedeutet, dass jede Kommunikation zwischen DBMS und Programmlogik mit einem Datentransfer über das Netzwerk verbunden ist.

Ein Beispiel zur Motivation

Nehmen wir beispielsweise an, dass bei Speicherung eines neuen Kunden geprüft werden soll, ob dieser in einer Art »Blacklist« eingetragen ist und folglich nicht beliefert werden darf. Dann darf der INSERT-Befehl für die Kundentabelle nur ausgeführt werden, wenn vorher ein SELECT in der Blacklist zu einer leeren Ergebnismenge geführt hat, der Kunde also nicht in der Liste gespeichert ist. Den dazu notwendigen Ablauf und insbesondere die Kommunikation zwischen Datenbank- und Anwendungsserver können Sie der folgenden Abbildung 24.1 entnehmen.

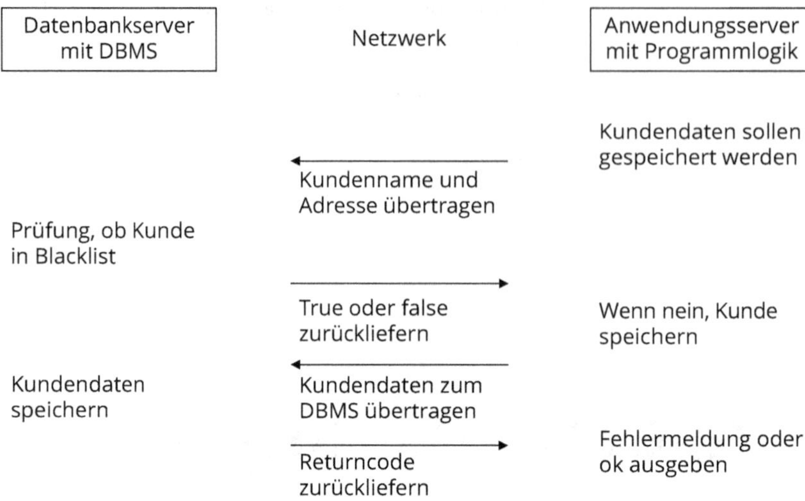

Abbildung 24.1: Kommunikation zwischen Datenbank- und Anwendungsserver

Mit weniger Kommunikation verbunden und damit natürlich performanter wäre es, wenn die Prüfung, ob der Kunde in der Blacklist gespeichert ist, direkt beim INSERT erfolgen könnte (siehe Abbildung 24.2). Außerdem hat das den Vorteil, dass Prüfungen wie diese im Datenbanksystem zentralisiert werden könnten. Dadurch wird die Sicherheit von Datenbankanwendungen erhöht.

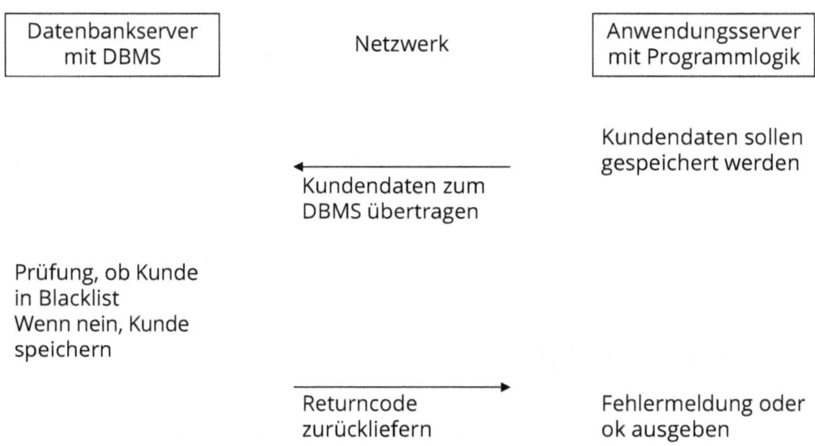

Abbildung 24.2: Verlagerung von Programmlogik in das DBMS

Um diese Prüfung durchführen zu können, muss SQL um prozedurale Komponenten wie beispielsweise einen IF-Befehl, eine WHILE-Schleife oder die Möglichkeit zur Deklaration von Variablen erweitert werden, damit prozedurale Logik direkt mit SQL-Befehlen verknüpft werden kann. Und natürlich muss es auch Mechanismen geben, diese Module aufrufen zu können. Der SQL-Standard wurde deshalb in den 90er-Jahren um ein Modul SQL/PSM (SQL/Persistent Stored Modules) erweitert, um prozedurale Sprachelemente in SQL für sogenannte

»Stored Procedures« zur Verfügung stellen zu können. Die einzelnen Datenbankhersteller haben sich, teilweise mit einigen Abweichungen, daran orientiert, beispielsweise

- ✔ Oracle mit PL/SQL
- ✔ SQL Server mit Transact-SQL
- ✔ PostgreSQL mit PL/pgSQL

Wegen dieser Abweichungen und individuellen Unterschiede ist es oft schwierig, das DBMS zu wechseln.

Grundlegende Sprachelemente prozeduraler Erweiterungen von SQL

In diesem Abschnitt lernen Sie die Sprachelemente kennen, die für eine prozedurale Erweiterung von SQL erforderlich sind. Dabei handelt es sich um

- ✔ Variablen
- ✔ Bedingungen
- ✔ Schleifen
- ✔ Ausnahmebehandlungen

Außerdem erfahren Sie, wie ein Programmblock, der diese Sprachelemente enthält, strukturiert ist.

Um den praktischen Bezug zu existierenden DBMS nicht zu verlieren, erfolgt diese Einführung anhand von PL/SQL, denn bei der Definition des Standards hat man sich damals mit an PL/SQL orientiert. Später, bei den Erläuterungen zur Programmierung von Triggern und Stored Procedures, finden Sie auch Beispiele für andere Datenbank-Managementsysteme.

PL/SQL-Blöcke

Ein PL/SQL-Block besteht aus drei Teilen:

- ✔ Deklarationsteil
- ✔ Ausführungsteil
- ✔ Fehlerbehandlungsteil

Im Deklarationsteil werden Variablen, Konstanten oder Cursor definiert, die dann im folgenden Ausführungsteil verwendet werden können.

Der Ausführungsteil enthält die Befehle, die während der Ausführung des Blocks nacheinander abgearbeitet werden. Neben den normalen SQL-Befehlen wie beispielsweise SELECT, stehen andere Befehle etwa für Schleifen und Fallunterscheidungen zur Verfügung.

Im Fehlerbehandlungsteil wird festgelegt, wie auf eventuell auftretende Fehler reagiert werden soll. Im schlimmsten Fall führt ein Fehler zu einem Programmabbruch.

Der Deklarations- und der Fehlerbehandlungsteil sind optional.

Damit Sie einen Eindruck bekommen, wie so etwas aussieht, folgt ein einfaches Beispiel eines PL/SQL-Programmblocks, in dem die Anzahl der Tupel in einer Kundentabelle ermittelt und ausgegeben werden soll.

```
DECLARE
   Anzahl      NUMERIC(5);
BEGIN
   SELECT COUNT(*) INTO Anzahl FROM Kunden;
   IF Anzahl = 0
   THEN DBMS_OUTPUT.PUT_LINE('Tabelle leer');
   ELSE DBMS_OUTPUT.PUT_LINE(Anzahl || ' Tupel');
   END IF;
END;
```

Im Deklarationsblock wird die numerische Variable »Anzahl« definiert. Im Ausführungsblock, der mit dem Schlüsselwort BEGIN anfängt, wird zunächst mit SELECT … die Anzahl der Tupel in der Kundentabelle ermittelt. Danach folgt eine Fallunterscheidung: Wenn die Variable Anzahl den Wert 0 enthält, wird mit der Funktion `DBMS_OUTPUT.PUT_LINE( )` der Text »Tabelle leer« ausgegeben, sonst die Anzahl der gefundenen Tupel gefolgt vom Text »Tupel«. Jeder Befehl wird mit einem Semikolon abgeschlossen. Auf einen mit dem Schlüsselwort EXCEPTION eingeleiteten Fehlerbehandlungsteil wird hier aus Vereinfachungsgründen verzichtet.

Wenn Sie das Beispiel ausprobieren wollen, können Sie den Programmcode in den PL/SQL-Developer eingeben, den gesamten PL/SQL-Block markieren und dann mit dem Button »Skript ausführen« ausführen lassen. Vor dem Block sollten Sie allerdings den Befehl SET SERVEROUTPUT ON; eintragen, weil sonst nichts ausgegeben wird.

Deklarationsteil

PL/SQL ist eine typenstrenge Programmiersprache. Es gibt Deklarationen für

- ✔ PL/SQL-lokale, einfache Variablen
- ✔ strukturierte Variablen
- ✔ explizite SQL-Cursor für mengenorientierte Select-Befehle
- ✔ benutzerdefinierte Fehlersituationen

Variablen bestehen aus einem Namen, unter dem sie ansprechbar sind, und einem zugeordneten Datentyp. Über diesen Namen kann auf eine Variable zugegriffen werden, also deren aktueller Wert gelesen oder geändert werden. Bei der Deklaration können ihnen bereits Werte zugeordnet werden. Beispiele für Deklarationen sind:

- `X VARCHAR(5);`

  X ist eine variabel lange Zeichenkette.

- `Y Tabelle1.SpalteY%TYPE;`

  Y hat denselben Datentyp wie die Spalte namens SpalteY der Tabelle Tabelle1.

- `Z X%TYPE := 'hallo';`

  Z hat denselben Datentyp wie die bereits deklarierte Variable X und wird mit der Zeichenkette `'hallo'` initialisiert.

Sie können aber auch eigene Datentypen definieren und strukturierte Variablen sowie Cursor und Exceptions deklarieren.

- `TYPE meinTyp IS RECORD (Nr NUMERIC(5); Name VARCHAR(30) );`

  Mit TYPE können Sie Typen deklarieren, hier einen Typ namens meinTyp, der aus einem numerischen Teil Nr und einer Zeichenkette Name besteht.

- `Struktur_x meinTyp;`

  Der Variablen Struktur_x wird dieser selbst definierte Datentyp zugewiesen.

- `Struktur_y Tabelle1%ROWTYPE;`

  Die Variable Struktur_y ist genauso aufgebaut wie die Tabelle Tabelle1.

- `CURSOR c1 IS SELECT Name, Vorname FROM Kunden;`

  Mit einem Cursor können Sie im Ausführungsteil die Ergebnismenge eines SELECT-Befehls Tupel für Tupel verarbeiten. Der Cursor c1 deklariert einen SELECT auf die Kundentabelle. Wie Sie auf einen Cursor zugreifen, erfahren Sie im nächsten Abschnitt.

- `Var_c1 c1%ROWTYPE;`

  Var_c1 ist genauso aufgebaut wie die Ergebnistupel des Cursors c1 und damit wie ein Tupel der Kundentabelle.

- `Tabelle_leer EXCEPTION;`

  Tabelle_leer ist eine selbst definierte und im Fehlerbehandlungsteil zu beschreibende Exception.

Ausführungsteil

Der Ausführungsteil enthält die auszuführenden Befehle.

Welche Befehle stehen hier zur Verfügung?

Dabei handelt es sich im Einzelnen um

- ✔ Zuweisungen, arithmetische Ausdrücke, Behandlung von Collections
- ✔ Bedingte Verarbeitung
- ✔ Wiederholung von Anweisungen
- ✔ SQL-Anweisungen
- ✔ Funktions- und Prozeduraufrufe

Hierzu einige Beispiele:

- ✔ `Var1:=0; Var2:=Var1; Var1 := Var1 + 1;`

  Der Variablen Var1 wird der Wert 0 zugewiesen, Var2 erhält denselben Wert wie Var1 und Var1 wird um 1 erhöht.

- ✔ `IF` *`Bedingung`* `THEN` *`Ja_Zweig`* `ELSE` *`Nein_Zweig`* `END IF;`

  Mit IF … werden bedingte Verarbeitungen möglich. Wenn die Bedingung erfüllt ist, werden die Befehle des Ja-Zweigs durchlaufen, sonst die des Else-Zweigs. Der Befehl wird mit END IF beendet.

- ✔ `LOOP` *`Befehle1`* `EXIT WHEN` *`Bedingung Befehle2`* `END LOOP;`

  `FOR I IN Startwert .. Endwert LOOP Befehle END LOOP;`

  `WHILE` *`Bedingung`* `LOOP Befehle END LOOP;`

  Mit diesen drei Befehlen ist die wiederholte Ausführung von Anweisungen möglich. Bei der LOOP-Schleife wird zunächst der Teil *Befehle1* ausgeführt. Wenn danach die Bedingung erfüllt ist, wird die Schleife verlassen. Ansonsten folgt der zweite Teil der Befehle. Danach beginnt es wieder von vorne. Bei der FOR-Schleife wird der Schleifenzähler (hier I) zunächst auf den Anfangswert gesetzt und es werden die Befehle so oft durchlaufen, bis der Schleifenindex, der nach jedem Durchlauf um 1 erhöht wird, den Endwert erreicht hat. Bei der WHILE-Schleife werden die Befehle so lange wiederholt durchlaufen, bis die Bedingung **nicht** mehr erfüllt ist. Die Prüfung erfolgt dabei **vor** jedem Durchlauf.

- ✔ `proc1(par1, par2);`

  `var_Dollar := Euro_DollarEuro(var_Euro) ;`

  Hierbei handelt es sich um einen Prozeduraufruf von proc1 mit den beiden Parametern par1 und par2. Das zweite ist eine Währungsumrechnung mit der Funktion Euro_Dollar von Euro nach Dollar.

```
DECLARE
   StGang      CHAR(3):= 'MED';
   Anzahl      NUMERIC(5);
   zu_viele    EXCEPTION;
BEGIN
   SELECT COUNT(*) INTO Anzahl FROM Studierende
   WHERE Studiengang = StGang;
   IF ANZAHL > 400 THEN RAISE zu_viele; END IF;
EXCEPTION
   WHEN zu_viele
   THEN INSERT INTO Logtabelle VALUES(sysdate, StGang, Anzahl);
END;
```

Es wird die Anzahl der Studierenden im Studiengang MED ermittelt. Wenn diese über 400 ist, wird mit RAISE eine Exception erzwungen und es erfolgt ein Eintrag in eine Logtabelle.

Das zweite, folgende Beispiel ist selbsterklärend.

```
FOR i IN 1 .. 4 LOOP
   DELETE FROM Studierende WHERE Semester = i;
END LOOP;
```

Spezialfall CURSOR-Verarbeitung

Mit einem Cursor ist es möglich, durch die Ergebnismenge eines SELECT-Befehls zu iterieren und die einzelnen Tupel nacheinander zu verarbeiten.

Im letzten Kapitel beim Beispiel mit PHP wurde auch so vorgegangen.

Der im Deklarationsteil definierte Cursor wird folgendermaßen verarbeitet:

1. Öffnen des Cursors
2. Lesen der Daten
3. Schließen des Cursors

Das Öffnen des Cursors erfolgt mit dem Befehl OPEN. Damit wird der zugeordnete SELECT-Befehl automatisch ausgeführt. Anschließend werden in einer LOOP-Schleife die einzelnen Tupel der Ergebnismenge gelesen und verarbeitet. Zum Schluss wird der Cursor geschlossen und damit der zugeordnete Speicherplatz freigegeben.

Im Deklarationsteil steht

```
CURSOR c1 IS SELECT Name, Vorname FROM Kunden;
Var_c1 c1%ROWTYPE;
```

Wenn Sie die Vornamen und Namen der Kunden ausgeben wollen, schreiben Sie im Ausführungsteil Folgendes:

```
OPEN c1;
LOOP
   FETCH c1 INTO var_c1;
   EXIT WHEN c1%notfound;
   DBMS_OUTPUT.PUT_LINE(var_c1.Vorname || ' ' || var_c1.Name);
END LOOP;
CLOSE c1;
```

Sie könnten zusätzlich die Anzahl der gelesenen und ausgegebenen Tupel anzeigen. Dafür gibt es die Variable c1%RowCount, die automatisch deklariert ist.

Fehlerbehandlungsteil

Im Fehlerbehandlungsteil können Sie adäquat auf Fehlersituationen reagieren. Ansonsten führt jeder Programmfehler zu einem Abbruch, den Sie aber auch erzwingen können. Dafür gibt es im Anweisungsteil die Funktion `RAISE_APPLICATION_ERROR(n, Fehlertext)`, wobei die Fehlernummer n < -20000 und insbesondere der Fehlertext frei wählbar sind.

Es kann zwischen folgenden zwei Arten von Exceptions unterschieden werden:

- ✔ Standardexceptions
- ✔ selbst definierte Exceptions (auf die wir hier nicht weiter eingehen werden, siehe aber die Exception zu_viele im Beispiel weiter oben).

Zu den Standardexceptions gehören insbesondere

- ✔ TOO_MANY_ROWS
- ✔ NO_DATA_FOUND
- ✔ OTHERS

Bei OTHERS könnten Sie beispielsweise den SQL-Fehlercode und den zugehörigen Fehlertext ausgeben.

```
WHEN OTHERS THEN DBMS_OUTPUT.PUT_LINE(SQLCODE, SQLERRM);
```

Zumindest beim Testen eines Programms ist das hilfreich. Im praktischen Einsatz sollten Sie die Anwender damit aber lieber nicht behelligen und die Fehlermeldungen lieber in einer Tabelle speichern und dann auswerten.

```
DECLARE
   KNummer     NUMERIC(5):= 4711;
   KName       VARCHAR(30);
   KVorname    VARCHAR(30);
```

```
BEGIN
   SELECT Vorname, Name INTO KName, KVorname
   FROM Kunden WHERE Kundennummer = KNummer;
   DBMS_OUTPUT.PUT_LINE(KVorname | | KName);
EXCEPTION
   WHEN NO_DATA_FOUND
   THEN DBMS_OUTPUT.PUT_LINE('Kunde nicht bekannt');
END;
```

Wie Sie den Namen eines beliebigen Kunden ausgeben können, erfahren Sie beim nächsten Abschnitt über Stored Procedures.

Nach der Behandlung einer Exception wird der aktuelle Block verlassen und zum umgebenden Block zurückgekehrt. Die Verarbeitung wird nicht mit der der auslösenden Anweisung folgenden Anweisung fortgesetzt. Das heißt, es gibt kein GoBack.

Stored Procedures

Stored Procedures sind im DBMS gespeicherte, wiederholt ausführbare und optional mit Parametern versehene Prozeduren, die von Datenbank-Anwendungsprogrammen aufgerufen werden können (siehe dazu Abbildung 24.3). Bei den Parametern gibt es drei Typen:

- Typ IN sind Eingabeparameter zur Übergabe von Werten an die Prozedur. Wenn Sie für einen Parameter keinen Typ angeben, ist dies der Default-Wert.
- Typ OUT sind Ausgabeparameter, um Werte aus der Prozedur zurückzugeben.
- Typ INOUT sind eine Kombination davon, also gleichzeitig Ein- und Ausgabeparameter.

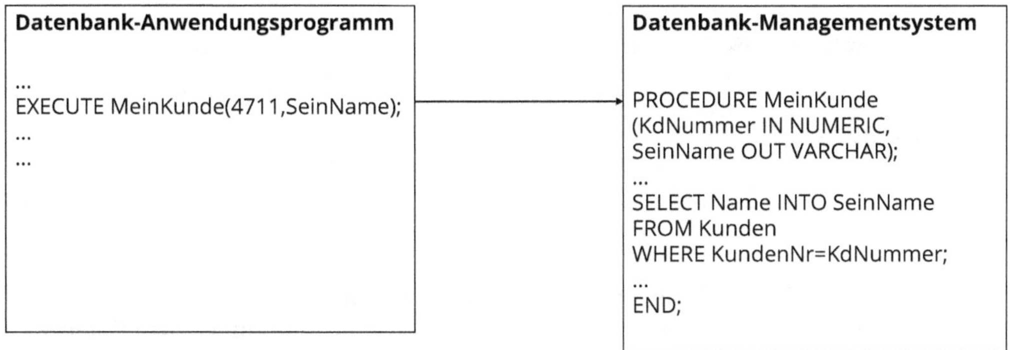

Abbildung 24.3: Aufruf einer Stored Procedure

Stored Procedures eignen sich gut zur Datenvalidierung und zur Zusammenfassung mehrerer SQL-Befehle; vor allem, wenn diese nicht unabhängig voneinander ausgeführt werden könnten.

Gehen wir von der fiktiven Annahme aus, dass für eine Sportart Mannschaften und Spieler beziehungsweise Spielerinnen gespeichert werden sollen. Dabei muss zu einer Mannschaft mindestens eine Person gehören, während Spieler höchstens einer Mannschaft zugeordnet sind. Dann kann das Speichern einer Mannschaft über eine Stored Procedure erfolgen, in der auch ein erster verfügbarer Spieler dieser Mannschaft zugeordnet wird.

Neben Stored Procedures gibt es noch Stored Functions. Sie verhalten sich wie Prozeduren mit der Ausnahme, dass Sie nur Eingabeparameter haben und nur einen Wert über den Funktionsnamen zurückgeben können.

```
var_Dollar := Euro_DollarEuro(var_Euro) ;
```

In den folgenden drei Abschnitten lernen Sie die Programmierung von Stored Procedures und Functions mit Oracle, MySQL und PostgreSQL kennen. Wir beschränken uns dabei allerdings auf die grundlegenden Konzepte. DBMS-abhängige, optionale Varianten werden nicht betrachtet.

Syntax bei Oracle

Die grundlegende Syntax für Stored Procedures mit PL/SQL sieht so aus:

Syntax für Stored Procedures bei Oracle

```
CREATE [OR REPLACE]
PROCEDURE <Prozedurname> ([Parameter1 [, Parameter2] …)
AS
   [Deklarationen lokaler Variablen]
BEGIN
   PL/SQL-Code
END;
```

Ein Parameter besteht dabei aus einem frei wählbaren Namen, dem Typ (IN, OUT oder INOUT jeweils für Eingabe- und Ausgabeparameter und für beides) und einem Datentyp.

Es soll für einen Kunden, dessen Kundennummer der Prozedur als Eingabeparameter übergeben wird, der Name ausgegeben werden. Mit zwei weiteren Parametern könnten Sie statt der Ausgabe den Namen als Ausgabeparameter zurückgeben.

```
CREATE OR REPLACE PROCEDURE MeinKunde (KNummer IN NUMERIC)
AS
   KName      VARCHAR(30);
   KVorname   VARCHAR(30);
BEGIN
   SELECT Vorname, Name INTO KVorname, KName
   FROM Kunden WHERE Kundennummer = KNummer;
   DBMS_OUTPUT.PUT_LINE(KVorname || ' ' || KName);
EXCEPTION
   WHEN NO_DATA_FOUND
   THEN DBMS_OUTPUT.PUT_LINE('Kunde nicht bekannt');
END;
```

Der Aufruf dieser Prozedur erfolgt dann beispielsweise mit

```
SET SERVEROUTPUT ON;
EXECUTE MeinKunde(1);
```

Achten Sie darauf, dass bei der Übertragung der Ergebnistupel eines SELECT-Befehls in lokale Variablen (mit INTO) deren Reihenfolge korrekt ist.

Syntax bei MySQL

Bei MSQL müssen Sie sich an einer anderen Syntax orientieren.

Syntax für Stored Procedures bei MySQL

```
CREATE PROCEDURE <Prozedurname> ([Parameter1 [, Parameter2] …)
BEGIN
    [Deklaration lokaler Variablen]
    SQL-Code
END;
```

Ein Parameter besteht bei MySQL aus dem Typ (IN, OUT oder INOUT), dem Namen und einem Datentyp. Das ist also anders als bei Oracle.

```
DELIMITER //
CREATE PROCEDURE EinKunde (IN KdNummer INTEGER)
BEGIN
   SELECT Vorname, Name FROM Kunden WHERE KundenNr = KDNummer;
END//
DELIMITER ;
```

```
CALL EinKunde(1);
```

Hier fällt Folgendes auf:

- ✔ Vor der Prozedur muss ein Delimiter definiert werden, mit dem dann das Ende der Prozedur markiert wird. Danach wird der Delimiter wieder auf das Semikolon zurückgesetzt.
- ✔ Der Aufruf der Prozedur erfolgt mit dem Befehl CALL und nicht mit EXECUTE.

Da in der Prozedur nur ein Befehl steht, könnten Sie die beiden Zeilen BEGIN und END weglassen. Dann entfällt auch die Festlegung eines Delimiters und das Ganze verkürzt sich zu

```
CREATE PROCEDURE EinKunde (IN KdNummer INTEGER)
SELECT Vorname, Name FROM Kunden WHERE KundenNr = KDNummer;
```

Wenn Sie Ausgabeparameter verwenden wollen, sieht das so aus:

```
DELIMITER //
CREATE PROCEDURE AnzahlKunden (OUT Anzahl INTEGER)
BEGIN
   SELECT COUNT(*) INTO Anzahl FROM Kunden;
END//
DELIMITER ;
```

Der Aufruf der Prozedur erfolgt mit

```
CALL AnzahlKunden(@Anzahl);
SELECT @Anzahl;
```

Natürlich können Sie im Rumpf der Stored Procedure auch den Kontrollfluss beispielsweise mit IF oder WHILE beeinflussen, wie das folgende Beispiel zeigt.

```
DELIMITER //
CREATE PROCEDURE
KundenRating (IN KdNummer INTEGER, OUT Rating BOOLEAN)
BEGIN
   DECLARE Var CHAR;
   SELECT Zahlungsmoral INTO Var FROM Kunden
   WHERE KundenNr = KdNummer;
   IF Var = 'C'
   THEN SET RATING = FALSE;
   ELSE SET RATING = TRUE;
   END IF;
END//
DELIMITER ;
```

Beachten Sie, dass eine Wertzuweisung bei MySQL mit der Funktion SET erfolgt und nicht, wie bei Oracle, mit dem Symbol »:=«, das aus den Programmiersprachen ADA und Pascal kommt.

Bei dieser Aufgabenstellung wäre statt der Prozedur eine Funktion passender gewesen.

```
DELIMITER //
CREATE FUNCTION KundenRating (KdNummer INTEGER)
RETURNS BOOLEAN READS SQL DATA
BEGIN
   DECLARE Var CHAR;
   SELECT Zahlungsmoral INTO Var FROM Kunden
   WHERE KundenNr = KdNummer;
   IF Var = 'C'
   THEN RETURN FALSE;
   ELSE RETURN TRUE;
   END IF;
END//
DELIMITER ;

SELECT KundenRating(3);
```

Hinter dem nach RETURNS angegebenen Datentyp der Funktion steht ihre sogenannte Charakteristik. Wenn Sie mit SELECT Daten lesen, geben Sie READS SQL DATA an. Auch MODIFY SQL DATA ist möglich. Wenn die Funktion immer denselben Wert zurückliefert (auch das ist möglich), schreiben Sie DETERMINISTIC.

```
CREATE FUNCTION hello (Param CHAR(14))
RETURNS CHAR(20) DETERMINISTIC
RETURN CONCAT('Hello ', Param);
```

Falls Sie dort nichts angeben, müssen Sie mit dem Fehlercode 1418 rechnen.

Syntax bei PostgreSQL

Die Syntax bei PostgreSQL ist ähnlich zu der von PL/SQL.

Syntax für Stored Procedures bei PostgreSQL

```
CREATE [OR REPLACE]
PROCEDURE <Prozedurname> ([Parameter1 [, Parameter2] …)
AS $$
   [DECLARE Deklaration lokaler Variablen ]
```

```
BEGIN
   PL/pgSQL-Code
END; $$ LANGUAGE plpgsql;
```

Parameter werden der Reihe nach durch ihren Namen, Typ und Datentyp definiert. Der Aufruf einer Prozedur erfolgt mit der Funktion CALL( ).

Beachten Sie bitte, den Rumpf der Prozedur in »$$« einzuschließen. Das ist vergleichbar mit der Angabe eines Delimiters bei MySQL. Die Angabe von »LANGUAGE pgplsql« besagt, dass die Prozedur in der Sprache PG/plSQL geschrieben ist. Anderes betrachten wir nicht.

```
CREATE OR REPLACE
PROCEDURE MeinKunde (KNummer IN NUMERIC)
AS $$
DECLARE
   KName VARCHAR(30);
BEGIN
   SELECT Name INTO KName
   FROM Kunden WHERE Kundennummer = KNummer;
   IF KName IS NULL
   THEN RAISE EXCEPTION 'Kunde % nicht bekannt', KNummer;
   ELSE RAISE NOTICE 'Der Kunde heißt %', KName;
   RAISE NOTICE 'Der Kunden heißt %', KName;
END; $$ LANGUAGE plpgsql;
```

Bei `CALL MeinKunde(1)` wird beispielsweise »Hinweis: Der Kunde heißt Peter Pan« ausgegeben, und `CALL MeinKunde(999)` führt zur Ausgabe von »`ERROR: FEHLER: Kunde 999 nicht bekannt`«.

Das INTO beim SELECT-Befehl ist, wie bei Oracle auch, zwingend notwendig, weil die Query im Datenbankserver ausgeführt wird. Wenn Sie es weglassen, erhalten Sie bei der Ausführung der Stored Procedure die Fehlermeldung »Anfrage hat keinen Bestimmungsort für die Ergebnisdaten«.

Natürlich können Sie auch mit PG/plSQL Funktionen definieren, wie das folgende Beispiel zeigt.

```
CREATE FUNCTION hello (Param CHAR(14))
RETURNS CHAR(20)
AS $$
BEGIN
RETURN CONCAT('Hello ', Param);
END; $$ LANGUAGE plpgsql;
```

Der Funktionsaufruf und die Ausgabe erfolgt dann mit

```
SELECT * FROM hello('Wolfgang');
```

Trigger

Im vorigen Abschnitt haben Sie Stored Procedures und Functions kennengelernt. Diese müssen explizit aufgerufen werden. Ein anderes Konzept wird mit Triggern verfolgt. Diese werden vom DBMS automatisch ausgeführt, wenn einer der SQL-Befehle INSERT, UPDATE oder DELETE ausgeführt wird.

Was sind Trigger?

Trigger sind Prozeduren und definieren Aktionen, die INSERT, UPDATE- oder DELETE-Anweisung zugeordnet und bei deren Ausführung implizit mit ausgeführt werden. Sie folgen der ECA-Regel (Event – Condition – Action).

Wenn das auslösende Ereignis (INSERT, UPDATE, DELETE) eingetreten ist und eine eventuell vorhandene Bedingung erfüllt ist (zum Beispiel ist der Ausführungszeitpunkt nach 16 Uhr), dann wird die im Trigger festgelegte Aktion ausgeführt.

Einige DBMS wie Oracle oder PostgreSQL unterstützen auch sogenannte INSTEAD OF Trigger, die INSERT-, UPDATE oder DELETE-Befehle bei Views ersetzen.

Anwendungen von Triggern sind

- ✔ Überwachung von Integrität- und Konsistenzbedingungen, die nicht deklarativ beispielsweise mit CHECK-Klauseln festgelegt werden können

  Beispiel: Ein Summenfeld bei einer Bestellung wird automatisch bei einer Änderung von Bestellpositionen aktualisiert.

- ✔ Protokollierung von DML-Operationen

  Beispiel: Protokollierung von Preisänderungen in einer gesonderten Tabelle, um die Preishistorie nachvollziehen zu können.

- ✔ Unterstützung von Autorisierungsregeln, die über GRANT hinausgehen

  Beispiel: Bestimmte Änderungen dürfen nur montags bis freitags zwischen 9 und 16 Uhr durchgeführt werden.

- ✔ Sicherstellung komplexer Geschäftsbedingungen

  Beispiel: Wenn ein definierter Mindestbestand unterschritten wird, erfolgt bei bestimmten Artikeln automatisch eine Nachbestellung beim Lieferanten.

Das Zusammenspiel zwischen der den Trigger auslösenden DML-Operation (hier ein UPDATE) und dem Trigger selber können Sie der Abbildung 24.4 entnehmen:

- ✔ Der UPDATE-Befehl greift auf die Mitarbeitertabelle zu.
- ✔ Der UPDATE-Befehl löst bei seiner Ausführung den Trigger aus.
- ✔ Der Trigger kann auf die Mitarbeitertabelle zugreifen (die Linie ist deshalb gestrichelt).

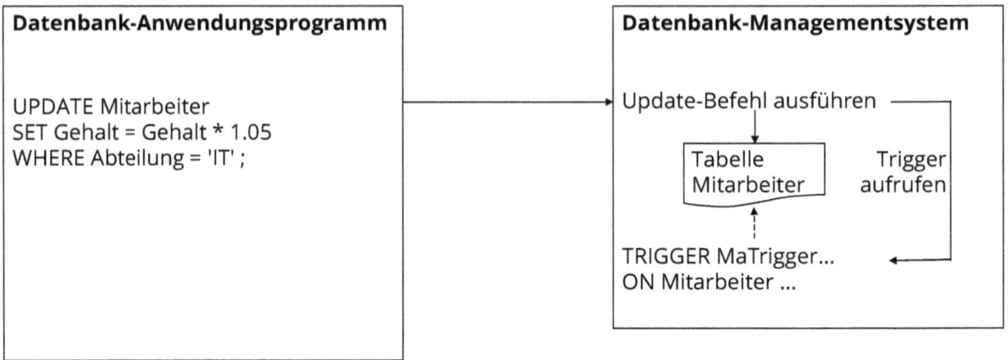

Abbildung 24.4: Trigger zu einer DML-Operation

Dabei ist bei der Trigger-Definition Folgendes festzulegen:

- ✔ Wann wird der Trigger aufgerufen? Vor, während oder nach der Ausführung des DML-Befehls?
- ✔ Und wenn der Trigger während der Ausführung des Befehls ausgeführt wird, soll das vor oder nach dem Zugriff auf ein zu verarbeitendes Tupel erfolgen?

Welche Arten von Triggern gibt es?

Trigger, die vor oder nach der Verarbeitung des auslösenden DML-Befehls ausgeführt werden, heißen **Statement Trigger**. Sie haben keinen Zugriff auf die durch die DML-Operation zu verarbeitenden Tupel.

Trigger, die während der DML-Operation bei jedem zu verarbeitenden Tupel aufgerufen werden, heißen **Row-level Trigger**. Sie können beispielsweise bei UPDATE-Befehlen auf die alten und die neuen Werte eines Tupels zugreifen.

Die Syntax-Definition eines Triggers ist wie folgt:

```
CREATE [OR REPLACE] TRIGGER <Triggername>
   {BEFORE | AFTER } {INSERT | UPDATE | DELETE
```

```
    [OF <Spaltenliste>] } [OR ...] ON <Tabellenname>
    [FOR EACH ROW [WHEN (<Bedingung>)] ]
DECLARE
    Deklaration lokaler Variablen
BEGIN
    Code (zum Beispiel mit PL/SQL)
END;
```

- <Triggername> ist der frei wählbare Name des Triggers. Er sollte aber zumindest so gewählt werden, dass erkennbar ist, auf welche Tabelle er sich bezieht. Sie könnten den Tabellennamen beispielsweise immer voranstellen.
- Mit BEFORE oder AFTER legen Sie fest, ob der Trigger vor oder nach einer DML-Operation beziehungsweise vor oder nach dem Speichern, Ändern oder Löschen eines Tupels ausgeführt werden soll.
- INSERT, UPDATE oder DELETE gibt an, bei welcher DML-Operation der Trigger ausgelöst werden soll. Bei UPDATE kann zusätzlich festgelegt werden, bei Änderung welcher Attribute das erfolgen soll. Das muss dann in der Option [OF …] eingetragen werden.
- Wenn der Trigger nicht nur bei einem Typ DML-Anweisung ausgeführt werden soll, können Sie diese mit `OR` nacheinander angeben, beispielsweise BEFORE INSERT OR UPDATE.
- Der Tabellenname gibt an, auf welche Tabelle sich der Trigger bezieht.
- FOR EACH ROW legt fest, dass der Trigger auf Zeilenebene, also für jedes Tupel ausgeführt werden soll, das gespeichert, geändert oder gelöscht wird (Row-level Trigger).
- Und zu guter Letzt haben Sie noch die Möglichkeit, eine Bedingung anzugeben, wann der Trigger aktiv sein soll.

Die Trigger-Deklaration soll anhand zweier Beispiele verdeutlicht werden.

```
CREATE TRIGGER Trigger1 AFTER INSERT OR DELETE
ON Mitarbeiter …
```

Hierbei handelt es sich um einen Statement-level Trigger, der nach einem INSERT oder einem DELETE bei der Mitarbeitertabelle ausgeführt wird. Dabei kann durch den Trigger <u>nicht</u> auf deren Tupel zugegriffen werden.

```
CREATE TRIGGER Trigger2 BEFORE UPDATE OF Gehalt
ON Mitarbeiter FOR EACH ROW …
```

> Dies ist ein ROW-level Trigger. Er wird vor dem UPDATE jedes durch die WHERE-Klausel des Befehls qualifizierten Tupels ausgeführt und hat dabei Zugriff auf die alten und die durch den UPDATE-Befehl berechneten, neuen Werte eines Tupels. Dafür stehen die Tupelvariablen OLD und NEW zur Verfügung, auf deren Komponenten mit der Punkt-Notation zugegriffen werden kann, beispielsweise OLD.Gehalt und NEW.Gehalt.

Statement-level Trigger können also nicht auf die Variablen OLD und NEW zugreifen. Für Row-level Trigger gilt für jedes vom auslösenden DML-Befehl (INSERT, UPDATE, DELETE) betroffene Tupel der folgende Ablauf:

1. Zunächst werden die NEW-Werte gemäß DML-Befehl berechnet.
2. Danach wird ein eventuell vorhandener Before Row-level Trigger ausgeführt, der die vorher berechneten NEW-Werte ändern kann. Die Werte des OLD-Tupels sind natürlich nicht änderbar.
3. Danach werden die Änderungen gemäß des aktuellen NEW-Tupels in der Tabelle gespeichert.
4. Falls vorhanden, wird zum Schluss ein After Row-level Trigger ausgeführt. Die NEW-Werte können dabei nicht mehr geändert werden.

Row-level Trigger werden folglich so oft ausgeführt, wie es Tupel gibt, die von der DML-Operation betroffen sind. Das wird durch die Tabelle 24.1 und 24.2 verdeutlicht, die die Werte einer Mitarbeitertabelle vor und nach einem UPDATE-Befehl mit Row-level Trigger darstellen.

PersonalNr	Name	Abteilung	Gehalt
10	Paul	Einkauf	3000
11	Emelie	IT	4000
12	Tom	Verkauf	4000
13	Chem	Fibu	3500
14	Lisa	IT	3000

Tabelle 24.1: Tabelle Mitarbeiter vor Update und Row-Trigger

Die Mitarbeiter der IT-Abteilung sollen eine Gehaltserhöhung von 5 Prozent erhalten, mindesten aber 175 Euro. Die Einhaltung dieser Nebenbedingung wird durch einen Trigger sichergestellt.

```
UPDATE Mitarbeiter
SET Gehalt = Gehalt * 1.05
WHERE Abteilung = 'IT' ;

CREATE TRIGGER MaTrigger BEFORE UPDATE OF Gehalt
ON Mitarbeiter FOR EACH ROW
BEGIN
   IF NEW.Gehalt - OLD.Gehalt < 175
```

```
    THEN NEW.Gehalt := OLD.Gehalt + 175;
    END IF;
END;
```

Für die Tupel gibt es dann folgende OLD- und NEW-Werte:

Für Mitarbeiterin Emelie:

OLD = (11, 'Emelie', 'IT', 4000)

NEW = (11, 'Emelie', 'IT', 4200)

Für Mitarbeiterin Lisa:

OLD = (14, 'Lisa', 'IT', 3000)

NEW = (14, 'Lisa', 'IT', 3175)

PersonalNr	Name	Abteilung	Gehalt
10	Paul	Einkauf	3000
11	Emelie	IT	4200
12	Tom	Verkauf	4000
13	Chem	Fibu	3500
14	Lisa	IT	3175

Tabelle 24.2: Tabelle Mitarbeiter nach Update und Row-Trigger

Beachten Sie bitte:

- ✔ Bei einem INSERT gibt es natürlich keine alten Werte, also enthält die OLD-Tupelvariable NULL-Werte.
- ✔ Bei einem DELETE ist es genau umgekehrt, dort ist NEW immer NULL.
- ✔ Nur bei einem UPDATE enthalten OLD und NEW andere Werte als nur NULL.

Zum Schluss einige Tipps:

- ✔ Benutzen Sie Before Update Row-level Trigger für komplexe Geschäftsregeln, Security-Checks und komplexe arithmetische Berechnungen.
- ✔ Benutzen Sie After Update Row-level Trigger für Datenreplikationen und Logging von Updates.
- ✔ Benutzen Sie keine Before Trigger für Replikationen und Logging.
- ✔ Benutzen Sie keine Trigger für deklarativ definierbare referenzielle Integrität.
- ✔ Benutzen Sie Before Trigger auf Statement-level für Security Regeln, die nicht von den Werten der einzelnen Tupel abhängen.
- ✔ Verwenden Sie Statement-level Trigger für alles, was nicht tupelabhängig ist.

- Wenn bei mehreren Triggern desselben Typs die Ausführungsreihenfolge wichtig ist, fassen Sie sie als ein Trigger zusammen.
- Auch Trigger unterliegen dem Transaktionskonzept (Commit, Rollback).

Beispiele für Trigger mit Oracle, MySQL und PostgreSQL

Sie ahnen es vielleicht schon, dass die genaue Syntax für Trigger-Definitionen bei den einzelnen DBMS unterschiedlich ist. Deshalb wird hier beschreiben, wie es bei drei davon aussieht.

Die folgenden drei Abschnitte beziehen sich alle auf das Beispiel mit dem Before-Row Trigger weiter oben. Wenn Sie das selber ausprobieren möchten, hier sind zunächst der CREATE-TABLE- und die INSERT-Befehle.

```
CREATE TABLE Mitarbeiter
( PersonalNr  INTEGER,
  Name        VARCHAR(30) NOT NULL,
  Abteilung   VARCHAR(10),
  Gehalt      NUMERIC(5),
PRIMARY KEY (PersonalNr)
);

INSERT INTO Mitarbeiter1 VALUES (10, 'Paul', 'Einkauf', 3000);
INSERT INTO Mitarbeiter1 VALUES (11, 'Emelie', 'IT', 4000);
INSERT INTO Mitarbeiter1 VALUES (12, 'Tom', 'Verkauf', 4000);
INSERT INTO Mitarbeiter1 VALUES (13, 'Chem', 'Fibu', 3500);
INSERT INTO Mitarbeiter1 VALUES (14, 'Lisa', 'IT', 3000);
```

Oracle

Für das Beispiel mit Oracle schreiben Sie mit dem PL/SQL-Developer von Oracle Folgendes:

```
CREATE or REPLACE TRIGGER MaTrigger
BEFORE UPDATE OF Gehalt ON Mitarbeiter
FOR EACH ROW
BEGIN
   IF :NEW.Gehalt - :OLD.Gehalt < 175
   THEN :NEW.Gehalt := :OLD.Gehalt + 175;
   END IF;
END;
```

Es ist Folgendes zu beachten:

- Die Variablen NEW und OLD beginnen immer mit einem Doppelpunkt, also :NEW und :OLD.
- Wertzuweisungen erfolgen mit »:=«.

MySQL

Bei MySQL sieht das so aus:

```
DELIMITER //
CREATE TRIGGER MaTrigger
BEFORE UPDATE
ON Mitarbeiter
FOR EACH ROW
BEGIN
   IF NEW.Gehalt - OLD.Gehalt < 175
   THEN SET NEW.Gehalt = OLD.Gehalt + 175;
   END IF;
END; //
DELIMITER ;
```

Folgendes ist dabei zu beachten:

- ✔ Wie bei den Prozeduren und Funktionen muss der Delimiter für die Trigger-Definition geändert werden.
- ✔ Bei einem Update-Trigger wie im Beispiel ist die Angabe eines Attributs nicht möglich.
- ✔ Die Wertzuweisung erfolgt mit SET … und nicht mit einem Zuweisungsoperator.

PostgreSQL

Bei PostgreSQL werden die Aktionen des Triggers in eine Funktion ausgelagert, auf die dann bei der Trigger-Deklaration Bezug genommen wird.

```
CREATE OR REPLACE FUNCTION Before_Update_Gehalt()
   RETURNS TRIGGER
   LANGUAGE PLPGSQL
AS $$
BEGIN
   IF NEW.Gehalt - OLD.Gehalt < 175
   THEN NEW.Gehalt = OLD.Gehalt + 175;
   END IF;
   RETURN NEW;
END; $$

CREATE TRIGGER Ma_Trigger
BEFORE UPDATE OF Gehalt ON Mitarbeiter
FOR EACH ROW
EXECUTE FUNCTION Before_Update_Gehalt();
```

Es fällt auf:

- ✔ Zunächst muss eine Funktion mit den Trigger-Aktionen definiert werden. Die darauffolgende Definition des Triggers enthält dann nur den Funktionsaufruf.
- ✔ Wertzuweisungen erfolgen mit dem Gleichheitszeichen »=« als Operator.

INSTEAD-OF Trigger

Bei einigen DBMS wie beispielsweise Oracle oder PostgreSQL ist diese Art von Triggern verfügbar.

INSTEAD-OF Trigger sind Trigger, die **anstatt** einer INSERT-, UPDATE- oder DELETE-Anweisung für Views ausgeführt werden. Sie ersetzen also diese Anweisungen.

```
CREATE TRIGGER <Triggername>
INSTEAD OF [INSERT | UPDATE | DELETE] ON <Viewname>
BEGIN
   ...
END;
```

Sie können diese Trigger beispielsweise verwenden, wenn sich die View auf mehr als eine Tabelle bezieht und eine normale DML-Anweisung nicht abgearbeitet werden kann und zu einer Fehlermeldung führt.

Sie sollten INSERT-, UPDATE oder DELETE-Anweisungen für Views vermeiden! Diese sind primär für SELECT-Befehle gedacht.

Deshalb werde ich auch nicht weiter darauf eingehen.

Aufgaben

1. Betrachten wir eine Datenbank zur Verwaltung von Mannschaften und Spielern einer bestimmten Sportart. Es soll gelten:

   - Zu einer Mannschaft muss mindestens ein Spieler gehören (was ein Problem beim Speichern einer Mannschaft darstellt).
   - Ein Spieler kann zu höchstens einer Mannschaft gehören.
   - Nur Spieler, die gerade zu keiner (anderen) Mannschaft gehören, können einer Mannschaft zugeordnet werden.

   Die beiden relevanten Tabellen wurden mit folgenden SQL-Befehlen erzeugt:

```
CREATE TABLE Mannschaft
( MannNr              NUMERIC(5) PRIMARY KEY,
  Bezeichnung         VARCHAR(30) NOT NULL
);
CREATE TABLE Spieler
( SpielerNr           NUMERIC(5) PRIMARY KEY,
  Name                VARCHAR(30) NOT NULL,
  Mannschaft          NUMERIC(5)
  REFERENCES Mannschaft ON DELETE SET NULL
);
```

Schreiben Sie eine Stored Procedure »NeueMannschaft« zum Speichern einer Mannschaft mit den drei Parametern MNr als Mannschaftsnummer, MBez als deren Bezeichnung und EinSpieler als denjenigen ersten Spieler, der zu ihr gehören soll.

2. Vervollständigen Sie diesen Trigger, der bei einem INSERT oder UPDATE für eine Tabelle **Mitarbeiter(PersonalNr, Name, Stundenlohn)** prüft, ob bei Einstellungen der vereinbarte Mindestlohn von 15 EUR pro Stunde eingehalten wird und bei Änderungen des Gehalts keine Kürzung des Stundenlohns erfolgt. Wenn diese Bedingungen nicht eingehalten werden, soll die Transaktion jeweils mit RAISE_APPLICATION_ERROR(-20001, ' ... ') abgebrochen werden.

```
CREATE TRIGGER Gehaltsprüfung

BEGIN
     IF                             IS NULL
     THEN    IF :NEW.Stundenlohn < 15.00
             THEN RAISE_APPLICATION_ERROR
                     (-20001, 'Gehalt zu niedrig');
             END IF;

             IF
             THEN RAISE_APPLICATION_ERROR
                     (-20001, 'Kürzung nicht erlaubt');
             END IF;

END;
```

3. Gegeben sind die beiden Tabellen

Departments(DNr, Bezeichnung, Anzahl, ...)

Studierende(MatrikelNr, Name, DNr↑, ...)

Das Attribut DNr in der Tabelle Studierende verweist als Fremdschlüssel auf das Department, dem der beziehungsweise die Studierende zugeordnet ist. Das Attribut Anzahl enthält die Anzahl der Studierenden, die in dem jeweiligen Department studieren.

Schreiben Sie einen Trigger, der bei Änderungen der Studierenden-Tabelle das Attribut Anzahl konsistent hält.

Teil VII

Der Top-Ten-Teil

Unter www.wiley-vch.de/isbn9783527721900 beziehungsweise auf www.downloads.fuer-dummies.de finden Sie die Befehle zur Erstellung der Beispieldatenbank von Kapitel 9 und die Lösungen zu den Beispielen für SELECT-Befehle von Kapitel 25 im Top-Ten-Teil. Zusätzlich gibt es online noch einige weitere Beispiele zum Üben.

IN DIESEM TEIL ...

- können Sie das bisher Gelernte noch einmal anhand von zehn Beispielen überprüfen.
- erhalten Sie abschließend zehn Tipps, was bei der Arbeit mit SQL zu beachten ist.
- werden die Namen SQL Server®, PostgreSQL®, Oracle® und MySQL® für Datenbank-Managementsysteme verwendet, deren Rechteinhaber die Firma Microsoft Corp., die PostgreSQL Community Association of Canada beziehungsweise die Oracle Corp. sind. Die Rechte des jeweiligen Zeicheninhabers sind zu beachten.

IN DIESEM KAPITEL

Kapitel 25
Zehn Beispiele mit SQL

Die Beispiele beziehen sich alle auf das Datenmodell von Kapitel 9; insbesondere das ER-Diagramm von Abbildung 9.1 sollten Sie sich deshalb nochmals ansehen. Die SQL-Befehle werden von der Aufgabenstellung ausgehend schrittweise entwickelt.

Komplexe Abfragen mit der WHERE-Klausel

Gesucht sind die Namen der Teilnehmer, deren Geburtsjahr zwischen 2000 und 2011 liegt, die in Berlin oder Potsdam wohnen, deren Nachname mit »Mey« anfängt und die keine Ermäßigung bekommen.

Achtung: Sollen die Jahre 2000 und 2011 noch mitzählen? Das ist etwas unklar ausgedrückt. In solchen Fällen hilft nur eine Rückfrage beim Auftraggeber der Abfrage. Wir gehen vom Zeitraum 2001, 2002, … 2009, 2010 aus.

Um den SELECT-Befehl schreiben zu können, müssen Sie über die dafür notwendigen Tabellen und deren Attribute genau Bescheid wissen.

- Zu welcher Tabelle gehören die gewünschten Ausgabeattribute?
- Für welche Attribute sind Restriktionen in der WHERE-Klausel erforderlich?

Ein Blick in das Relationenschema von Kapitel 9 zeigt, dass alle erforderlichen Daten in der Teilnehmertabelle enthalten sind. Zusätzlich müssen Sie noch einen Blick auf den CREATE-TABLE-Befehl werfen, um die Datentypen für die Vergleiche und eventuell vorhandene CHECK-Klauseln berücksichtigen zu können.

Damit Sie nicht extra in Kapitel 9 nachschlagen müssen: Hier ist er.

```
 CREATE TABLE Teilnehmer
( TeilnehmerNr  INTEGER GENERATED ALWAYS AS IDENTITY,
  Vorname       VARCHAR(20) NOT NULL,
  Name          VARCHAR(30) NOT NULL,
  Strasse       VARCHAR(30),
  PLZ           VARCHAR(5),
  Ort           VARCHAR(30),
  Telefon       CHAR(12),
  EMail         VARCHAR(30),
  Geburtstag    DATE NOT NULL,
  Ermässigung   CHAR(1)
        CHECK(Ermässigung='j' OR Ermässigung='n'),
PRIMARY KEY (TeilnehmerNr)
);
```

Jetzt wissen wir alles, um den SELECT-Befehl aufschreiben zu können.

```
SELECT Vorname, Name FROM Teilnehmer
WHERE EXTRACT(YEAR FROM Geburtstag) BETWEEN 2001 AND 2010
AND Ort IN ('Berlin', 'Potsdam')
AND Name LIKE 'Mey%'
AND Ermässigung <> 'j';
```

Sie könnten auch auf die Idee kommen, statt `Ermässigung <> 'j'` `Ermässigung = 'n'` zu schreiben. Das sollte mit dieser CHECK-Klausel zum selben Ergebnis führen. Probleme gibt es aber bei NULL-Werten und dann, wenn es einen weiteren gültigen Wert geben sollte.

Die Verknüpfung von Tabellen

In welchen Sparten hat der Teilnehmer Volker Viellern im Sommersemester 2024 Kurse belegt? Gefragt ist nach den Spartenbezeichnungen, nicht nach dem Kürzel.

Die Abfrage sieht auf den ersten Blick nicht besonders kompliziert aus, hat es aber in sich. Ein Blick auf das ER-Diagramm zeigt:

- Das gewünschte Ergebnisattribut gehört zur Tabelle Sparten.

- Für die Restriktion auf den Teilnehmer Volker Viellern benötigen Sie die Teilnehmertabelle.
- Für die Restriktion auf das Sommersemester 2024 ist die Semestertabelle erforderlich.

Wie kommt man jetzt von der Teilnehmer- und Semestertabelle zu den Sparten? Dazu sind einige Joins erforderlich.

- Mit der MC:MC-Beziehung »Anmeldung« kommen sie von der Teilnehmertabelle zu den Angeboten. Dafür gibt es die Tabelle Anmeldungen.
- Mit der 1:MC-Beziehung »findet statt« kommen Sie von der Semestertabelle zur Angebotstabelle. Die geht direkt über eine Fremdschlüsselbeziehung.
- Von den Angeboten kommen Sie dann über die 1:MC-Beziehung »anbieten« zu den Kursen und von dort mit der C:MC-Beziehung »gehört zu« zu den gewünschten Sparten.

Nicht jeder Kurs ist einer Sparte zugeordnet. Sie sollten die Anwender dieser Abfrage davon in Kenntnis setzen. Vielleicht ist das unbeabsichtigt und war ein Fehler beim Datenbankentwurf.

Jetzt wissen wir alles, um den SELECT-Befehl aufschreiben zu können.

```
SELECT DISTINCT Sparten.Bezeichnung
FROM Sparten, Kurse, Angebote, Semester, Anmeldungen, Teilnehmer
WHERE Vorname = 'Volker'
AND Name = 'Viellern'
AND Teilnehmer.TeilnehmerNr = Anmeldungen.TeilnehmerNr
AND Anmeldungen.KursNr = Angebote.KursNr
AND Anmeldungen.Semesterkürzel = Angebote.Semesterkürzel
AND Semester.Bezeichnung = 'Sommersemester 2024'
AND Semester.Semesterkürzel = Angebote.Semesterkürzel
AND Angebote.KursNr = Kurse.KursNr
AND Sparte = Kürzel;
```

Die Option DISTINCT ist sinnvoll, weil ein Teilnehmer sich zu mehreren Kursen einer Sparte angemeldet haben kann.

Beachten Sie, dass – bis auf die letzte Fremdschlüsselbeziehung – die Fremdschlüsselattribute und referenzierten Primärschlüssel gleich benannt sind und deshalb mit dem jeweiligen Tabellennamen versehen sein müssen.

Genauso verhält es sich mit der Sparten- und Semesterbezeichnung.

Der Join-Operator

Gefragt sind die Namen der Teilnehmer und die Bezeichnungen der Kurse, zu denen sie sich angemeldet haben. Personen, die sich noch nie angemeldet haben, sollen auch einmal ausgegeben werden.

Bei den Fremdschlüsselbeziehungen zwischen den Tabellen Kurse, Angebote, Semester und Anmeldungen sind die Namen der Fremdschlüssel und der referenzierten Primärschlüssel gleich, deshalb kann jeweils ein NATURAL JOIN verwendet werden. Weil jedes Tupel der Teilnehmertabelle mindestens einmal ausgegeben werden soll, auch wenn sich die jeweilige Person zu keinem Kurs angemeldet hat, ist hier ein RIGHT JOIN erforderlich.

```
SELECT Vorname, Name, Kurse.Bezeichnung FROM Kurse
NATURAL JOIN Angebote
NATURAL JOIN Anmeldungen
RIGHT JOIN Teilnehmer
ON Teilnehmer.TeilnehmerNr = Anmeldungen.TeilnehmerNr;
```

Bitte beachten Sie die Reihenfolge der Joins. Bei dem folgenden Befehl mit dem OUTER JOIN zu Beginn werden die Personen ohne Anmeldung leider nicht mit angezeigt.

```
SELECT Vorname, Name, Kurse.Bezeichnung FROM Teilnehmer
LEFT JOIN Anmeldungen
ON Teilnehmer.TeilnehmerNr = Anmeldungen.TeilnehmerNr
NATURAL JOIN Angebote
NATURAL JOIN Kurse;
```

Die Abfrage aus dem vorherigen Abschnitt lässt sich – zumindest bei PostgreSQL – nicht explizit mit einem natürlichen Join (NATURAL JOIN) formulieren, weil das Attribut »Bezeichnung« in mehreren Tabellen vorkommt.

In den Fällen, bei denen es alternative Möglichkeiten gibt, können Sie selbst entscheiden, welche Form des Joins Sie vorziehen. Meine Präferenz sind die Joins in der WHERE-Klausel.

Die Gruppierung von Daten mit GROUP BY

Es sollen die Kurse im Sommersemester 2024 ausgegeben werden, für die es weniger als sechs Anmeldungen gibt.

Dazu benötigen Sie die Tabellen Kurse, Angebote, Semester und Anmeldungen. Die Tabelle Teilnehmer ist nicht erforderlich, da es nur um die Anzahl der Anmeldungen geht und nicht, um wen es sich handelt.

Weil die Anmeldungen je Kurs gezählt werden sollen, ist ein GROUP BY erforderlich. Die Restriktion auf das Sommersemester 2024 erfolgt über eine WHERE-Klausel. Die Bedingung, dass nur die Kurse mit weniger als sechs Anmeldungen ausgegeben werden sollen, macht eine HAVING-Klausel erforderlich.

```
SELECT Kurse.Bezeichnung, COUNT(AnmeldeNr)
FROM Kurse, Angebote, Semester, Anmeldungen
WHERE Kurse.KursNr = Angebote.KursNr
AND Angebote.Semesterkürzel = Semester.Semesterkürzel
```

```
AND Angebote.KursNr = Anmeldungen.KursNr
AND Angebote.Semesterkürzel = Anmeldungen.Semesterkürzel
AND Semester.Bezeichnung = 'Sommersemester 2024'
GROUP BY Kurse.Bezeichnung HAVING COUNT(AnmeldeNr) < 6;
```

Die Ausgabe gestalten

Gefragt ist nach den Kursen, die im Sommersemester 2024 am Freitag, Samstag oder Sonntag stattfinden. Ausgegeben werden sollen die Kursbezeichnung, der vollständige Wochentag sowie die Sparte, der der Kurs zugeordnet ist. Wenn es keine zugeordnete Sparte gibt, soll »keiner Sparte zugeordnet« ausgegeben werden.

Dazu werden die vier Tabellen Kurse, Angebote, Semester und Sparten benötigt. Für die Ausgabe des Wochentags empfiehlt sich ein CASE-Ausdruck. Das Ersetzen von NULL-Werten haben Sie auch schon kennengelernt: die COALESCE-Funktion.

Alternativ zu COALESCE gibt es noch NVL(…) für Oracle, IFNULL(…) für MySQL und ISNULL(…) für den SQL Server. Empfehlenswert ist aber die allgemein gültige Funktion.

```
SELECT Kurse.Bezeichnung,
CASE
   WHEN Wochentag = 'Fr' THEN 'Freitag'
   WHEN Wochentag = 'Sa' THEN 'Samstag'
   WHEN Wochentag = 'So' THEN 'Sonntag'
END AS Wochentag,
COALESCE(Sparten.Bezeichnung, 'keiner Sparte zugeordnet') AS Sparte
FROM Kurse, Angebote, Sparten, Semester
WHERE Sparte = Kürzel
AND Kurse.KursNr = Angebote.KursNr
AND Angebote.Semesterkürzel = Semester.Semesterkürzel
AND Semester.Bezeichnung = 'Sommersemester 2024'
AND Wochentag IN ('Fr', 'Sa', 'So');
```

Abfragen mit Funktionen

Wir wollen jetzt einige Funktionen verwenden.

Sie sollten sich also bei Unklarheiten noch einmal Kapitel 13 ansehen.

Geben Sie die Namen der Teilnehmer aus, die sich im Sommersemester zu einem Kurs angemeldet haben. Es soll der erste Buchstabe des Vornamens, der Name, die Kursbezeichnung und der ganzzahlig gerundete Prozentsatz einer eventuell gewährten Ermäßigung ausgegeben werden.

Wir benötigen dazu die Tabellen Kurse, Angebote, Semester, Anmeldungen und Teilnehmer. Für den abgekürzten Vornamen verwenden wir die Funktionen SUBSTR und CONCAT.

```
SELECT CONCAT(SUBSTR(Vorname, 1, 1), '. ', Name) AS Name,
Kurse.Bezeichnung,
CASE
   WHEN Ermässigung = 'j'
   THEN ROUND((Normalpreis - Ermässigt) / Normalpreis * 100)
   ELSE 0
END AS Ermässigung
FROM Kurse, Angebote, Anmeldungen, Teilnehmer, Semester
WHERE Kurse.KursNr = Angebote.KursNr
AND Angebote.Semesterkürzel = Semester.Semesterkürzel
AND Semester.Bezeichnung = 'Sommersemester 2024'
AND Angebote.KursNr = Anmeldungen.KursNr
AND Anmeldungen.TeilnehmerNr = Teilnehmer.TeilnehmerNr
AND Angebote.Semesterkürzel = Anmeldungen.Semesterkürzel
AND Anmeldungen.TeilnehmerNr = Teilnehmer.TeilnehmerNr;
```

Mit Unterabfragen arbeiten

Unterabfragen sind ein probates Mittel, um SELECT-Befehle schrittweise zu entwickeln und zu testen.

Wir wollen wissen, wie hoch die gesamten eingenommenen Teilnehmergebühren für das Sommersemester 2024 sind.

Das hört sich harmlos an, hat es aber in sich.

Zunächst berechnen wir die Anzahl der Teilnehmer zu einem vorgegebenen Kurs (beispielsweise den mit der Nummer 1001) im Sommersemester 2024, die keine Ermäßigung erhalten.

```
SELECT COUNT(AnmeldeNr) FROM Anmeldungen, Teilnehmer
WHERE Anmeldungen.KursNr = 1001
AND Anmeldungen.Semesterkürzel = 'SS2024'
AND Anmeldungen.TeilnehmerNr = Teilnehmer.TeilnehmerNr
AND Ermässigung <> 'j';
```

Danach ermitteln wir die normalen Gebühren im Sommersemester 2024 für diesen Kurs. Dazu multiplizieren wir die Normalgebühr mit der bereits berechneten Anzahl der Teilnehmer zu diesem Kurs, die keine Ermäßigung erhalten.

```
SELECT Normalpreis *
 (SELECT COUNT(AnmeldeNr) FROM Anmeldungen, Teilnehmer
  WHERE Anmeldungen.KursNr = Angebote.KursNr
```

```
  AND Anmeldungen.Semesterkürzel = Angebote.Semesterkürzel
  AND Anmeldungen.TeilnehmerNr = Teilnehmer.TeilnehmerNr
  AND Ermässigung <> 'j')
FROM Angebote
WHERE KursNr = 1001
AND Semesterkürzel =
 (SELECT Semesterkürzel FROM Semester
  WHERE Bezeichnung =  'Sommersemester 2024');
```

Entsprechend lassen sich die Gebühren mit ermäßigtem Betrag berechnen.

```
SELECT Ermässigt *
 (SELECT COUNT(AnmeldeNr) FROM Anmeldungen, Teilnehmer
  WHERE Anmeldungen.KursNr = Angebote.KursNr
  AND Anmeldungen.Semesterkürzel = Angebote.Semesterkürzel
  AND Anmeldungen.TeilnehmerNr = Teilnehmer.TeilnehmerNr
  AND Ermässigung = 'j')
FROM Angebote
WHERE KursNr = 1001
AND Semesterkürzel =
 (SELECT Semesterkürzel FROM Semester
  WHERE Bezeichnung =  'Sommersemester 2024');
```

Zum Schluss können wir alles zusammenfügen und mit zweimal SUM() und einer Addition die gesamten Gebühren ermitteln.

```
SELECT
SUM(Ermässigt *
 (SELECT COUNT(AnmeldeNr) FROM Anmeldungen, Teilnehmer
  WHERE Anmeldungen.KursNr = Angebote.KursNr
  AND Anmeldungen.Semesterkürzel = Angebote.Semesterkürzel
  AND Anmeldungen.TeilnehmerNr = Teilnehmer.TeilnehmerNr
  AND Ermässigung = 'j'))
+
SUM(Normalpreis *
 (SELECT COUNT(AnmeldeNr) FROM Anmeldungen, Teilnehmer
  WHERE Anmeldungen.KursNr = Angebote.KursNr
  AND Anmeldungen.Semesterkürzel = Angebote.Semesterkürzel
  AND Anmeldungen.TeilnehmerNr = Teilnehmer.TeilnehmerNr
  AND Ermässigung <> 'j'))
AS Gebühren
FROM Angebote
WHERE Semesterkürzel =
 (SELECT Semesterkürzel FROM Semester
  WHERE Bezeichnung =  'Sommersemester 2024');
```

Ohne eine schrittweise Entwicklung der Abfrage wäre es sicherlich schwer geworden, die Lösung zu ermitteln. Abgesehen davon gibt es bestimmt noch andere Lösungsvarianten.

Und wenn Sie die Gebühren pro Kurs ermitteln wollen, dann denken Sie an GROUP BY!

Wenn Sie die dritte Aufgabe (Join-Operator) etwas modifizieren und nur diejenigen Kursangebote berücksichtigen wollen, die dem Sommersemester 2024 zugeordnet sind, lässt sich das mithilfe einer Unterabfrage realisieren:

```
SELECT Vorname, Name, Kurse.Bezeichnung FROM Kurse
NATURAL JOIN (SELECT KursNr, Semesterkürzel FROM Angebote
              WHERE Semesterkürzel ='SS2024') AS Angebote_SS2024
NATURAL JOIN Anmeldungen
RIGHT JOIN Teilnehmer
ON Teilnehmer.TeilnehmerNr = Anmeldungen.TeilnehmerNr;
```

Eine WHERE-Klausel am Ende wäre falsch, weil diese erst zum Schluss ausgewertet wird und folglich die Personen ohne Anmeldung unberücksichtigt ließe.

Abfragen mit logischen Quantoren

Wir wollen die Teilnehmer wissen, die sich im Sommersemester 2024 zu keiner Veranstaltung angemeldet haben. Oder anders ausgedrückt, für die es in dem Semester keine Anmeldungen gibt.

Wenn Sie jetzt an NOT EXISTS denken, liegen Sie richtig.

```
SELECT Vorname, Name FROM Teilnehmer
WHERE NOT EXISTS
 (SELECT AnmeldeNr FROM Anmeldungen, Angebote, Semester
  WHERE Anmeldungen.TeilnehmerNr = Teilnehmer.TeilnehmerNr
  AND Anmeldungen.KursNr = Angebote.KursNr
  AND Anmeldungen.Semesterkürzel = Angebote.Semesterkürzel
  AND Angebote.Semesterkürzel = Semester.Semesterkürzel
  AND Semester.Bezeichnung = 'Sommersemester 2024');
```

Wenn Sie sich diese Query genau ansehen, werden Sie feststellen, dass Sie die Tabelle Angebote nur benötigen, um von der Anmeldungstabelle einen Join gemäß ER-Diagramm zur Semestertabelle zu haben. Das lässt sich vereinfachen, indem Sie den Join direkt von der Anmeldungstabelle zur Semestertabelle bilden.

```
SELECT Vorname, Name FROM Teilnehmer
WHERE NOT EXISTS
 (SELECT AnmeldeNr FROM Anmeldungen, Semester
  WHERE Anmeldungen.TeilnehmerNr = Teilnehmer.TeilnehmerNr
  AND Anmeldungen.Semesterkürzel = Semester.Semesterkürzel
  AND Semester.Bezeichnung = 'Sommersemester 2024');
```

Bei dieser Abfrage wird für jedes Tupel der Teilnehmertabelle geprüft, ob die TeilnehmerNr in der Anmeldetabelle vorkommt und den Bedingungen genügt. Es handelt sich also um eine korrelierte Subquery. Alternativ könnten Sie – als unkorrelierte Subquery – alle TeilnehmerNr der Anmeldungen im Sommersemester 2024 einmal berechnen und danach für jede TeilnehmerNr der Teilnehmertabelle prüfen, ob sie darin vorkommt.

```
SELECT Vorname, Name FROM Teilnehmer
WHERE TeilnehmerNr NOT IN
 (SELECT TeilnehmerNr FROM Anmeldungen, Semester
  WHERE Anmeldungen.Semesterkürzel = Semester.Semesterkürzel
  AND Semester.Bezeichnung = 'Sommersemester 2024');
```

Es stellt sich jetzt die Frage, welche Variante performanter ist: die korrelierte oder die unkorrelierte. Eine Analyse der jeweils vom DBMS generierten Ausführungspläne hilft da weiter. Exemplarisch für PostgreSQL zeigt sich, dass für die unkorrelierte Variante ein kürzerer und damit performanterer Ausführungsplan erzeugt wird. Das war auch zu erwarten.

Aber vielleicht generiert der Optimizer Ihres DBMS ja für beide Versionen denselben Ausführungsplan.

Redundante Daten synchronisieren

In vielen Datenbanken gibt es redundante Summenfelder. Meistens wird dabei argumentiert, dass dann SELECT-Abfragen, die darauf zugreifen, wesentlich schneller ablaufen. Wir wollen das auch einmal exemplarisch durchspielen. Dazu nehmen wir an, dass sehr oft die Anzahl der Anmeldungen für einen Kurs abgefragt wird. Sie kommen also auf die Idee, in der Tabelle Angebote ein Attribut Teilnehmeranzahl einzuführen.

```
ALTER TABLE Angebote ADD COLUMN Teilnehmeranzahl INTEGER;
```

Die NOT-NULL-Option ist hier nicht möglich, weil es schon Tupel in der Tabelle gibt. Sie könnten sie aber nach dem folgenden UPDATE-Befehl nachträglich hinzufügen.

Danach müssen Sie dieses Attribut korrekt initialisieren.

```
UPDATE Angebote SET Teilnehmeranzahl =
 (SELECT COUNT(*) FROM Anmeldungen
  WHERE KursNr = Angebote.KursNr
  AND Semesterkürzel = Angebote.Semesterkürzel);
```

Was jetzt fehlt, ist ein Trigger, der bei INSERT-, UPDATE- oder DELETE-Befehlen in der Anmeldungstabelle dieses Attribut ändert.

Der Trigger ist in MySQL-Syntax formuliert, für andere DBMS sind also gegebenenfalls Anpassungen erforderlich; bei Oracle etwa :OLD und :NEW statt OLD und NEW. Siehe dazu auch Kapitel 24.

```
CREATE TRIGGER Anmeldungen_Kursteilnehmer
AFTER INSERT OR UPDATE OR DELETE ON Anmeldungen FOR EACH ROW
BEGIN
   IF NEW.AnmeldeNr IS NOT NULL
   THEN
   UPDATE Angebote SET Teilnehmeranzahl = Teilnehmeranzahl + 1
   WHERE KursNr = NEW.KursNr
   AND Semesterkürzel = NEW.Semesterkürzel;
   END IF;
   IF OLD.AnmeldeNr IS NOT NULL
   THEN
   UPDATE Angebote SET Teilnehmeranzahl = Teilnehmeranzahl - 1
   WHERE KursNr = OLD.KursNr
   AND Semesterkürzel = OLD.Semesterkürzel;
   END IF;
END;
```

Die Abfrage der Variablen OLD und NEW bewirkt Folgendes:

- ✔ Wenn es sich um einen INSERT handelt, ist OLD NULL, aber NEW nicht NULL. Deshalb wird die Teilnehmeranzahl des Kurses um 1 erhöht.
- ✔ Wenn es sich um einen DELETE handelt, ist NEW NULL und OLD nicht NULL. Also wird die Teilnehmeranzahl um 1 vermindert.
- ✔ Bei einem UPDATE sind OLD und NEW beide nicht NULL, und die Teilnehmeranzahl wird jeweils entsprechend geändert.

Vielleicht kommen Sie ja auf die Idee, bei den IF-Anfragen OLD und NEW jeweils auf NULL abzufragen und nicht auf NOT NULL und die Addition und Subtraktion von 1 jeweils zu vertauschen. Sieht auf den ersten Blick doch äquivalent aus. Allerdings passiert dann bei einem UPDATE leider nichts.

Analytische Abfragen

Wir wollen das hinzugefügte Attribut Teilnehmeranzahl jetzt nutzen und je Semester eine Rangfolge der Kurse nach den Teilnehmerzahlen ausgeben.

Dazu wird die Funktion RANK() verwendet. Weil die Rangfolge pro Semester erfolgen soll, muss mit `PARTITION BY Semesterkürzel` partitioniert werden. Die Rangfolge erfolgt nach der Teilnehmerzahl, also `ORDER BY Teilnehmerzahl DESC`. Insgesamt erhalten wir

```
SELECT Semesterkürzel, KursNr,
RANK() OVER (PARTITION BY Semesterkürzel ORDER BY Teilnehmeranzahl DESC)
Rang
FROM Angebote;
```

Wenn Sie diese Aufgaben gelöst haben: Gratulation! Wenn nicht, sehen Sie sich die entsprechenden Kapitel noch einmal an. Und: Übung macht den Meister.

IN DIESEM KAPITEL

Mit den Anwendern sprechen

Ihr Datenmodell prüfen

Sich mit den CREATE-TABLE-Befehlen vertraut machen

SELECT-Befehle schrittweise entwickeln

Die Befehle mit genügend Testdaten testen

Typische Anfängerfehler vermeiden

Befehle dokumentieren und Kommentieren

Performance-Problemen nicht verzweifeln

Ihre Daten schützen

Am Ball bleiben

Kapitel 26
Zehn Tipps für erfolgreiche SQL-Programmierung

In diesem zweiten Kapitel des Top-Ten-Teils erhalten Sie einige Tipps, die Ihnen bei der Programmierung mit SQL helfen können.

Sprechen Sie mit den Anwendern

Sie sollten eine SQL-Anwendung und damit natürlich auch die SQL-Befehle niemals ohne Beteiligung der späteren Anwender entwickeln.

»Ich weiß am besten, was für die Anwender gut ist«, ist keine gute Idee.

Das gilt sowohl für die Erstellung als auch die Nutzung einer Datenbank.

Sie sollen eine View für die Produktmanager erstellen. Da ist es natürlich notwendig zu wissen, welche Attribute (direkt oder abgeleitet) dort enthalten sein sollen.

Bei SELECT-Befehlen ist es zum Beispiel wichtig zu wissen, ob eine bestimmte Sortierreihenfolge gewünscht ist, die Sie dann mit ORDER BY berücksichtigen müssen.

Auch bei den Testdaten für Ihre DML-Befehle sind Sie auf die Hilfe der Anwender angewiesen:

- ✔ Was sind die Normalfälle für die Daten?
- ✔ Gibt es Sonderfälle?
- ✔ Gibt es typische fehlerhafte Daten?

Je eher Sie die Anwender in Ihr Projekt einbinden, umso besser. Sonst haben Sie hinterher den Ärger mit den Änderungswünschen.

Prüfen Sie Ihr Datenmodell

Wenn Sie eine Datenbank von Grund auf entwickeln, müssen Sie zunächst das ER-Diagramm erstellen und daraus das Relationenschema und die CREATE-TABLE-Befehle ableiten. Dabei kann es natürlich zu Fehlern kommen.

Im ER-Diagramm haben Sie eine 1:MC-Beziehung. Beim CREATE-TABLE fehlt beim Fremdschlüssel aber das NOT NULL.

Auf Folgendes sollten Sie immer besonders achten:

- ✔ Sind alle Attribute des Relationenschemas bei den CREATE-TABLE-Befehlen enthalten?
- ✔ Stimmen die Datentypen bei den Attributen?
- ✔ Sind Primär- und Fremdschlüssel richtig definiert?
- ✔ Sie die Constraints vollständig und richtig?

Nur auf Basis einer korrekt implementierten Datenbank können Sie erfolgreich Ihr Datenbankprojekt fortführen und darauf aufbauend richtige DML-Befehle erstellen.

Machen Sie sich mit den CREATE-TABLE-Befehlen vertraut

Aber nicht immer entwickeln Sie eine Datenbank von Grund auf. In den meisten Fällen gibt es diese schon und Sie müssen DML-Befehle dafür erstellen (oder auch eine ganze

Anwendung). Dann müssen Sie sich mit der Datenbank vertraut machen und insbesondere die CREATE-TABLE-Befehle studieren. Nur wenn Sie wissen,

- welche Tabellen es gibt,
- welche Primärschlüssel definiert sind,
- welche Attribute diese Tabellen haben,
- welche Fremdschlüsselbeziehungen existieren und
- welche weiteren Constraints vorhanden sind,

können Sie erfolgreich DML-Befehle implementieren.

Entwickeln Sie Ihre SELECT-Befehle schrittweise

Setzen Sie sich nie vor Ihren Laptop und PC und programmieren drauflos. Überlegen Sie beispielsweise bei einem SELECT vorher immer:

- Welche Tabellen enthalten die gewünschten Ausgabedaten?
- Welche Tabellen braucht man für die Restriktionen der WHERE-Klausel?
- Wie kann man zwischen den Tabellen mit Fremdschlüsseln navigieren?
- Welche Alternativen haben Sie für SELECT-Befehle? Beispielsweise ein Subselect mit EXISTS NOT oder NOT IN?

Komplexe SELECT-Befehle lassen sich oft schrittweise entwickeln und testen.

Besonders bei einem Subselect empfiehlt sich dieses Vorgehen. Im vorherigen Kapitel wurde das bereits thematisiert. Dann haben Sie die Möglichkeit, gewissermaßen »von innen nach außen« die Unterabfragen einzeln zu testen.

Aber auch bei umfangreichen WHERE-Klauseln können Sie schrittweise vorgehen und diese nacheinander erweitern beziehungsweise hinzufügen.

Testen Sie die Befehle mit genügend Testdaten

Ein fehlerfrei übersetzter SELECT-Befehl ist noch keine Garantie, dass er korrekt ist. Er muss mit genügend Testfällen getestet werden. Dazu gehören:

- normale Testfälle

- Testfälle aus dem Randbereich
- Testfälle mit fehlerhaften Daten

Sie sollen einen SELECT-Befehl mit GROUP BY schreiben; beispielsweise die Anzahl der Bestellungen je Kunde. Dann muss es zum Testen Kunden mit mehreren Bestellungen, nur einer Bestellung, aber auch ohne Bestellungen geben.

Natürlich müssen Sie das Testergebnis auch kontrollieren.

Aber auch wenn Sie die Befehle nach bestem Wissen und Gewissen getestet haben, kann es immer noch Fehler geben. Nehmen wir an, Sie haben ein Attribut Postleitzahl mit NUMERIC(5) definiert. Dann klappt alles wunderbar; es sei denn, Sie haben unter Ihren Testdaten eine PLZ, die mit einer 0 anfängt, wie etwa für Leipzig. Führende Nullen werden nämlich nicht mit ausgegeben.

Vermeiden Sie typische Anfängerfehler

Wenn Sie sich näher mit SQL beschäftigen, werden Sie feststellen, dass es einige typische Anfängerfehler gibt, die sich leicht vermeiden lassen. Dazu gehören:

- falsche Schreibweise von Schlüsselworten
- falsche Schreibweise von Tabellennamen und Attributen
- falsch verwendete Funktionen
- Vergleich inkompatibler Datentypen
- falsch gesetzte oder unvollständige Klammern
- fehlende Anführungszeichen bei Zeichenketten
- falsche Verwendung von logischen Operatoren, insbesondere bei Negationen

Wenn Sie aus Versehen SELEKT statt SELECT oder FORM statt FROM schreiben, ist da natürlich ärgerlich. Genauso ist es mit FROM Kunde statt FROM Kunden, wenn die Tabelle Kunden heißt, oder KundenNr statt Kundennummer. Die Funktion EXTRACT lässt sich nur auf einen Parameter vom Typ DATE anwenden und nicht auf eine Zeichenkette, auch wenn diese ein Datum enthalten sollte. Auch Funktionen für Zeichenketten wie etwa LENGTH erfordern eine Zeichenkette als Parameter. Bei einem Vergleich mit beispielsweise »<« sollten Sie darauf achten, dass die Datentypen korrekt und kompatibel sind. Ein beliebter Fehler ist auch das falsche Setzen von Klammern. Insbesondere bei mehreren Verschachtelungsebenen sollten Sie genau prüfen, ob die schließenden Klammern richtig sind. Vergleichbar damit ist das Weglassen eines Hochkommas bei Zeichenketten. Und zum Schluss ein gut gemeinter Tipp:

Vermeiden Sie Negationen von komplexen logischen Ausdrücken. Die Negation von »A oder B« lautet »nicht A und nicht B« und nichts anderes. Das wird gerne falsch gemacht.

Aber glücklicherweise werden die meisten dieser Fehler bereits vom Parser bei der Erstellung des Ausführungsplans entdeckt und Sie werden auf die entsprechende fehlerhafte Zeile des Befehls hingewiesen. Aber ärgerlich ist es trotzdem.

Dokumentieren und kommentieren Sie Ihre Befehle

Sie sollten auch nicht vergessen, Ihre SQL-Befehle in der Projektdokumentation zu beschreiben. Auch Kommentare im Befehl sind sehr hilfreich. Dazu stehen in SQL die beiden Symbole »/*« und »*/« zur Verfügung. Ganze Kommentarzeilen beginnen mit einem »--«.

```
SELECT KundenNr,  COUNT(*) FROM Bestellungen WHERE
EXTRACT(YEAR FROM Bestelldatum) = /* nur 2024 */ 2024
GROUP BY KundenNr
-- nur Kunden mit mehr als 1 Bestellung
HAVING COUNT(*) > 1 ;
```

Verzweifeln Sie nicht bei Performance-Problemen

Vielleicht stellen Sie fest, dass die Performance der DML-Befehle zu wünschen übrig lässt. Besonders bei komplexen SELECT-Befehlen kann das der Fall sein. Was ist zu tun?

- ✔ Sehen Sie sich den Ausführungsplan an und suchen Sie die Stellen mit einem »Full Table Scan«. Das sind Kandidaten für Optimierungen.
- ✔ Definieren Sie Indizes für Fremdschlüsselattribute.
- ✔ Vermeiden Sie nach Möglichkeit die Operatoren DISTINCT und ORDER BY, weil das DBMS-intern eine Sortierung der Daten erfordert.
- ✔ Extrahieren Sie nur die Daten, die wirklich benötigt werden, also beispielsweise SELECT Vorname, Name FROM … statt SELECT * FROM … Das gilt insbesondere auch für Subqueries.
- ✔ Verwenden Sie nach Möglichkeit unkorrelierte statt korrelierter Subqueries. Das ist in der Regel performanter.
- ✔ Gibt es vielleicht Indizes, die nicht mehr benötigt werden? Das erhöht die Laufzeit bei INSERT-, UPDATE- und DELETE-Befehlen.

Wenn das alles nicht hilft, sollten Sie über weitere Optimierungsmöglichkeiten nachdenken, wie etwa Partitionierung oder Materialized Views.

Schützen Sie Ihre Daten

Die Daten Ihrer Datenbank müssen geschützt und sicher sein. Das betrifft vor allem

- die Benutzerverwaltung und
- die Datensicherung.

Natürlich müssen die Anwender genügend Rechte haben, um die für sie bestimmten Befehle ausführen zu können. Mehr sollten es aber auch nicht sein. Jemand, der nur SELECT-Befehle ausführen soll, braucht keine DBA-Rechte.

Bei vielen Anwendern empfiehlt sich die Festlegung von Rollen. Das vereinfacht die Benutzerverwaltung.

Denken Sie daran, bei Web-Anwendungen Prepared Statements zu verwenden, um SQL-Injection zu vermeiden.

Außerdem sollten Sie ein Konzept zur regelmäßigen Datensicherung erstellen, damit Sie im Fehlerfall Ihre Datenbank wiederherstellen können.

Bleiben Sie am Ball

Sie haben jetzt eine Menge über SQL gelernt. Zur Vertiefung kann ich nur empfehlen, das Begleitmaterial auf der Webseite zu diesem Buch durchzuarbeiten. Dort finden Sie die Skripte für die Datenbank von Kapitel 9 und die Beispiele von Kapitel 25.

Übung macht den Meister, probieren Sie das eine oder andere praktisch aus. Und wenn dann nicht alles sofort klappt, hilft vielleicht ein Blick in das entsprechende Kapitel dieses Buches.

Gelegentlich hilft auch ein Blick in die Dokumentation Ihres DBMS. Auch die weitere Entwicklung von SQL sollten Sie im Auge haben.

Bleiben Sie am Ball. Es lohnt sich.

```
SELECT 'Weiterhin viel Erfolg mit SQL';
```

Anhang A

Lösungen zu den Aufgaben

Lösungen von Kapitel 2

1. Die einzelnen Attribute haben jeweils keine identifizierende Eigenschaft. Es muss also ein zusammengesetzter Primärschlüssel sein. Nur das Attributpaar {A, C} erfüllt diese Bedingung und ist damit Primärschlüssel. Die Kombination {A, B, D} hat zwar ebenfalls eine identifizierende Eigenschaft, aber man sollte immer einen Primärschlüssel mit so wenigen Attributen wie möglich wählen.

2. Es gibt folgende Schlüsselkandidaten:

   {A, D}

   {A, C, D} kommt nicht infrage, weil schon die Teilmenge {A, D} davon Schlüsselkandidat ist.

Lösungen von Kapitel 3

1. Primärschlüssel von X(A, B, C, D) sind die Attribute {A, B}. Da die Attribute atomar sind (es steht nichts über zusammengesetzte Attribute in der Aufgabenstellung), ist X in der 1. Normalform. Weil alle Attribute voll funktional vom einzigen Schlüsselkandidaten und Primärschlüssel {A, B} abhängig sind, ist die Relation in der 2. NF. Wegen der transitiven Abhängigkeit {A, B} → D → C ist X aber nicht in der 3. NF. Eine Zerlegung und Überführung von X(A, B, C, D), in die 3. NF ist X1(A, B, D) und X2(D, C).

   Von Y(E, F, G, H, I) ist {E, G} der Primärschlüssel. Die Relation ist nicht in der 2. NF, weil F und H nur von G und damit nicht voll funktional vom PK abhängig sind. Eine Zerlegung von Y, die die 3. NF einhält, ist Y1(E, G, I), Y2(G, H) und Y3(H, F).

   Primärschlüssel von Z(J, K) ist {J, K}: Weil es keine Nichtschlüsselattribute gibt, ist Z trivialerweise in der 3. NF.

2. Der PK von Klausuren ist {MatrNr, FachNr}. Das impliziert allerdings, dass keine Klausurwiederholungen gespeichert werden können; wenn das möglich sein soll, ist {MatrNr, FachNr, Semester} als PK zu wählen.

   MatrNr und FachNr sind Fremdschlüssel auf die Relationen Studierende und Fächer.

   Bei Speicherung eines Klausur-Tupels müssen die beiden Fremdschlüsselattribute jeweils in den Tabellen Studierende und Fächer bereits vorhandene Werte enthalten.

Lösungen von Kapitel 4

1. Das ER-Diagramm ist wie folgt:

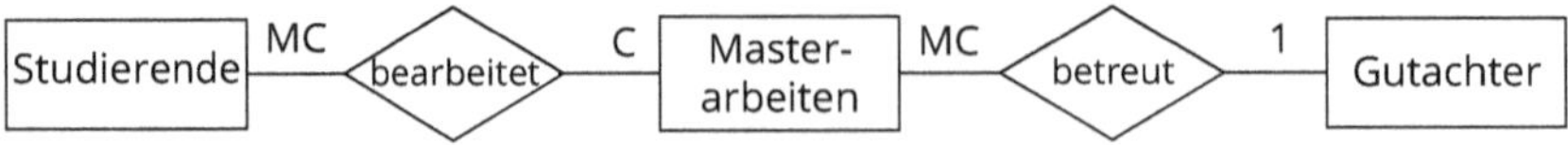

Abbildung A.1: ER-Diagramm zu Aufgabe 4.1

2. Zu der 2. Aufgabe sieht das ER-Diagramm so aus:

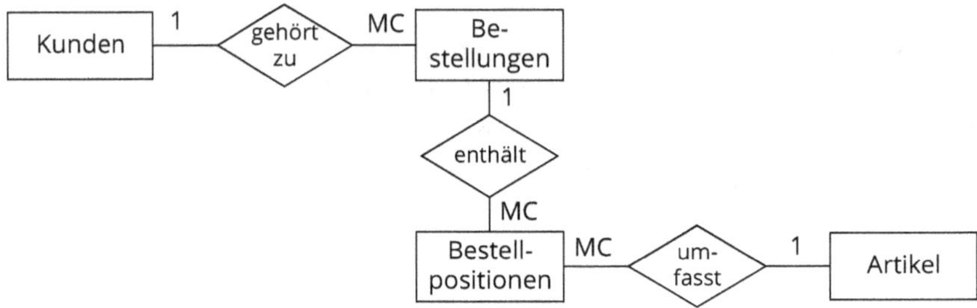

Abbildung A.2: ER-Diagramm zu Aufgabe 4.2

Alternativ dazu könnten Sie den Entitätstyp Bestellpositionen auch als MC:MC-Beziehung zwischen Bestellungen und Artikel darstellen.

3. Um diese Beziehung zu speichern, wird zusätzlich eine Relation **Vorkommen (<u>Länderkennzeichen, PflanzenID</u>)** benötigt.

Das ergibt folgendes ER-Diagramm.

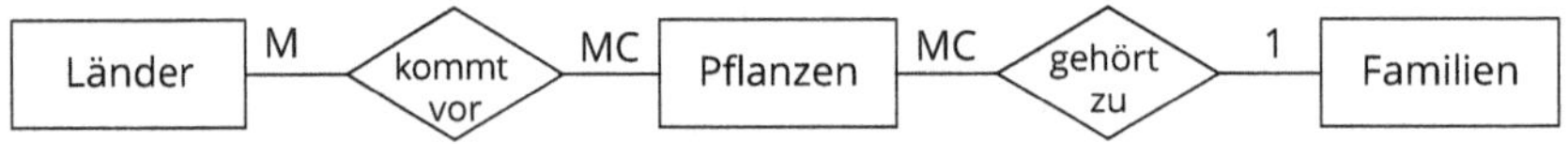

Abbildung A.3: ER-Diagramm zu Aufgabe 4.3

Aus dem ER-Diagramm ist ersichtlich, dass es auch Familien ohne Pflanzen geben kann, dass aber eine Pflanze immer zu einer Familie gehört.

4. ER-Diagramm und Relationenschema für das Internet-Portal:

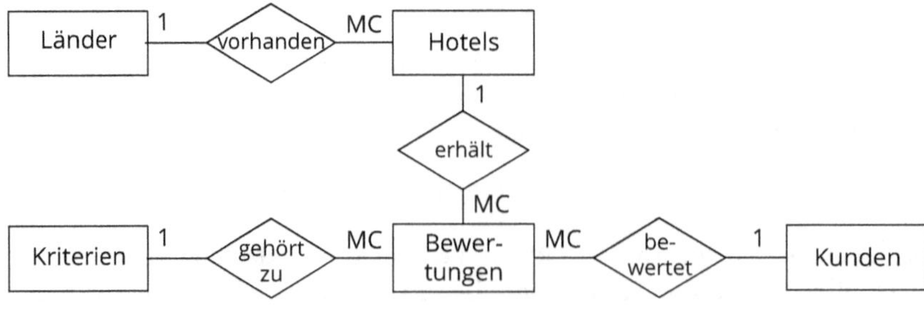

Abbildung A.4: ER-Diagramm zu Aufgabe 4.4

Länder (Nationalitätskennzeichen, Ländername)

Hotels(HotelID, Name, Sterne, Nationalitätskennzeichen↑)

Kunden(KundenID, Kundenname, eMail)

Bewertungskriterien(Schlüssel, Text)

Bewertungen(HotelID↑, KundenID↑, Schlüssel↑, Note)

Lösungen von Kapitel 5

1. ```
   UPDATE Kunden SET Gehalt = Gehalt * 1.1
   WHERE Abteilung = 'IT';
   ```

`UPDATE`	`SET`	`WHERE`	reservierte Worte
`Kunden`	`Gehalt`	`Abteilung`	Bezeichner
`WHERE Abteilung = 'IT'`			Klausel
`Gehalt * 1.1`			Ausdruck
`=`	`*`		Operatoren

2. DDL, DML oder DAL (beziehungsweise DCL)
   Data Definition Language

   ```
   CREATE TABLE …
   CREATE INDEX Namensindex ON Kunden(Name)
   ```

   Data Manipulation Language

   ```
   UPDATE Kunden …
   SELECT Vorname, Name FROM Kunden
   ```

   Data Administration Language

   ```
   CREATE USER …
   GRANT SELECT ON Kunden TO Thomas
   ```

Lösungen von Kapitel 6

1. Es gibt zwei Kategorien von Zahlen: genaue Zahlen und Gleitpunktzahlen mit jeweils Unterkategorien. Zeichenketten gibt es mit fester und variabler Länge und als Character Large Objects.

   - Genaue Zahlen

     INTEGER

     SMALLINT

     BIGINT
   ```

NUMERIC

DECIMAL

- Gleitpunktzahlen

  REAL

  DOUBLE PRECISION

  FLOAT

- Zeichenketten

  CHAR

  VARCHAR

  CLOB

2. Ein Beispiel wäre

```
{"name" : "Ratlos", "vorname" : "rudi",
 "telefon" : "030/12312399", "email" : "rurat@gmx.de"}
```

Lösungen von Kapitel 7

1. Die CREATE-TABLE-Befehle lauten

```
CREATE TABLE Studierende
( MatrikelNr        NUMERIC(6),
  Vorname           VARCHAR(30) NOT NULL,
  Name              VARCHAR(30) NOT NULL,
  Studiengang       CHAR(3) NOT NULL,
  Studienbeginn     NUMERIC(4),
PRIMARY KEY (MatrikelNr)
);

CREATE TABLE Fächer
( FachNr            NUMERIC(5),
  Bezeichnung       VARCHAR(20) NOT NULL,
  Studiengang       CHAR(3),
PRIMARY KEY (FachNr)
);

CREATE TABLE Klausuren
( MatrikelNr        NUMERIC(6),
  FachNr            NUMERIC(5),
  Punkte            NUMERIC(2) CHECK (Punkte BETWEEN 0 AND 15),
  Klausurdatum      DATE,
```

```
PRIMARY KEY (MatrikelNr, FachNr),
FOREIGN KEY FK_Student (MatrikelNr) REFERENCES Studierende(MatrikelNr),
FOREIGN KEY FK_Fach (FachNr) REFERENCES Fächer(FachNr)
);
```

Wegen des Primärschlüssels {MatrikelNr, FachNr} kann bei diesem Modell ein Studierender oder eine Studierende nur einmal an einer Klausur zu einem Fach teilnehmen.

2. CREATE TABLE für eine Relation »Vorlesung«

```
CREATE TABLE Vorlesungen
( VorlesungsNr     INTEGER GENERATED ALWAYS AS IDENTITY,
/* das ist die Autoincrement-Syntax von PostgreSQL */
  Bezeichnung      VARCHAR(20) NOT NULL,
  WiSo_Sem         CHAR(4) CHECK(WiSo_Sem IN ('WiSe','SoSe')),
  Jahr             NUMERIC(4) CHECK(Jahr >= 2023),
  Studiengang      VARCHAR(14) CHECK(Studiengang IN
             ('Informatik','Digitaltechnik','Data Science')),
  Dozent           INTEGER,
PRIMARY KEY(VorlesungsNr),
FOREIGN KEY FK_Dozent(Dozent) REFERENCES Dozenten(DozentenNr)
);
```

3.
```
Geschlecht CHAR(1) NULL
CHECK(Geschlecht in ('w', 'm', 'd'))
```

Die NULL-Option ist der Standardwert, ist hier aber explizit angegeben.

Lösungen von Kapitel 8

1. Lösungen zu den Fragen

   a. Viele:viele-Beziehungen wie hier MC:MC werden über eine Zwischentabelle realisiert. Ihr Name sollte sich an der Bezeichnung der Beziehung orientieren.

   b. Der Fremdschlüssel ist mit NOT NULL als Constraint zu versehen.

   c. Sie können das M beim CREATE-TABLE-Befehl nicht durch einen Constraint NOT NULL erzwingen.

2. Es ergeben sich die folgenden CREATE-TABLE-Befehle (in genau dieser Reihenfolge):

```
CREATE TABLE FIRMA
( FirmenID   INTEGER,
  Name       VARCHAR(30) NOT NULL,
  ...
PRIMARY KEY (FirmenID)
);
```

```
CREATE TABLE Personen
( PersonenNr INTEGER,
  Name       VARCHAR(30),
  Angestellt INTEGER,
  ...
PRIMARY KEY(PersonenNr),
FOREIGN KEY FK_Angestellt (Angestellt) REFERENCES Firma (FirmenID)
);
```

Bei einer 1:MC-Beziehung müsste die Spalte »Angestellt« mit NOT NULL versehen werden.

Lösungen von Kapitel 9

1.
```
CREATE TABLE Mitarbeiter
(PersonalNr INTEGER PRIMARY KEY,
 Vorname    VARCHAR(20),
 Nachname   VARCHAR(30),
 ...
);

CREATE TABLE Fakultät
( Abkürzung    CHAR(3) PRIMARY KEY,
  Bezeichnung VARCHAR(30),
  Dekan      INTEGER NOT NULL,
...
FOREIGN KEY Dekan_FK REFERENCES Mitarbeiter (PersonalNr),
CONSTRAINT Dekan_Unique UNIQUE (Dekan)
);
```

Beachten Sie dabei, dass der CREATE-TABLE-Befehl der Mitarbeitertabelle wegen der Fremdschlüsselreferenz vor dem der Tabelle Fakultäten stehen muss.

2.
```
CREATE TABLE Länder
( Länderkennzeichen CHAR(5),
  Ländername        VARCHAR(30) NOT NULL,
  Hauptstadt        VARCHAR(30),
PRIMARY KEY (Länderkennzeichen)
);

CREATE TABLE Familien
( FamilienID         INTEGER,
  Bezeichnung        VARCHAR(3) NOT NULL,
  PRIMARY KEY (FamilienID)
);
```

```
CREATE TABLE Pflanzen
( PflanzenID          INTEGER,
  Name                VARCHAR(30) NOT NULL,
  FamilienID          INTEGER NOT NULL,
PRIMARY KEY (PflanzenID),
FOREIGN KEY (FamilienID) REFERENCES Familien (FamilienID)
);

CREATE TABLE Vorkommen
( Länderkennzeichen  CHAR(5) NOT NULL,
  PflanzenID          INTEGER NOT NULL,
PRIMARY KEY (Länderkennzeichen, PflanzenID),
FOREIGN KEY (Länderkennzeichen) REFERENCES Länder (Länderkennzeichen),
FOREIGN KEY (PflanzenID) REFERENCES Pflanzen (PflanzenID)
);
```

Wegen der Fremdschlüsselbeziehungen ist die Reihenfolge der CREATE-TABLE-Befehle nicht frei wählbar.

Lösungen von Kapitel 11

1. Julia Tesche, PersonalNr 333001, bekommt eine Gehaltserhöhung von 2.000 Euro.

   ```
   UPDATE Mitarbeiter
   SET Gehalt = Gehalt + 2000 WHERE PersonalNr = 333001;
   ```

2. Kai Schulz, PersonalNr 222001, hat das Unternehmen verlassen.

   ```
   DELETE FROM Mitarbeiter WHERE PersonalNr = 222001;
   ```

3. Als seine Nachfolgerin wird Kim Nguyen eingestellt, sie bekommt die PersonalNr 222002 und erhält wegen ihrer sehr guten Qualifikation 70.000 Euro pro Jahr.

   ```
   INSERT INTO Mitarbeiter
   VALUES (222002, 'Nguyen', 'Kim', 'Verkauf', 70000);
   ```

Lösungen von Kapitel 12

1. ```
   SELECT Vorname, Name FROM Teilnehmer;
   ```

2. ```
   SELECT Vorname, Name FROM Teilnehmer
   WHERE Name LIKE 'Meier-%';
   ```

3. ```
   SELECT KursNr, Bezeichnung FROM Kurse
   WHERE Sparte IS NULL;
   ```

4. ```
   SELECT DISTINCT TeilnehmerNr, Vorname, Name FROM Teilnehmer
   WHERE VORNAME NOT = 'Benjamin' OR Name NOT = 'Blümchen';
   ```

Äquivalent dazu ist

```
SELECT DISTINCT TeilnehmerNr, Vorname, Name FROM Teilnehmer
WHERE NOT (VORNAME = 'Benjamin' AND Name = 'Blümchen');
```

5.
```
SELECT KursNr, Semesterkürzel, Dozent,
(CASE Wochentag
       WHEN 'Mo' THEN 'Montag'
       WHEN 'Di' THEN 'Dienstag'
       WHEN 'Mi' THEN 'Mittwoch'
       WHEN 'Do' THEN 'Donnerstag'
       WHEN 'Fr' THEN 'Freitag'
       WHEN 'Sa' THEN 'Samstag'
       WHEN 'So' THEN 'Sonntag'
       ELSE 'unbekannt'
   END) Wochentag
  FROM Angebote;
```

Anmerkung: Da der Wochentag nicht mit NOT NULL definiert worden ist, ist der ELSE-Zweig notwendig.

Lösungen von Kapitel 13

1.
```
SELECT COUNT(*) FROM Bestellungen;
```

2.
```
SELECT SUM(Menge) FROM Bestellungen
WHERE Artikel = 1001;
```

3.
```
SELECT DISTINCT COUNT(Artikel) FROM Bestellungen
WHERE EXTRACT (YEAR FROM Bestelldatum) = 2024;
```

4.
```
SELECT MAX(Menge) FROM Bestellungen
WHERE Artikel = 1003
```

5.
```
SELECT UPPER(CONCAT(SUBSTR(Vorname, 1, 1), '. ', Name))
FROM Bestellungen;
```

6. Bei dieser Lösung gehen wir von einem Datumsformat in der Form YYYY-MM-DD aus.

```
SELECT * FROM Bestellungen
WHERE Bestelldatum >= '2024-12-15'
AND Bestelldatum <= '2025-01-10';
```

Lösungen von Kapitel 14

1.
```
SELECT COUNT(ArtikelNr) FROM Artikelgruppen, Artikel
WHERE Artikelgruppe = Gruppe
AND Gruppenbezeichnung = 'Süssigkeiten'
```

2.
```
SELECT DISTINCT Gruppenbezeichnung FROM Artikelgruppen, Artikel
WHERE Artikelgruppe = Gruppe
AND Preis > 2;
```

Hier ist ein DISTINCT angebracht, weil sonst Artikelgruppen, die mehrere derartige Artikel enthalten, auch mehrmals ausgegeben werden.

Lösungen von Kapitel 15

1.
```
SELECT Ort, COUNT(BestellNr) FROM Kunden, Bestellungen
WHERE Kunden.KundenNr = Bestellungen.KundenNr
GROUP BY Ort
ORDER BY Ort;
```

2.
```
SELECT Artikel, SUM(Menge) FROM Bestellungen
WHERE EXTRACT(YEAR FROM Bestelldatum) = 2025
GROUP BY Artikel;
```

3.
```
SELECT Artikel, AVG(Menge) FROM Bestellungen
WHERE EXTRACT(YEAR FROM Bestelldatum) = 2025
GROUP BY Artikel
HAVING COUNT(Bestellnr) > 1;
```

Lösungen von Kapitel 16

1.
```
SELECT Bezeichnung FROM Kurse, Angebote
WHERE Bezeichnung <> 'Rückenschule'
AND Semesterkürzel = 'WS2024'
AND Kurse.KursNr = Angebote.KursNr
AND Wochentag =
(SELECT Wochentag FROM Angebote
 WHERE KursNr = (SELECT KursNr FROM Kurse
                WHERE Bezeichnung = 'Rückenschule'));
```

Weil es in SQL kein Ungleich-Zeichen gibt, schreiben Sie »<>«. Bitte kein Leerzeichen dazwischen; bei MySQL und PostgreSQL gibt es dann eine Fehlermeldung, Oracle ist da großzügiger. Alternativ können Sie auch »!=« schreiben.

2. Zunächst ermitteln wir die Teilnehmernummern dieser Personen.

```
SELECT TeilnehmerNr FROM Anmeldungen
WHERE Semesterkürzel = 'WS2024'
AND KursNr = (SELECT KursNr FROM Kurse
              WHERE Bezeichnung = 'Rückenschule')
INTERSECT
SELECT TeilnehmerNr FROM Anmeldungen
WHERE Semesterkürzel = 'SS2024'
```

```
AND KursNr = (SELECT KursNr FROM Kurse
              WHERE Bezeichnung = 'Rückenschule');
```

Jetzt fehlt nur noch die Ermittlung der Namen dieser Teilnehmer.

```
SELECT Vorname, Name FROM Teilnehmer
WHERE TeilnehmerNr IN
(SELECT TeilnehmerNr FROM Anmeldungen
 WHERE Semesterkürzel = 'WS2024'
 AND KursNr = (SELECT KursNr FROM Kurse
               WHERE Bezeichnung = 'Rückenschule')
 INTERSECT
 SELECT TeilnehmerNr FROM Anmeldungen
 WHERE Semesterkürzel = 'SS2024'
 AND KursNr = (SELECT KursNr FROM Kurse
               WHERE Bezeichnung = 'Rückenschule')
);
```

3. Auch hier lösen wir die Aufgabe schrittweise.

```
SELECT KursNr, COUNT(*) FROM Anmeldungen
WHERE Semesterkürzel = 'WS2024'
GROUP BY KursNr;
```

Oder alternativ

```
SELECT KursNr, COUNT(*) Anzahl
FROM (SELECT KursNr, TeilnehmerNr
      FROM Anmeldungen
      WHERE Semesterkürzel = 'WS2024') AlleKurse
GROUP BY KursNr;
```

Und jetzt mit der Kursbezeichnung statt nur der Kursnummer.

```
SELECT Bezeichnung, COUNT(*) FROM Anmeldungen, Kurse
WHERE Semesterkürzel = 'WS2024'
AND Kurse.KursNr = Anmeldungen.KursNr
GROUP BY Bezeichnung;
```

Auch hierzu eine Alternative mit Subselects.

```
SELECT Bezeichnung, Anzahl FROM Kurse,
(SELECT KursNr, COUNT(*) Anzahl
 FROM (SELECT KursNr, TeilnehmerNr
       FROM Anmeldungen
       WHERE Semesterkürzel = 'WS2024') AlleKurse
 GROUP BY KursNr) Kursteilnehmer
WHERE Kurse.KursNr = Kursteilnehmer.KursNr;
```

Lösungen von Kapitel 17

1.

```
SELECT Kunden.KundenNr, Name, Vorname, BestellNr
FROM Kunden LEFT JOIN Bestellungen
ON Kunden.KundenNr = Bestellungen.KundenNr;
```

Bei der Ausgabe können Sie erkennen, dass es für Isabell Müller keine Bestellungen gibt.

Kunden.KundenNr	Name	Vorname	BestellNr
100	Müller	Yasmin	24001
101	Müller	Isabell	NULL
102	Adams	Kai	24002
103	Zuber	Vera	24003
100	Müller	Yasmin	25001
104	Gerlach	Amelie	25002

Die Reihenfolge der Ausgabe kann – wie bei der Aufgabe 2 auch – bei Ihnen aber DBMS-abhängig anders sein.

2.

```
SELECT Name, Vorname, Bezeichnung
FROM (Kunden NATURAL JOIN Bestellungen
             NATURAL JOIN  Bestellpositionen)
             JOIN Artikel
             ON Artikel = ArtikelNr;
```

Die runden Klammern sind dabei nicht zwingend notwendig.

Name	Vorname	Bezeichnung
Müller	Yasmin	T-Shirt
Müller	Yasmin	Badehandtuch
Adams	Kai	T-Shirt
Zuber	Vera	Sonnencreme
Zuber	Vera	Badehandtuch
Müller	Yasmin	Wanderstöcke
Gerlach	Amelie	Wanderstöcke

3.

```
SELECT  Bezeichnung, SUM(Menge) Bestellmenge
FROM Artikel JOIN Bestellpositionen
ON ArtikelNr = Artikel
GROUP BY Bezeichnung
Order BY Bezeichnung;
```

Bezeichnung	Bestellmenge
Badehandtuch	2
Sonnencreme	1
T-Shirt	6
Wanderstöcke	4

Lösungen von Kapitel 18

1. ```
   SELECT Name, XPATH('/Lieblingslieder', Lieblingslieder)
   FROM Personen;
   ```

2. ```
   SELECT Name, JSON_VALUE(Lieblingslieder,
   '$.Lieblingslieder[0]') "Lieblingslied1"
   FROM Personen;
   ```

Lösungen von Kapitel 19

1. ```
   SELECT Bezeichnung FROM Artikel WHERE NOT EXISTS
   (SELECT * FROM Bestellungen WHERE Artikel = ArtikelNr);
   ```

2. ```
   SELECT RANK() OVER (ORDER BY UMSATZ DESC) Rang,
   Bezeichnung, Umsatz
   FROM (SELECT Bezeichnung, SUM(Menge*Preis) Umsatz
         FROM Bestellungen, Artikel WHERE Artikel = ArtikelNr);
   ```

Lösungen von Kapitel 20

1. ```
   CREATE VIEW Schlechte_Kunden AS
   ( SELECT KundenNr, Name, Vorname FROM Kunden
     WHERE Zahlungsmoral = 'C');
   ```

2. ```
   CREATE OR REPLACE VIEW Top_Artikel AS
   ( SELECT Artikelgruppen.Bezeichnung, Artikel.Name,
     RangproGruppe.Umsatz
     FROM Artikelgruppen, Artikel,
     ( SELECT Gruppe, ArtikelNr, Rank() OVER
          (PARTITION BY Gruppe ORDER BY UMSATZ DESC) Rang, Umsatz
       FROM ( SELECT Gruppe, ArtikelNr, SUM(Menge*Preis) Umsatz
              FROM Artikel, Bestellpositionen
              WHERE Artikel = ArtikelNr
              GROUP BY Gruppe, ArtikelNr
            )
     ) RangproGruppe
     WHERE Rang = 1
     AND Artikelgruppen.Gruppe = RangproGruppe.Gruppe
     AND Artikel.ArtikelNr = RangproGruppe.ArtikelNr
   );
   ```

Lösungen von Kapitel 21

1.
```
GRANT SELECT, UPDATE ON Konto TO Jana;
GRANT SELECT ON Rechnungen, Kunden TO Jana;
```

2.
```
REVOKE SELECT, INSERT, UPDATE, DELETE ON Kunden,
Bestellungen, Bestellpositionen, Artikel FROM Tom;
```

Lösungen von Kapitel 22

1.
```
CREATE INDEX Mitarbeiter_IDX ON Mitarbeiter (Name, Vorname);
```

2.
```
CREATE TABLE Studierende
( MatrikelNr INTEGER PRIMARY KEY,
  Vorname    VARCHAR(20),
  Name       VARCHAR(30),
  Fakultät   VARCHAR(20),
  …
) PARTITION BY LIST (Fakultät)
( PARTITION Informatik        VALUES ('Informatik'),
  PARTITION Sozialwesen       VALUES ('Sozialwesen'),
  PARTITION Betriebswirtschaft VALUES ('Betriebswirtschaft'),
  PARTITION Technik           VALUES ('Technik')
);
```

Lösungen von Kapitel 24

1. Die Lösung ist in Oracle-Syntax formuliert und gegebenenfalls an andere DBMS anzupassen.

```
CREATE PROCEDURE NeueMannschaft
(MNr IN NUMERIC, MBez IN VARCHAR, EinSpieler IN NUMERIC)
AS Anzahl NUMERIC;
BEGIN
SELECT COUNT(*) INTO Anzahl FROM Spieler
WHERE SpielerNr = EinSpieler AND Mannschaft IS NULL;
IF Anzahl = 0
THEN RAISE_APPLICATION_ERROR(-20001, 'Kein freier Spieler vorhanden');
ELSE INSERT INTO Mannschaft VALUES(MNr, MBez);
     UPDATE Spieler SET Mannschaft = MNR
     WHERE SpielerNr = EinSpieler;
END IF;
END;
```

2.
```
CREATE TRIGGER Gehaltsprüfung
BEFORE INSERT OR UPDATE ON Mitarbeiter FOR EACH ROW;
BEGIN
     IF :OLD.Stundenlohn IS NULL
     THEN    IF :NEW.Stundenlohn  <  15.00
             THEN RAISE_APPLICATION_ERROR
                     (-20001, 'Gehalt zu niedrig');
             END IF;
     ELSE
             IF :NEW.Stundenlohn < :OLD.Stundenlohn
             THEN RAISE_APPLICATION_ERROR
                     (-20001, 'Kürzung nicht erlaubt');
             END IF;
     END IF;
END;
```

3. Lösung mit PL/SQL

```
CREATE TRIGGER Student_upd
AFTER DELETE OR INSERT OR UPDATE OF DNr ON Studierende
FOR EACH ROW
BEGIN
     IF :OLD.DNr IS NOT NULL
     THEN    UPDATE Departments SET Anzahl = Anzahl - 1
             WHERE Departments.DNr = :OLD.DNr;
     END IF;
     IF :NEW.DNr IS NOT NULL
     THEN    UPDATE Departments SET Anzahl = Anzahl + 1
             WHERE Departments.DNr = :NEW.DNr;
     END IF;
END;
```

Lösung mit PL/pgSQL

```
CREATE OR REPLACE FUNCTION After_Stud_Upd()
    RETURNS TRIGGER
    LANGUAGE PLPGSQL
AS $$
BEGIN
     IF OLD.DNr IS NOT NULL
     THEN    UPDATE Departments SET Anzahl = Anzahl - 1
             WHERE Departments.DNr = OLD.DNr;
     END IF;
     IF NEW.DNr IS NOT NULL
     THEN    UPDATE Departments SET Anzahl = Anzahl + 1
             WHERE Departments.DNr = NEW.DNr;
     END IF;
RETURN NEW;
END; $$
```

```
CREATE TRIGGER Studierende_Trigger
AFTER INSERT OR DELETE OR UPDATE OF DNr ON Studierende
FOR EACH ROW
EXECUTE FUNCTION After_Stud_Upd();
```

So können Sie Ihren Trigger testen:

- Speichern von zwei Departments mit Anzahl = 0
- Speichern von zwei Studierenden mit demselben Department
- Ändern des Departments eines Studierenden
- Ändern des Namens eines Studierenden
- Löschen eines Studierenden

Dabei jeweils mit SELECT kontrollieren, ob die Anzahl der Studierenden in den Departments richtig ist.

Anhang B
Reservierte Worte in SQL:2023

Der SQL-Standard definiert über 300 reservierte Worte, die Sie in SQL nicht für Tabellenbezeichner oder Attribute verwenden sollten: die sogenannten reservierten Worte des SQL-Standards. Sie lassen sich jeweils einer der folgenden vier Gruppen zuordnen:

- reservierte Worte für SQL-Befehle und deren Klauseln
- reservierte Worte für Datentypen und Constraints
- reservierte Worte für Operatoren und Funktionen
- andere reservierte Worte

```
CREATE TABLE Personen1
( X INTEGER,
  Alter CHAR(20)
);
```

Beispielsweise erhalten Sie bei Oracle für Zeile 3 die Fehlermeldung »Ungültiger Bezeichner«, denn ALTER ist ein SQL-Befehl.

Die einzelnen Datenbank-Managementsysteme haben aber in der Regel ergänzend zum Standard zusätzlich eigene reservierte Worte, deshalb hier einige Links dazu.

`https://dev.mysql.com/doc/refman/8.0/en/keywords.html#keywords-in-current-series`

`https://docs.oracle.com/en/database/oracle/oracle-database/23/sqlrf/Oracle-SQL-Reserved-Words.html`

`https://www.postgresql.org/docs/16/sql-keywords-appendix.html`

`https://learn.microsoft.com/de-de/sql/t-sql/language-elements/reserved-keywords-transact-sql?view=sql-server-ver16`

Eine Liste der reservierten Worte in SQL:2023 zusammen mit den speziellen reservierten Worten ausgewählter Datenbank-Managementsysteme finden Sie beispielsweise auch bei Wikipedia unter dem Stichwort »List of SQL reserved words«.

Damit Sie eine Vorstellung von dieser Thematik bekommen, folgt eine Auswahl von reservierten Worten in SQL:2023, die auch in diesem Buch vorkommen.

ABS	CURRENT_DATE	HAVING
ALL	CURRENT_TIME	HOUR
ALTER	CURRENT_TIMESTAMP	IN
AND	CURSOR	INNER
ANY	DATE	INOUT
ARRAY	DAY	INSERT
AS	DECIMAL	INT
AUTHORIZATION	DECLARE	INTEGER
AVG	DEFAULT	INTERSECT
BEGIN	DELETE	INTERVAL
BETWEEN	DENSE_RANK	INTO
BIGINT	DISTINCT	IS
BINARY	DOUBLE	JOIN
BLOB	DROP	JSON
BOOLEAN	EACH	JSON_ARRAY
BY	ELSE	JSON_ARRAYAGG
CASCADE	END	JSON_EXISTS
CASE	EXECUTE	JSON_OBJECT
CEIL	EXISTS	JSON_QUERY
CHAR	EXP	JSON_TABLE
CHARACTER	EXTERNAL	JSON_VALUE
CHECK	EXTRACT	LEAST
CLOB	FALSE	LEFT
COALESCE	FETCH	LIKE
COLUMN	FLOAT	LN
COMMIT	FLOOR	LOG
CONNECT	FOR	LOWER
CONSTRAINT	FOREIGN	LTRIM
COS	FROM	MAX
COUNT	FUNCTION	METHOD
CREATE	GRANT	MIN
CROSS	GREATEST	MINUTE
CUBE	GROUP	MOD
CURRENT	GROUPING	MONTH

NATIONAL
NATURAL
NEW
NOT
NULL
NUMERIC
OLD
ON
ONLY
OPEN
OR
ORDER
OUTER
OVER
OVERLAPS
PARTITION
PERIOD
PRIMARY
PROCEDURE
RANGE
RANK
REAL
RECURSIVE
REFERENCES
RESULT
RETURN
RETURNS
REVOKE
RIGHT
ROLLBACK
ROLLUP
ROW
ROWS
RTRIM
SECOND
SELECT
SET
SIN
SMALLINT
SOME
SQL
SQLERROR
SQRT
START
SUBSTRING
SUM
TABLE
TAN
THEN
TIME
TIMESTAMP
TIMEZONE_HOUR
TIMEZONE_MINUTE
TO
TRAILING
TRIGGER
TRIM
TRUE
UNION
UNIQUE
UPDATE
UPPER
USER
VALUES
VARCHAR
VIEW
WHEN
WHERE
WINDOW
WITH
XML
XMLAGG
XMLBINARY
XMLCAST
XMLCOMMENT
XMLCONCAT
XMLDOCUMENT
XMLELEMENT
XMLEXISTS
XMLFOREST
XMLPARSE
XMLPI
XMLQUERY
XMLSCHEMA
XMLTABLE
YEAR

Literatur

1. Brass, Stefan: Mustervergleich mit regulären Ausdrücken, https://users.informatik.uni-halle.de/~brass/dbp21/beamer/p4_regex.pdf (Zugriff 12.04.2024).

2. Chamberlin, Donald / Boyce, Raymond: SEQUEL: A Structured English Query Language, Proceedings of the ACM SIGMOD workshop on data description 1974, pages 249–264, https://dl.acm.org/doi/pdf/10.1145/800296.811515 (Zugriff 12.03.2025).

3. Codd, Edgar F.: A Relational Model of Data for Large Shared Data Banks. In: Communications of the ACM Vol. 13 No. 6 (1970), https://dl.acm.org/doi/pdf/10.1145/362384.362685 (Zugriff 22.12.2023).

4. Eisenberg A., Melton J.: Advancements in SQL/XML, https://sigmodrecord.org/publications/sigmodRecord/0409/11.JimMelton.pdf (Zugriff 15.06.2024).

5. Eisentraut, Peter: SQL:2023 is finished: Here is what's new, http://peter.eisentraut.org/blog/2023/04/04/sql-2023-is-finished-here-is-whats-new (Zugriff 11.03.2024).

6. Gerken, Wolfgang: Data-Warehouse-Systeme für Dummies, 1. Auflage, Wiley-VCH 2018.

7. Gerken, Wolfgang: Datenbanksysteme für Dummies, 3. Auflage, Wiley-VCH 2023.

8. Kulkari, Krishna / Michels, Jan: Temporal features in SQL:2011, in: SIGMOD Record, September 2012 (Vol. 41, No. 3).

9. Kyte, Tom: On Transaction Isolation Levels, https://asktom.oracle.com/Misc/oramag/on-transaction-isolation-levels.html (Zugriff 22.04.2024).

10. Magoni, Ilenia: SQL Contains String – SQL RegEx Example Query, https://www.freecodecamp.org/news/sql-contains-string-sql-regex-example-query/ (Zugriff 11.04.2024).

11. Michels, Jan u. a.: The New and Improved SQL:2016 Standard, in: SIGMOD Record, June 2018 (Vol. 47, No. 2).

12. Oracle: JDBC Home Page, https://www.oracle.com/java/technologies/javase/javase-tech-database.html (Zugriff 09.08.2024).

13. Oracle: JSON Developer's Guide,
`https://docs.oracle.com/en/database/oracle/oracle-database/21/adjsn/json-developers-guide.pdf` (Zugriff 26.03.2024).

14. Oracle: SQL Language Reference, Data Type Comparison Rules,
`https://docs.oracle.com/en/database/oracle/oracle-database/19/sqlrf/Data-Type-Comparison-Rules.html` (Zugriff 29.03.2025).

15. Oracle-Base: Boolean Data Type in Oracle Database 23ai,
`https://oracle-base.com/articles/23/boolean-data-type-23` (Zugriff 15.05.2024).

16. PostgreSQL: JSON Types,
`https://www.postgresql.org/docs/current/datatype-json.html` (Zugriff 24.03.2024).

17. PostgreSQL: SQL Key Words,
`https://www.postgresql.org/docs/16/sql-keywords-appendix.html` (Zugriff 29.03.2025).

18. Schwinn, Ulrike: Oracle Database und Temporal Validity,
`https://blogs.oracle.com/coretec/post/oracle-database-und-temporal-validity` (Zugriff 18.12.2023).

19. Solit IT: DB-Engines,
`https://db-engines.com/de/ranking` (Zugriff 13.03.2025).

20. Taylor, Allan G.: SQL Alles-in-einem-Band für Dummies, Wiley-VCH 2024.

21. Winand, Markus: Modern SQL A Lot Has Changed Since SQL-92,
`https://modern-sql.com/standard` (Zugriff 19.03.2024).

22. Winand, Markus: What's new in SQL:2016,
`https://modern-sql.com/blog/2017-06/whats-new-in-sql-2016` (Zugriff 05.04.2024).

23. Winand, Markus: SQL:2023,
`https://modern-sql.com/standard/2023` (Zugriff 05.04.2024).

24. W3resource: SQL create users,
`https://www.w3resource.com/sql/database-security/create-users.php` (Zugriff 25.04.2024).

Abbildungsverzeichnis

Stichwortverzeichnis

R

S

T

U

V

W

X

Z

www.ingramcontent.com/pod-product-compliance
Lightning Source LLC
LaVergne TN
LVHW061934220826
846092LV00004B/1008
9783527721900